Stimmt doch
gar nicht!

Stimmt doch gar nicht!

Die 1000 größten Irrtümer aller Zeiten

André Lorenz

Weltbild

Inhalt

Nein, die Erde ist keine Kugel.

Erde & Weltall

Der Mount Everest ist der höchste Berg der Welt. Die Freiheitsstatue steht in New York. Die Erde ist eine Kugel. Seit Schulzeiten begleiten uns zahlreiche scheinbar unverrückbare Tatsachen, die aber einfach nicht stimmen. Eine Expedition durch alle Kontinente, Weltmeere und bis ins Weltall – auf der Suche nach den populärsten Irrtümern aus dem Erdkundeunterricht.

Die Erde hat eine perfekte Kugelform

Genau genommen ist die Erde nicht wirklich rund. Sie ist aber auch keine Scheibe. Die Erde ist genauso eine Kugel, wie man einen Apfel oder eine Kartoffel als Kugel bezeichnen würde. Sie ist eben nicht perfekt rund. An den Polen ist sie etwas eingedellt, am Südpol stärker als am Nordpol. Dafür hat sie im Bereich des Äquators eine Beule. In Zahlen bedeutet das: Der Durchmesser der Erde ist an den Polen um etwa 42 Kilometer geringer als am Äquator. Was bei einem Durchmesser von mehr als 12.700 Kilometern nicht weiter ins Gewicht fällt, hat Wissenschaftler jedoch dazu veranlasst, die Erde nicht als Kugel, sondern als »abgeplattetes Rotationsellipsoid« zu bezeichnen.

An den Polen ist es am kältesten und am Äquator am wärmsten

Stimmt nicht. Die offiziell tiefste Temperatur, die jemals auf der Erde gemessen wurde, war minus 89,2 Grad Celsius 1983 auf der russischen Forschungsstation Wostok, 1250 Kilometer vom Südpol entfernt. Am heißesten war es bislang mit 70,7 Grad in der iranischen Wüste Lut.

Kanada liegt nördlicher als Deutschland

Kaum zu glauben, aber wahr: Die meisten Kanadier leben auf der Höhe Italiens. Toronto liegt südlicher als Mailand und Montreal südlicher als alle deutschen Städte.

In Afrika ist es viel zu warm für Gletscher

Afrika, das bedeutet für uns Wüste, Tropen und unerträgliche Hitze. Doch auf dem Schwarzen Kontinent gibt es auch drei Gebirge, die über 5000 Meter hoch sind und damit allesamt höher als der Mont Blanc, mit 4810 Metern der höchste Berg der Alpen. Das zweithöchste Bergmassiv ist der Mount Kenya (5199 Meter), und dort gibt es tatsächlich einen Gletscher.

Die größten Pyramiden der Welt findet man in Ägypten

Wenn von Pyramiden die Rede ist, denkt man meistens an die berühmten Pyramiden von Gizeh in Ägypten. Die größte von ihnen ist mit einer Höhe von fast 139 Metern und einer Seitenlänge von etwa 225 Metern die Cheopspyramide. Die größte der Welt ist sie damit jedoch nicht. Das ist die Pyramide des Gottes Quetzalcóatl in Cholula, etwa 100 Kilometer südlich von Mexiko-Stadt. Sie ist zwar nur 54 Meter hoch, hat dafür aber ein Volumen von 3,3 Millionen Kubikmetern. Das der Cheopspyramide liegt »nur« bei 2,5 Millionen Kubikmetern.

Die Hauptstadt des US-Bundesstaates New York heißt New York

Nein. Seit 1797 ist Albany die Hauptstadt des Bundesstaates New York. Die knapp 100.000 Einwohner zählende Stadt liegt etwa 200 Kilometer nördlich von New York City.

Der Rote Platz in Moskau heißt aus ideologischen Gründen so

Es liegt nahe, den Roten Platz in Moskau mit dem Sieg des Kommunismus in Verbindung zu bringen. Nun heißt der Rote Platz auf Russisch aber »Krasnaja Plotsch-tschad«. »Krasnaja« heißt wunderbarerweise sowohl »rot« als auch »schön«. Und die Russen finden den bedeutendsten Platz ihrer Hauptstadt in erster Linie schön.

Die Engländer sind die fleißigsten Teetrinker der Welt

Tea-Time, Five-O'Clock-Tea, English Breakfast – England ist das Land des Tees und der Teetrinker. Stimmt zwar, stimmt aber noch mehr für Irland. Dort wird pro Jahr und Kopf mehr Tee getrunken als in England.

Eine Akropolis gibt es nur in Athen

Die Akropolis in Athen ist obligatorischer Bestandteil eines jeden Sightseeing-Programms durch die Überreste des antiken Europas. Dabei ist sie kein Einzelfall gewesen. Akropolis bedeutet nichts anderes als »höchste Stadt« und bezeichnet eine ummauerte Festung in größeren griechischen Städten. Im antiken Griechenland gab es 25 davon. Allerdings ist die Akropolis in Athen natürlich die bei Weitem bekannteste.

Venedig ist die Stadt mit den meisten Brücken

Das ist einer der bekanntesten Irrtümer. Und beinahe jede Stadt, durch die ein Kanal fließt, brüstet sich damit, mehr Brücken zu haben als Venedig. Das sind die Fakten: Venedig hat etwa 400 Brücken. Und da gibt es eine ganze Reihe von Städten, die deutlich besser bestückt sind: An der Spitze steht Hamburg mit 2124 Brücken, dicht gefolgt von New York mit ebenfalls noch über 2000 Brücken. Auch London, Amsterdam, Berlin oder St. Petersburg haben mehr Brücken als die berühmte Lagunenstadt.

Der südlichste Punkt Afrikas ist das Kap der Guten Hoffnung

Wahr ist, dass sich Seefahrer seit jeher am Kap der Guten Hoffnung orientieren, wenn sie die Südspitze Afrikas umrunden. Falsch ist, dass es sich bei dieser Landspitze um den südlichsten Punkt Afrikas handelt. 150 Kilometer östlich befindet sich das Kap Agulhas. Es ragt 65 Kilometer weiter ins Meer als das Kap der Guten Hoffnung.

In England regnet es mehr als in Italien

Tatsache ist, dass London eine der trockensten Städte Europas ist. Hier fallen im Jahresdurchschnitt 590 Millimeter Regen. Zum Vergleich ein paar italienische Städte: Rom 760, Florenz 870, Mailand 1000 und Genua 1100 Millimeter. O sole mio ...

Eskimos leben das ganze Jahr über in Iglus

Eskimos, die sich übrigens selbst »Inuit« nennen, haben schon immer in Hütten und Zelten gelebt. In Iglus übernachteten sie nur auf der Jagd.

Chinesen haben alle eine gelbe Haut

Die Haut eines Chinesen ist in Wahrheit nicht gelber als die eines typischen Europäers. Die merkwürdige Charakterisierung stammt noch aus dem 18. Jahrhundert, als man damit begonnen hatte, Menschen in unterschiedliche Rassen einzuteilen. Als Rasse zwischen den Weißen in Europa und den Schwarzen in Afrika erfand man die »gelben« Asiaten – zunächst wurden nur die Inder so bezeichnet, später auch die Chinesen.

Die Freiheitsstatue steht in New York

Die 46 Meter hohe »Statue of Liberty« (offiziell »Liberty Enlightening the World«), die Frankreich 1885 den Vereinigten Staaten zum Geschenk machte, ist zwar von Manhattan aus gut zu sehen und per Schiff schnell zu erreichen, sie steht aber gar nicht in New York. Weder auf dem Gebiet der Stadt noch auf dem des gleichnamigen US-Bundesstaates. Der Standort der Freiheitsstatue, Liberty Island, gehört zu New Jersey.

Die Indianer Nordamerikas haben eine rote Haut

Jeder, der schon einmal Karl May gelesen hat, weiß, dass Indianer als »Rothäute« bezeichnet werden. Oder er glaubt es zu wissen. Diese abschätzige und falsche Charakterisierung geht auf das 18. Jahrhundert zurück, als die Menschen in verschiedene Rassen eingeteilt wurden. (Damals bekamen zum Beispiel auch die Chinesen eine gelbe Haut verpasst – siehe oben.) Die Indianer haben den Namen »Rothäute« der Schminke zu verdanken, mit der sie sich einzureiben pflegten. Indianer haben normalerweise eine hellbraune Hautfarbe.

Der Panamakanal verläuft von Ost nach West

Es scheint paradox. Wer vom Atlantik in den Pazifischen Ozean möchte, von Ost nach West also, und dafür den Panamakanal wählt, muss tatsächlich von West nach Ost, genau genommen von Nordwest nach Südost. Panama hat eher eine West-Ost- als eine Nord-Süd-Ausdehnung. Wer vom Atlantik kommt, fährt vom Norden her in den Panamakanal ein. Auf der 81,6 Kilometer langen Wasserstraße schlägt man dann eine südöstliche Richtung ein, sodass der Austrittspunkt östlicher liegt als die Einfahrt.

Die Freiheitsstatue steht in New York? Wenn man nicht genau aufpasst ...

Nur in Österreich und Bayern wird gejodelt

Spätestens seit der Japaner Takeo Ishi in den 80er-Jahren begann, sich in die Herzen der Musikantenstadl-Fans zu jodeln, muss man an dieser Einschätzung zweifeln. Und tatsächlich: Gejodelt wird in Polen, Finnland, Rumänien, China, Thailand und Kambodscha. Den Jodel-Weltrekord hält ein Kanadier: Sieben Stunden und 29 Minuten lang hat Don Reynolds seine Brust- und Kopfstimme malträtiert.

Die Erderwärmung ist eine Entdeckung der letzten Jahre

Der sogenannte Treibhauseffekt wurde bereits entdeckt, als sich wohl noch niemand vorstellen konnte, was er tatsächlich bewirken und wie er die Diskussion in unseren Tagen beherrschen würde. Der französische Mathematiker und Physiker Jean Baptiste Joseph Fourier beschrieb ihn erstmals 1824. Im Jahr 1896 veröffentlichte der schwedische Wissenschaftler Svante Arrhenius als Erster darauf aufbauend die Theorie, dass die Anreicherung von Kohlendioxid in der Atmosphäre die Temperatur auf der Erde erhöhen könnte.

Die Österreicher sind Weltmeister im Kaffeetrinken

Verlängerter hin, Großer Brauner her, obwohl man in einem guten Wiener Kaffeehaus zwischen gut einem Dutzend Arten der Kaffeezubereitung wählen kann, wird in Österreich nicht am meisten Kaffee getrunken. Dafür darf man auch nicht nach Italien, Frankreich oder in die USA schauen, sondern nach Nordeuropa. Weltmeister im Kaffeekonsum sind die Finnen, die jedes Jahr pro Kopf etwa 1300 Tassen trinken. Auch Dänemark, Norwegen und Schweden gehören in die Spitzengruppe mit bis zu zehn Kilogramm jährlichen Pro-Kopf-Verbrauchs. Österreicher dagegen geben sich mit acht Kilogramm zufrieden.

In New York leben Alligatoren im Kanalsystem

Über Irrtümer wie diesen ist schon viel geschrieben worden. Deswegen nur ganz kurz: Nein. Tatsächlich gab es in New York nur eine einzige Alligatorensichtung 1935. Das stichhaltigste Argument dagegen kommt von Reptilienforschern: Im Winter ist es in New York viel zu kalt für die wechselwarmen Alligatoren.

Kaffee ist in Österreich ein echter Kult. Dafür wird in Nordeuropa mehr davon getrunken.

Der Rhein mündet in den Niederlanden in die Nordsee

So lernt es jedes Kind. Aber genau genommen endet der Rhein schon vor seiner angeblichen Mündung in die Nordsee. Etwa 30 Kilometer hinter der deutschen Grenze gabelt sich die verkehrsreichste Wasserstraße Europas in den südlichen Arm Waal (später Merwede, Beneeden Merwede, Noord, Neue Maas und Nieuwe Waterweg) und in einen nördlichen Arm. Dieser beginnt zunächst als Pannerdens Kanal, wird dann zum Nederrijn und heißt schließlich Lek.

Das Münchner Stadtwappen zeigt ein Kind

Obwohl das Stadtwappen der bayerischen Landeshauptstadt auch Münchner Kindl heißt, zeigt es in erster Linie einen Mönch und weist damit auf die »Siedlung bei den Munichen« hin, von der sich letztlich der Name »München« abgeleitet haben soll. Im Laufe der Jahre wurde der Mönch des Wappens immer mehr verkindlicht, weil das Münchner Kindl sich inzwischen zu einem beliebten Symbol der Isarstadt entwickelt hatte.

Der St. Gotthard war schon immer ein beliebtes Tor in den Süden

Eigentlich sollte man meinen, dass die Überquerung des St.-Gotthard-Passes zu allen Zeiten die bequemste Route gewesen wäre, um von Frankreich oder der Schweiz aus nach Italien zu gelangen. War sie aber nicht. So haben zwischen dem 10. und 13. Jahrhundert die deutschen Kaiser rund 80 Mal die Alpen überwunden – kein einziges Mal jedoch über den St. Gotthard. Sie wählten den Mont Cenis wie Heinrich IV. auf dem Weg nach Canossa oder aber den San Bernardino, den Lukmanier oder den Simplon. Der Grund war damals die berüchtigte und unüberwindliche Schöllenschlucht. Erst als in der Mitte des 13. Jahrhunderts die Teufelsbrücke bei Göschenen gebaut wurde, fanden auch Reisen über den St. Gotthard statt, und da wurde der Schweizer Pass dann tatsächlich zum meistbenutzten Tor nach Süden.

Das Tote Meer ist wegen seines Salzgehalts biologisch tot

Falsch. Trotz der extrem salzhaltigen Umgebung leben in und am Toten Meer eine Reihe von Tier- und Pflanzenarten sowie Mikroorganismen.

Die Kanarischen Inseln haben ihren Namen von den Kanarienvögeln

Nein, umgekehrt ist es richtig. Die Kanaren indessen sind nach dem lateinischen Wort »canis« (Hund) benannt, weil auf den Inseln zahlreiche wilde Hunde streunten.

In München wird das meiste Bier gebraut

Bitter, bitter: Die deutsche Bierhauptstadt ist Dortmund. Dort werden mit sechs Millionen Hektolitern jährlich etwa eine halbe Million Hektoliter mehr Bier gebraut als in München. Spitzenreiter ist jedoch das Sauerland, das von der Warsteiner-Brauerei profitiert. Mit acht Millionen Hektolitern jährlich ist diese Region führend.

Die Aborigines gibt es nur in Australien

Durchaus nicht. Das Wort kommt aus dem Lateinischen. »Ab origine« bedeutet »vom Ursprung an«. Die alten Römer bezeichneten damit die Ureinwohner eines jeden Landes, sogar die Italiener.

Die Chinesische Mauer kann man vom Mond mit bloßem Auge sehen

Das ist eine der beliebtesten Behauptungen überhaupt. Wahrer wird sie dadurch nicht. Die Chinesische Mauer ist bis zu sieben Meter breit. Der Mond ist über 300.000 Kilometer von der Erde entfernt. Die Mauer also vom Mond aus mit bloßem Auge sehen zu wollen ist in etwa so, als wolle man einen Faden aus einer Distanz von 30 Kilometern betrachten. Es wird nicht klappen.

Im Himalaya gibt es nur Eis und Schnee

Wenn wir an den Himalaya denken, dann meist an die gigantischen Achttausender, den Mount Everest zum Beispiel. Dabei ist der größte Teil des Himalaya-Massivs heiß und trocken und durch Wüstenklima bestimmt.

Holland ist ein anderer Name für die Niederlande

Mit Holland ist nur der Westteil der Niederlande korrekt bezeichnet. Dieser besteht aus den zwei Provinzen Noord Holland und Zuid Holland.

Hongkong ist eine bedeutende asiatische Stadt

In Asien gibt es keine Stadt mit diesem Namen. Das asiatische Finanzzentrum Hongkong ist eine Insel. Die wichtigste Stadt der ehemaligen britischen Kronkolonie ist Victoria City. Größte Stadt des Gebietes Hongkong ist Kowloon auf dem Festland gegenüber der Insel.

Großbritannien ist das letzte Land mit Linksverkehr

Keineswegs. Von 221 Staaten wird in 58 links gefahren. In Europa ist das neben Großbritannien noch in Irland sowie auf Malta und Zypern so. Weitere bekannte Länder mit Linksverkehr sind Kenia, Südafrika, Japan, Thailand, Australien und Neuseeland. In vielen europäischen Ländern erfolgte erst im Laufe des letzten Jahrhunderts die Umstellung von Links- auf Rechtsverkehr, so in Italien 1910 in den ländlichen Gebieten und in den großen Städten im Jahr 1924. Österreich stellte zwischen 1921 und 1938 in fünf teilweise chaotischen Etappen von Links- auf Rechtsverkehr um. In Schweden beispielsweise fährt man erst seit 1967 rechts.

Das Kap Horn sieht aus wie ein Horn

Das Kap Horn, das man auch Kap Hoorn nennt, ist die südlichste Spitze Südamerikas. Seinen Namen hat es nicht von seiner Erscheinungsform, sondern von der Heimatstadt seines vermeintlichen Entdeckers: Im Jahre 1616 soll der Holländer Willem Schouten als Erster das Kap umsegelt haben. Er stammte aus Hoorn.

Der Meeresspiegel hat überall die gleiche Höhe

Normal-Null zur Definition des überall einheitlichen Meeresspiegels gibt es nicht. Östlich von Australien ist der Wasserspiegel um rund 85 Meter höher als der Durchschnitt, im Indischen Ozean liegt er an manchen Stellen um mehr als 100 Meter tiefer.

Die Osterinseln sind eine Inselgruppe im Pazifik

Es gibt nur eine Osterinsel. Auf Spanisch heißt sie »Isla de Pascua«, auf Polynesisch »Rapa Nui«. Berühmt ist die Osterinsel durch die überlebensgroßen Tuffsteinfiguren, die »Moai«.

Der Mount Everest ist der höchste Berg der Welt

Der Mount Everest im Himalaya-Gebirge hat nur die höchste Bergspitze der Welt mit 8848 Metern. Höher ist kein Punkt der Erde. Der höchste Berg dagegen ist der Mauna Kea (Weißer Berg) auf der Insel Hawaii. Er misst von seinem Fuß im Hawaii-Graben bis zum Gipfel 10.205 Meter. Allerdings liegen nur 4205 Meter über dem Meer. Andere Messungen sehen den Andengipfel Chimborazo vorne oder vielmehr oben. Misst man eine Erhebung von einem für alle gleichen festen Punkt aus, dem Mittelpunkt der Erde, dann haben Berge in Äquatornähe einen Vorteil. Denn die Erde ist ja an den Polen abgeflacht und am Äquator ausgebeult. So kommt es, dass der Chimborazo (6267 Meter über dem Meeresspiegel) über 2500 Kilometer weiter vom Mittelpunkt der Erde entfernt ist als der Mount Everest und diesen deshalb in der Gesamthöhe übertrifft.

Die Sahara ist eine riesige Sandwüste

Nein. Eher besteht die Sahara aus Stein. Nur 20 Prozent ihrer Fläche sind mit Sand bedeckt.

Das ist der Gipfel:
Der Mount Everest ist zwar der höchste Punkt der Erde, aber nicht der höchste Berg.

Der höchste Wolkenkratzer der Welt steht in den USA

Seit 1998 nicht mehr. Damals wurden in Kuala Lumpur, der Hauptstadt Malaysias, die Petronas Towers eröffnet. Mit 452 Metern sind sie um zehn Meter höher als der Sears Tower in Chicago. Seit 2003 steht der höchste Wolkenkratzer der Erde in Taipeh. Der Taipei 101 misst 509 Meter. Rechnet man beim Sears Tower allerdings den Mast mit, kommt er mit einer Gesamthöhe von 527 Metern nun wieder auf Platz 1. Ähnlich hoch, 521 Meter, waren die Zwillingstürme des World Trade Centers in New York, die nach dem verheerenden Terroranschlag am 11. September 2001 eingestürzt sind. Bis zum Jahr 2009 soll an der Stelle des World Trade Centers, dem Ground Zero, der Freedom Tower in die Höhe wachsen. Seine geplante Höhe von 541 Metern entspricht 1776 Fuß und erinnert an das Jahr der amerikanischen Unabhängigkeitserklärung. Damit wäre dann der Freedom Tower das höchste Gebäude der Erde, wäre da nicht das Burj Dubai, das ebenfalls 2009 fertig werden soll. Hier rechnet man mit einer Gesamthöhe von bis zu 1000 Metern! Noch weiß es keiner genau. Schon heute hat es mit 129 Stockwerken so viele Etagen wie kein anderes Gebäude der Welt.

Höhenrausch: Im Wettlauf um den höchsten Wolkenkratzer der Erde waren die Petronas Towers in Kuala Lumpur nur bis 2003 Spitze.

New York ist eine sehr gefährliche Stadt

Früher war New York wirklich berüchtigt, und speziell der Central Park war als Joggingroute nicht zu empfehlen. Bis Rudy Giuliani, 1994 bis 2001 Bürgermeister von New York City, dem Verbrechen konsequent den Kampf ansagte. Seine »Zero Tolerance«-Strategie wurde ein Erfolg. Heute ist New York sogar die sicherste Großstadt der USA.

Der Kanaltunnel ist der längste Eisenbahntunnel der Welt

Der längste Tunnel der Welt, der für den Verkehr freigegeben ist, ist der Seikan-Eisenbahntunnel, der die japanischen Inseln Hokkaido und Honshu miteinander verbindet. Er ist 53,9 Kilometer lang und wurde 1988 eröffnet. Der Kanaltunnel, der Frankreich mit Großbritannien verbindet und auch Eurotunnel genannt wird, misst 49,94 Kilometer. Mit 37,9 Kilometern unterquert er allerdings die weltweit längste Strecke unter Wasser. Die beiden Tunnel werden ihre Spitzenstellung bis ins Jahr 2017 halten können, wenn dann der Gotthard-Basistunnel mit einer Länge von 57 Kilometern fertiggestellt sein wird.

Die Deutschen trinken am meisten Bier

Seit Jahren ist die weltweite Rangliste des Bierkonsums gleich. Demnach trinken die Tschechen am meisten Bier: 156,5 Liter pro Kopf im Jahr 2005, gefolgt von Deutschland mit knapp 112 und Österreich mit 108,9 Litern.

Das Tote Meer ist das salzhaltigste Gewässer der Erde

Nein, knapp vorbei. Das salzhaltigste Gewässer der Erde ist der Assal-See in der afrikanischen Republik Djibouti. Sein Salzgehalt ist mit 34,8 Prozent rund zehn Mal höher als der von Ozeanen, und er schlägt das Tote Meer um rund vier Prozent. Der Assal-See ist etwa so groß wie der Starnberger See.

Es gibt einen Nord- und einen Südpol

Geografisch gesehen gibt es einen Nord- und einen Südpol. Das stimmt. Doch daneben existieren auch noch zwei weitere Pole, nämlich der magnetische Süd- und Nordpol.

Die Sonne steht still

Jeder weiß: Die Erde kreist um die Sonne. Also bewegt sich die Sonne nicht, oder? Doch, tut sie. Die Sonne dreht sich um ihre eigene Achse, um das Zentrum der Milchstraße, und sie bewegt sich in Verbindung mit unserem Sonnensystem.

Sternschnuppen sind verglühende Sterne

Sternschnuppen entstehen dadurch, dass Gesteinsbrocken aus dem All in die Erdatmosphäre eintreten. Dabei entsteht zwischen Gestein und Luft eine unglaublich große Reibung, sodass das Gestein sofort verglüht. Der dabei entstehende »Funkenregen« erscheint uns als »Sternschnuppen«. Das Gestein, das dabei verglüht, muss nun keinesfalls besonders groß oder gar ein ganzer Stern sein. Es reichen schon ganz kleine Brocken aus, um das beschriebene Phänomen auszulösen.

Der Mars ist von allen Planeten der heißeste

Diese Ansicht kennt man aus schlechten Filmen. Dabei ist der Merkur der Sonne viel näher als der Mars.

Aber selbst er ist nicht der heißeste Planet. Auf der Sonnenseite kann der Merkur zwar stolze 420 Grad Celsius aufweisen. Aber das ist nichts gegen die Venus, sie kommt im Durchschnitt auf satte 470 Grad Celsius. Schuld daran ist eine ungewöhnlich hohe Kohlendioxidkonzentration von fast 97 Prozent in ihrer Atmosphäre.

In unserem Sonnensystem gibt es insgesamt neun Planeten

Jeder, der einmal das »Spiel des Wissens« gespielt hat, weiß, es gibt neun Planeten: Merkur, Venus, Erde, Mars, Jupiter, Saturn, Uranus, Neptun und Pluto. Bei Letzterem gab es allerdings schon immer Diskussionen, viele Forscher rechneten ihn eher zu den »Zwergplaneten«. Im August 2006 wurde es dann offiziell: Die »Internationale Astronomische Union« (IAU) erkannte dem Pluto seinen Planetenstatus ab. Man fasste die Definition eines »Planeten« enger, der Pluto war demnach nur noch ein Zwergplanet.

Monde sind viel kleiner als alle Planeten

Monde sind zwar im Verhältnis zu ihren jeweiligen Planeten gesehen kleiner, aber nicht im Vergleich mit anderen Planeten. Sprich: Der Mond des Jupiters muss nicht kleiner als der Merkur sein. Ist er auch nicht. Denn der »Ganymed« hat einen Durchmesser von 5268 Kilometern, der Merkur dagegen »nur« 4878 Kilometer. Auch der Mond des Saturns, der »Titan« ist mit 5150 Kilometern größer.

Von links nach rechts: Sonne, Merkur, Venus, Erde, Mars, Jupiter, Saturn, Uranus, Neptun, Pluto und Charon sowie 2003 UB_{313}. Doch die letzten drei zählen nicht zu den Planeten.

Das Nordkap ist der nördlichste Punkt Europas

Das Nordkap ist nur inoffiziell der nördlichste Punkt Europas. Es handelt sich um einen 307 Meter hohen, steil zum Eismeer abfallenden Felsen auf der norwegischen Insel Mageröy unter 71° 10‘ 21“ nördlicher Breite. Der offiziell nördlichste Punkt Europas liegt auf der gleichen Insel auf der Landzunge Knivskjellodden unter 71° 11‘ 08“ nördlicher Breite.

Der höchste Berg Japans heißt Fujiyama

Nein, richtigerweise heißt er nur Fuji oder höchstens Fujisan. Nachdem »san« aber einfach nur »Berg« heißt, kann man die Endung auch weglassen. Das »yama« resultiert aus einem Lesefehler: Die japanischen Schriftzeichen stammen aus dem Chinesischen. Sie sind kompliziert zu entziffern und können auf verschiedene Arten gelesen werden. Früher wurde das Schriftzeichen für Berg »yama« ausgesprochen, während man es heute als »san« bezeichnet. Die Höhe des Berges ist dagegen einfach zu entziffern: Der Fuji ist 3776 Meter hoch, etwa so hoch wie der Großglockner, Österreichs höchster Berg.

Rom ist die Stadt auf den sieben Hügeln

Rom ist die Stadt auf den 14 Hügeln. Tatsächlich wurde Rom auf den sieben Hügeln Kapitol, Aventin, Palatin, Caelius, Esquilin, Viminal und Quirinal errichtet und nach der Zerstörung durch die Gallier 387 v. Chr. mit der Servianischen Mauer umgeben. Rom erstreckte sich aber bereits mit der Stadterweiterung durch Kaiser Aurelian über die weiteren Hügel Pincio, Gianicolo und Vatikan. Heute zählen auch noch die Erhebungen Monte Parioli, Monte Antenne, Monte Mario und Monte Testaccio zum Stadtgebiet.

Venedig und Venezuela haben nichts miteinander zu tun

Eine Theorie, wie Venezuela zu seinem Namen gekommen sein soll, geht auf den Entdecker Amerigo Vespucci zurück, der zusammen mit Alonso de Ojeda 1499 eine Expedition entlang der nordwestlichen Küste Südamerikas unternahm. Die Pfahlbauten an der Küste hätten Amerigo Vespucci an die Lagunenstadt erinnert, und er habe daraufhin das Gebiet »Klein-Venedig« genannt, also Venezuela.

Selbst in der trockensten Wüste gibt es noch Spuren von Leben

Die Wüste Lut ist mit 166.000 Quadratkilometern die größte Wüste des Iran und ein Ort, an den man nicht einmal seinen größten Feind hinwünscht. Lut gilt als heißester und trockenster Ort der Erde. Im Sommer steigen die Temperaturen auf über 70 Grad Celsius. Der jährliche Niederschlag liegt unter 50 Millimeter. Aufgrund dieser lebensfeindlichen Bedingungen verwundert es nicht, dass hier bislang keine Fossilien oder andere Hinweise auf früheres Leben gefunden wurden.

Es gibt auf unserer Erde fünf Kontinente

Also Europa, Amerika, Afrika, Asien und Australien. Kennt ja jeder. Nachdem aber der Definition nach ein Kontinent eine große zusammenhängende Landmasse ist, die durch Wasser komplett oder fast vollständig abgegrenzt wird, und wenn man noch geologische sowie historische und politische Faktoren hinzurechnet, schwankt die Anzahl der Kontinente heute zwischen fünf und sieben. Es ist nämlich so, dass Europa und Asien keinesfalls als eigenständige Kontinente bezeichnet werden dürften, sondern ein Festland mit Namen Eurasien bilden. Amerika hingegen müsste getrennt werden in Nord- und Südamerika, wohingegen die Antarktis plötzlich als eigener Kontinent auftauchen würde. Fazit: Der Definition nach Kontinente sind Afrika, die Antarktis und Australien. Und je nachdem, ob man Amerika trennen und Europa mit Asien zusammenführen möchte, ergibt die Zählung fünf bis sieben Kontinente.

In der Schweiz werden drei Sprachen gesprochen

Im Artikel 4 der Schweizer Bundesverfassung heißt es seit 1999: »Die Landessprachen sind Deutsch, Französisch, Italienisch und Rätoromanisch.« Rätoromanisch wird von 0,5 Prozent der Bevölkerung gesprochen, und zwar im Kanton Graubünden.

Der Berliner Wannsee ist ein großer See

Der Wannsee ist kein See im eigentlichen Sinne, sondern eine größere Bucht der Havel, die 2,7 Quadratkilometer groß ist.

Berlin-Mitte liegt direkt in der Mitte Berlins

Brandenburger Tor, Unter den Linden, Kurfürstendamm, Reichstag: Berlin-Mitte ist das historische, kulturelle und architektonische Zentrum Berlins. Das geografische Zentrum ist es jedoch nicht. Das liegt vielmehr in einem Stadtteil, der als sozialer Brennpunkt von sich reden gemacht hat und für seine Subkultur bekannt ist: Berlin-Kreuzberg. Exakt gesehen in der Alexandrinenstraße. Da also ist wirklich Berlins Mitte.

Die Bildung der Alpen ist längst abgeschlossen

Die Alpen sind 30 Millionen Jahre alt, und sie verändern sich immer noch. Jedes Jahr bewegen sich die europäische und die afrikanische Platte etwa fünf Zentimeter aufeinander zu. Durch den Druck, der so entsteht, wachsen die Alpen immer noch etwa einen halben Millimeter pro Jahr. Doch das wird durch die Erosion wieder kompensiert, sodass insgesamt die Alpengipfel eher schrumpfen.

Das Brandenburger Tor liegt mitten in Berlin. Die Mitte Berlins dagegen ist im Bezirk Kreuzberg.

Der höchste Berg Europas ist der Mont Blanc

Das hängt davon ab, wo man die Grenze zwischen Europa und Asien, zwischen Schwarzem und Kaspischem Meer, ziehen möchte. So kann es nämlich sein, dass der Elbrus im Kaukasusgebirge der höchste Berg Europas ist. Er ist 5642 Meter hoch, der Mont Blanc dagegen misst »nur« 4810 Meter. Dafür ist und bleibt der Mont Blanc der höchste Berg der Alpen.

Der längste deutsche Fluss ist der Rhein

Eine Definitionsfrage, wie so oft. Natürlich ist der Rhein der Fluss, der die weiteste Strecke durch Deutschland fließt, nämlich 867 Kilometer. Aber der Rhein ist kein rein deutscher Fluss, sondern ein europäischer: Er entspringt in der Schweiz, fließt durch Deutschland, bildet eine Weile lang die Grenze zu Frankreich, und schließlich führt ihn sein Lauf in die Niederlande, wo er in die Nordsee mündet. Und jetzt wird es spannend: Der längste Fluss, der ausschließlich durch Deutschland fließt, ist der Rheinzufluss Main. Er tut das auf einer Länge von 524 Kilometern.

Es gibt insgesamt sieben Weltmeere

Früher war das tatsächlich so. Zu Zeiten der Seefahrer und Piraten galten Atlantik, Pazifik, Indischer Ozean, Ostsee, Mittelmeer, Karibik und Gelbes Meer als die sieben Weltmeere. Dann aber kam es zu Fusionen, weil Ostsee, Mittelmeer, Karibik und Gelbes Meer nur sogenannte Nebenmeere sind. Heute kennt man fünf sogenannte maritime Ökosysteme: Atlantik, Pazifik, Indischer Ozean sowie Nord- und Südpolarmeer.

Menschen können im Treibsand untergehen

Eigentlich passiert das so gut wie nie. Doch um zu überleben, müssen die armen Schlucker ganz schön viel Selbstbeherrschung aufbringen. Treibsand ist ein Gemisch aus Sand und Wasser, das im Normalfall schnell fest wird. Wer hier hineingerät, geht allenfalls zur Hälfte unter, es sei denn, er bewegt sich so hektisch, dass er den Sand in Bewegung hält. Wer es dagegen schafft, sich still zu verhalten, hat eine gute Überlebenschance. Er kann wieder nach oben getrieben werden, weil der Sand absinkt und fest wird.

Deutschland hat keine Exklaven

Doch. Das 1400 Einwohner zählende Örtchen Büsingen beispielsweise, das zum Landkreis Konstanz gehört, ist von den Schweizer Kantonen Schaffhausen, Zürich und Thurgau umgeben. Daneben gibt es noch fünf Eifeldörfer, die seit dem Ersten Weltkrieg auf belgischem Territorium liegen.

Der Mount Everest im Himalaya liegt in Nepal

Ganz so ist es nicht: Der höchste Berggipfel der Welt liegt genau auf der Grenze zwischen Nepal und Tibet. Da Tibet von den Chinesen besetzt ist, ist der Mount Everest gleichzeitig der höchste Berg Nepals und der höchste Berg Chinas.

In den Tropen ist es immer heiß und feucht

Nicht nur. In den Tropen gibt es auch kühlere Gebiete, etwa im Hochland von Abessinien oder rund um den Victoriasee, und ebenso trockene Gebiete, da die Tropen Wüsten wie die Kalahari und die Sahara umschließen.

Die Isle of Man und die Kanalinseln gehören zu Großbritannien

Die Isle of Man und die Kanalinseln gehören nicht zu britischem Staatsgebiet, sondern sind direkt der britischen Krone unterstellt. Lediglich außenpolitisch werden sie von Großbritannien vertreten, aber sie sind wirtschaftlich eigenständig und haben sich einen Ruf als Steueroasen erworben. Weder die Isle of Man noch die Kanalinseln sind in der Europäischen Union.

Der Himalaya ist das größte Gebirge der Welt

Ein leicht erklärter Irrtum, denn tatsächlich gehören zum Himalaya-Gebirge die höchsten Berggipfel der Erde. Das größte Gebirge ist allerdings eines, das man nicht sehen kann: Der Mittelatlantische Rücken zwischen Nordatlantischer und Eurasischer Erdplatte ist etwa 65.000 Kilometer lang. Das größte sichtbare Gebirge der Erde sind die Anden in Südamerika mit einer Gesamtlänge von rund 8000 Kilometern und einer Breite von bis zu 800 Kilometern. Zum Vergleich: Der Himalaya ist ungefähr 2500 Kilometer lang und etwa 280 Kilometer breit.

Reinhold Messner war am häufigsten auf dem Mount Everest

Bei Weitem nicht. Reinhold Messner war nur zwei Mal auf dem Mount Everest. Den Rekord hält Appa Sherpa, der am 16. Mai 2007 den höchsten Berggipfel der Welt zum 17. Mal bestiegen hatte. Messner fällt einem wohl deshalb in diesem Zusammenhang ein, weil er der bei uns berühmteste Bergsteiger ist und durchaus auch Mount-Everest-Rekorde hält: Seine Besteigung 1978 war die erste ohne Sauerstoffgerät, seine Tour zwei Jahre später die erste Alleinbesteigung des Mount Everest.

Der Südtiroler Reinhold Messner war zwei Mal auf dem Mount Everest: 1978 und 1980.

Inzwischen sind alle Gipfel des Himalaya bestiegen

Nein. Der Khumbi Yul Lha ist zwar »nur« 5700 Meter hoch, aber die Besteigung des »Heiligen Bergs der Sherpa« gilt als religiöses Tabu.

Südkorea ist größer als Nordkorea

Nein. Die Fläche des sozialistischen Nordkorea umfasst 122.762 Quadratkilometer, Südkorea ist annähernd 100.000 Quadratkilometer groß. Doch die aufstrebende Wirtschaftsmacht Südkorea (Hyundai, Kia) hat etwa 48 Millionen Einwohner, ziemlich genau doppelt so viel wie die Bevölkerung Nordkoreas.

Taiwan ist ein unabhängiger Staat

Taiwan ist eine Insel. Der Staat auf Taiwan heißt Republik China. Die Volksrepublik China betrachtet Taiwan als abtrünnige Provinz. Viele Staaten haben die Republik China nicht anerkannt, da die Volksrepublik mit einem Abbruch der diplomatischen Beziehungen kontern würde.

Die Panamericana ist eine Traumstraße – aber nicht in Panama.

Die Panamericana ist eine Straße, die von Alaska nach Feuerland führt

Die Panamericana ist eine der Traumstraßen der Welt. Doch ausgerechnet in Panama ist sie das nicht. Denn hier ist die amerikanische Nord-Süd-Verbindung von Alaska nach Feuerland unterbrochen. Auf einer Länge von 90 Kilometern müsste die Straße durch unberührtes Regenwaldgebiet geführt werden, in dem zudem noch traditionelle Indianervölker leben. Pläne für die Erschließung gibt es ebenso wie Gegner dieses Vorhabens.

Die Kordilleren liegen in Südamerika

»Cordilleras« bedeutet im Spanischen »Gebirgskette«. Der Begriff »Kordilleren« bezeichnet einen Gebirgszug, der sich von den Rocky Mountains, der Sierra Nevada und der Kaskadenkette bis zu den Anden erstreckt. Damit liegen die »Kordilleren« in Nord- und Südamerika. Da man aber meistens »Kordilleren« nur als andere Bezeichnung für die Anden gebraucht, vermutet man diese Gebirgskette nur in Südamerika.

Der höchste Berg Afrikas ist der Kilimandscharo

Das stimmt im Grunde nicht genau. Denn den Kilimandscharo gibt es nicht, es handelt sich dabei um ein Bergmassiv im Norden Tansanias, das aus drei Gipfeln besteht. Der höchste Gipfel des Kilimandscharo-Massivs ist der Kibo mit 5898 Metern.

Die indische Stadt Kalkutta liegt am Ganges

»Kalkutta liegt am Ganges« – mit diesem Schlager kam der schweizer Sänger Vico Torriani im Jahr 1960 auf Platz 18 der deutschen Hitparade und der Wahrheit nicht einmal ansatzweise nahe. Denn die indische Metropole liegt etwa 400 Kilometer vom Ganges entfernt. Kalkutta liegt im Westen des Gangesdeltas am Fluss Hugli.

Savannen sind immer trocken

Nur während der Trockenzeit. Savannen liegen in den wechselfeuchten Tropen. In der Regenzeit entsteht meist üppiges Grün, das jedoch oft wieder verdorrt.

Die Arktis ist eine große Insel

Die Arktis besteht ausschließlich aus Eis. Mehr nicht. Denn darunter gibt es keinen festen Boden. Beim Abschmelzen bliebe von der Arktis nichts übrig außer Wasser.

Das ewige Eis der Arktis gehört niemandem

Doch – die Arktis gehört anteilig den Vereinigten Staaten, Kanada und Russland sowie den nordischen Ländern Norwegen, Schweden, Finnland und Dänemark. Das ewige Eis der Arktis ist auf diese sieben Staaten aufgeteilt.

Die Klimaerwärmung führt zum Abschmelzen der Polkappen

Stimmt nicht. Nur an der Arktis schmilzt der Eispanzer. An der Antarktis ist jedoch genau das Gegenteil zu beobachten, hier wächst das Eis. Der Grund ist folgender: Durch die Erwärmung der Erde schneit es an der Antarktis mehr und häufiger als früher. Und da dort immer noch beste »Eistemperaturen« herrschen, wird dieser Schnee bald zu festem Eis.

Im Bermudadreieck verschwinden besonders viele Schiffe

Das sogenannte Bermudadreieck zwischen Miami, Puerto Rico und den Bermudainseln war lange eines der größten Rätsel der Erde. In den 60er- und 70er-Jahren wurde es berühmt-berüchtigt, weil dort besonders viele Schiffe und Flugzeuge spurlos verschwunden sein sollen. Am bekanntesten wurde der Fall von »Flug 19«: Im Dezember 1945 verschwanden fünf US-Bomber auf einem Routineflug. Inzwischen ist man sich jedoch sicher, dass am Bermudadreieck nichts mysteriös ist. Nachweislich ist es in dieser Gegend besonders stürmisch, und es kommt hier häufig zu besonders gefährlichen, sich überlagernden Wellen namens »Freakwaves«. Außerdem könnte das Bermudadreieck ein Gebiet sein, in dem Methanhydrat austritt, das Schiffe zum Sinken bringen könnte. Dann konnte nachgewiesen werden, dass es im Bermudadreieck nicht häufiger zu Vorfällen mit Schiffen kommt als in anderen verkehrsreichen Regionen. Und schließlich: In den letzten Jahren ist es auffallend ruhig geworden um das Bermudadreieck. Es handelte sich also um einen Hype, der vor allem durch das Buch »Das Bermudadreieck« von Charles Berlitz angeheizt wurde.

Grönland ist fast so groß wie Australien

Nein. Australien (7,7 Millionen Quadratkilometer) ist etwa dreieinhalb Mal so groß wie Grönland (2,2 Millionen Quadratkilometer). Durch die Verzerrung auf Weltkarten erscheint Grönland nur größer.

Mit Skandinavien meint man die nordeuropäischen Länder

Wenn man von Skandinavien spricht, meint man meistens die »Nordischen Länder«: Finnland, Schweden, Norwegen, Dänemark, Island, Åland, Grönland und die Färöer-Inseln. Korrekt bezeichnet Skandinavien allerdings nur jene Halbinsel, auf der sich Norwegen und Schweden befinden. Auch Dänemark wird dazugezählt.

Die USA sind das größte Land Nordamerikas

Nein, Kanada ist größer. Die Fläche des zweitgrößten Landes der Erde nach Russland beträgt 9,98 Millionen Quadratkilometer, 150.000 Quadratkilometer größer als die Vereinigten Staaten.

Monumental: der Ayers Rock

Der Ayers Rock ist der größte Monolith der Erde

Der Ayers Rock ist der bekannteste und markanteste Monolith, der größte ist er nicht. Mit 1106 Metern ist der Mount Augustus in Westaustralien um 237 Meter höher.

Australien wurde von James Cook entdeckt

James Cook landete am 28. April 1770 in der Botany Bay. Damit war er der erste Brite in Australien – der Entdecker des Kontinents war er jedoch nicht. Schon im 16. Jahrhundert waren Spanier, Niederländer und Chinesen hier an Land gegangen. Als »offizieller« Entdecker gilt der Niederländer Willem Jansz (1606).

Eine Fata Morgana kann man nur in der Wüste sehen

Eine Fata Morgana entsteht, wenn sich eine heiße und eine kalte Schicht übereinanderschieben. Das kann eine kühle Luftschicht über einer heißen Fläche sein, wie es in Wüsten zu beobachten ist. Aber auch umgekehrt eine heiße Luftschicht über einer kalten Fläche – eine Fata Morgana kann also auch auf dem Meer stattfinden.

Haiti ist eine Insel, die in der Karibik liegt

Haiti liegt zwar in der Karibik, ist aber ein Staat. Er teilt sich die Karibikinsel Hispaniola mit der Dominikanischen Republik.

Regenwälder sind besonders fruchtbar

Wer an Regenwald denkt, der denkt an hohe Palmen, lange Schlingpflanzen und unendliches Grün. Das sind Pflanzenarten, die sich in Millionen von Jahren verändert haben. Sie wurden genügsam – der Boden in den Regenwäldern ist nämlich vielerorts besonders nährstoffarm und unergiebig.

Regenwälder gibt es nur in den Tropen

Wie wird ein Wald zu einem Regenwald? Indem dort jährlich mindestens 2000 Liter Niederschlag pro Quadratmeter fallen. Das trifft aber nicht nur auf die Tropen zu. Auch in Landschaften in Chile, Neuseeland und Nordamerika findet man eine solche Quote – und damit Regenwälder.

Die Vereinigten Staaten beherbergen die UNO

Das UNO-Hauptquartier liegt auf dem Gebiet der Stadt New York. Aber das Grundstück, auf dem sich das Gebäude befindet, gehört nicht den USA – es ist ein internationales Territorium. Wie übrigens die Antarktis auch.

Die Niagarafälle sind die höchsten Wasserfälle der Welt

Die Niagarafälle haben eine Fallhöhe von 52 Metern. Aber das ist recht bescheiden im Vergleich zu anderen Wasserabstürzen. Der Angelfall in Venezuela zum Beispiel ist mit 979 Metern fast 20 Mal so hoch.

Der schlimmste Vulkanausbruch war der des Krakatau

Am 27. August 1883 erbebte die Vulkaninsel Krakatau. Zwei Drittel der Fläche wurden weggesprengt, Steine flogen mehr als 80 Kilometer in die Luft, dichter Rauch lag drei Wochen lang über der Insel. Noch in 700 Kilometer Entfernung sah man die Folgen – die Folgen des größten Vulkanausbruchs aller Zeiten. Die Eruption verursachte eine gigantische Flutwelle, mehr als 36.000 Menschen kamen auf Java und Sumatra ums Leben. Beim Ausbruch des Tambora auf Sumbawa in Indonesien starben 70 Jahre früher jedoch fast doppelt so viele Menschen.

In Norddeutschland sagt man auch abends »Guten Morgen«

In vielen Gegenden Norddeutschlands bekommt man den ganzen Tag lang »Moin« oder »Moin Moin« zu hören. Auch abends. Aber damit ist überhaupt nicht der Morgen gemeint. Denn ursprünglich hieß die Begrüßung »Moi moin«. »Moi« heißt so viel wie »gut«, und »moin« meint den ganzen Tag – man wünscht sich zur Begrüßung also ganz einfach einen »Guten Tag«.

El Niño ist ein Produkt des Klimawandels

»El Niño« bezeichnet unregelmäßig auftretende Strömungen im Pazifik, die die Wassertemperatur deutlich anheben. Der Name bedeutet »Christkind« und bezieht sich auf die Entstehungszeit, also Weihnachten. In den 80er-Jahren trat dieses Phänomen besonders heftig auf und sorgte in Australien und Indonesien für große Dürren, während über der südamerikanischen Küste starke Unwetter niedergingen. Das war verheerend, aber nicht neu. »El Niño« kennt man schon lange, mindestens schon seit fünf Jahrhunderten. Der Klimawandel ist also nicht daran schuld, allerdings befürchten viele Forscher, dass er »El Niño« noch verstärkt.

Die Hauptstadt von Israel heißt Jerusalem

Aus Sicht der Israelis sicherlich. 1980 eroberten sie das komplette Jerusalem und riefen es zur Hauptstadt aus. Zuvor war dies Tel Aviv. Allerdings beanspruchen auch die Palästinenser Teile Jerusalems, und damit ist der Status der Stadt keinesfalls geklärt.

Die meisten Morde gibt es in den USA

Das glauben viele. Vergleicht man jedoch die Anzahl der Morde mit der Einwohnerzahl, so liegen die Bahamas vorn. Die sichersten Länder sind Deutschland und die Schweiz.

Hurrikans gehen auf »El Niño« zurück.

Die größte indische Stadt heißt Bombay

Bis 1995 war das richtig. Doch dann wurde die indische Hafenmetropole, immerhin drittgrößte Stadt der Welt, in Mumbai umbenannt.

Die Hauptstadt von Thailand heißt Bangkok

Bangkok kennt jeder. »Krung Thep Mahanakhon« so gut wie keiner. Dabei ist das der offizielle Name Bangkoks – und wiederum nur eine Abkürzung. Insgesamt ist der Name der thailändischen Hauptstadt unglaubliche 163 Buchstaben lang.

Der größte Geysir befindet sich in Island

Island gilt als Land der Geysire. Die Bezeichnung kommt vom isländischen Wort für »ausbrechen«. Der »Große Geysir« in Island ist der älteste noch aktive seiner Art. Der Größte ist er nicht. Das ist der Steamboat Geysir. Seine Fontäne erreicht eine Höhe von über 110 Metern – nur sprudelt er nicht in Island, sondern im Yellowstone-Nationalpark in den USA.

Im Vergleich zur Nordsee ist die Ostsee harmlos

Nein, in der Ostsee gibt es mehr Schiffswracks als in der Nordsee. Auch die Stürme in der Ostsee sind unberechenbarer und gefährlicher.

In der Eiszeit lag ganz Norddeutschland unter Eis

Nicht ganz Norddeutschland. Vor gut 70.000 Jahren währte die Weichsel-Würm-Eiszeit, große Teile Norddeutschlands waren dabei vereist. Allerdings überwiegend der Osten und Süden, die Nordseeküste hingegen war eisfrei.

Mexiko City ist die größte Stadt der Welt

Die größten Städte der Welt – das ist ein unüberschaubares Feld. Zahllose Statistiken werden geführt, und man streitet auch darüber, was genau eine Stadt ist. Man unterscheidet heute zwischen Kernstädten und sogenannten Megacitys, die auch Vororte und Nachbarstädte mit einbeziehen. Klar ist nur: Mexiko City ist längst nicht mehr die größte Stadt der Welt.

Die größten Kernstädte (in Millionen Einwohner):

1. Seoul (Südkorea)	10,231
2. São Paulo (Brasilien)	10,009
3. Mumbai (Indien)	9,925
4. Jakarta (Indonesien)	9,373
5. Karachi (Pakistan)	9,339
6. Moskau (Russland)	8,297
7. Istanbul (Türkei)	8,260
8. Mexiko City (Mexiko)	8,235
9. Shanghai (China)	8,214
10. Tokio (Japan)	8,130

(Die größte deutsche Stadt ist natürlich Berlin mit 3,386 Millionen Einwohnern auf Platz 40.)

Die größten Megacitys (in Millionen Einwohner):

1. Tokio/Yokohama (Japan)	33,20
2. New York Metro (USA)	17,80
3. São Paulo (Brasilien)	17,70
4. Seoul/Incheon (Südkorea)	17,50
5. Mexiko City (Mexiko)	17,40
6. Osaka/Kobe/Kyoto (Japan)	16,43
7. Manila (Philippinen)	14,75
8. Mumbai (Indien)	14,35
9. Delhi (Indien)	14,30
10. Jakarta (Indonesien)	14,25

(Der größte deutsche Ballungsraum ist das Ruhrgebiet: 7,35 Millionen Einwohner reichen für Platz 27.)

Tokio ist die größte Megacity der Welt, aber nur die zehntgrößte Stadt der Welt.

Bundeskanzlerin Angela Merkel wuchs in der DDR auf. Geboren wurde sie allerdings in Hamburg.

Politik & Wirtschaft

Entscheidungen und Entwicklungen aus Politik und Wirtschaft bestimmen unser tägliches Leben. Manchmal sind sie kompliziert, schwer zu vermitteln oder unpopulär. Deshalb gibt es auch so viele falsche Vorstellungen, Vorurteile und Irrtümer. Hier erfahren Sie, dass unser Wirtschaftswunder gar nicht so einmalig war und warum Norbert Lammert wichtiger ist als Angela Merkel.

Bundeskanzlerin Angela Merkel wurde in der DDR geboren

Durch ihre Herkunft aus der ehemaligen DDR wurde Angela Merkel zu einem Symbol. Dabei wurde sie im Westen geboren, nämlich in Hamburg, am 17. Juli 1954.

Henry Ford hat das Fließband erfunden

Nein. Ransom E. Olds gilt als Erfinder des Fließbandes. Er ließ gut sechs Jahre vor Henry Ford eine erste Konstruktion dieser Art in seiner Fabrikhalle installieren. Allerdings machte erst Ford daraus ein durchgängiges Band und schaffte zusammen mit dem »Modell T« den Durchbruch.

Der Wohlstand lässt sich am Bruttosozialprodukt bemessen

Das Bruttosozialprodukt, inzwischen wird praktisch nur noch der Begriff »Bruttonationaleinkommen« verwendet, ist ein Maßstab für die Produktion und Leistung einer Wirtschaft. Es errechnet sich aus der Summe aller Einkommen, der Produktions- und Importabgaben – Subventionen werden abgezogen – sowie der Abschreibungen. Es geht also um Einkommen, und damit ist noch nichts über das Vermögen einer Bevölkerung ausgesagt. Wenn also das Einkommen sehr hoch wäre, aber der ursprüngliche Lebensstandard sehr niedrig, müsste das Einkommen erst zur Hebung des Standards verwendet werden. Ob damit aber schon »Wohlstand« erreicht wird, ist keinesfalls gesagt.

Das Bruttosozialprodukt sagt etwas über den Fleiß einer Nation aus

Das Bruttosozialprodukt sagt nur etwas über den Fleiß aus, der wirklich Geld einbringt – also die Arbeit, die zu Einkommen führt. Weder ist damit die illegale Schwarzarbeit erfasst noch die Eigenarbeit der Menschen. Im Gegenteil: Wenn ein Hausbesitzer seine Wände selber streicht, dann taucht das im Bruttosozialprodukt nicht nur nicht auf. Diese Eigenarbeit verhindert sogar ein höheres Sozialprodukt, weil ja eben kein Maler dafür beauftragt und bezahlt wurde.

Handel mit der Dritten Welt macht die Industrienationen so reich

Ohne Frage werden Dumpinglöhne und lächerliche Materialkosten in den Ländern der Dritten Welt gerne von den Industrienationen in Kauf genommen. Doch der Reichtum stammt nicht aus dem Handel mit den armen Ländern, sondern vielmehr aus dem Handel untereinander. Das gilt sowohl für die Einfuhr als auch für die Ausfuhr. Für Deutschland war beispielsweise 2006 der wichtigste Handelspartner Frankreich: Die Summe der Einfuhren betrug 63,5 Milliarden Euro, die der Ausfuhren 86 Milliarden Euro. Als erstes afrikanisches Land folgt bei den Einfuhren Libyen – auf Rang 26 mit einem Gesamtvolumen von fünf Milliarden Euro.

Im Kommunismus sind alle Menschen gleich

Dazu sollte man einmal Menschen aus Nordkorea oder Kuba befragen. Denn die leben in kommunistischen Regimen – von Gleichheit kann da nun wirklich keine Rede sein. Zwar fordert Karl Marx in »Das Kapital«: »Jedes der Subjekte ist ein Austauschender; d. h., jedes hat dieselbe gesellschaftliche Beziehung zu dem anderen, die das andere zu ihm hat. Als Subjekte des Austauschs ist ihre Beziehung daher die der Gleichheit.« Aber er schreibt auch in »Lohn, Preis und Profit«: »Ich muss diese Gelegenheit zu der Feststellung benutzen, dass, genauso wie die Produktionskosten für Arbeitskräfte verschiedener Qualität nun einmal verschieden sind, auch die Werte der in verschiedenen Geschäftszweigen beschäftigten Arbeitskräfte verschieden sein müssen. Der Ruf nach Gleichheit der Löhne beruht daher auf einem Irrtum, ist unerfüllbarer, törichter Wunsch.«

Die Eisenbahn war für die USA der Schlüssel zum Erfolg

Zahlreiche Western beschwören den Mythos »Eisenbahn« und sehen darin eines der Erfolgsgeheimnisse für den Aufstieg der USA. Dabei ist die Rolle der Eisenbahn stark überschätzt. Der amerikanische Wirtschaftsnobelpreisträger Robert William Fogel untersuchte 1964 in seinem Buch »Railroads and American Economic Growth« die Bedeutung der Eisenbahn für die US-Wirtschaft im 19. Jahrhundert. Er kam zu dem Ergebnis, dass die Entwicklung der Wirtschaft nur um zwei Jahre beschleunigt wurde – also so gut wie gar nicht. Wäre die Eisenbahn nicht erfunden worden, wäre die Erschließung und Landgewinnung durch Schiffe, Kutschen und später auch Autos ähnlich erfolgreich abgelaufen.

Die Konten sind gedeckt

Die Summe der gesparten Gelder übertrifft bei Weitem die Summe der Banknoten, die im Umlauf sind. Würden alle Menschen gleichzeitig ihre Ersparnisse ausgezahlt haben wollen, hätten die Banken – und der Staat – ein echtes Problem.

Machiavelli predigte einen grausamen Machtmenschen

Niccolò Machiavelli ist für viele nur ein rücksichtsloser Machtfanatiker. Sein Werk »Il Principe« gilt ihnen als Beweis. Ohne Frage: Machiavelli plädiert für einen willkürlichen und mächtigen Herrscher. Um seine Herrschaft zu sichern, sollte der im Bezug auf seine Untertanen eher auf die Furcht als auf die Liebe setzen. Doch Machiavelli erklärt auch: »Es muss nichtsdestoweniger der Fürst dich dergestalt fürchten machen, dass, wenn er die Liebe auch nicht gewinnt, er den Hass doch vermeide (da es sehr wohl zusammen bestehen kann, gefürchtet und nicht gehasst zu werden, welches er immer erreichen wird, solange er sich des Eigentums seiner Untertanen und Bürger und ihrer Frauen enthält).« Machiavelli denkt also eine für uns ungewohnte und vielleicht unannehmbare Staatstheorie. Aber er möchte keinen grausamen Despoten: »Ein jeder Fürst muss wünschen, für gütig und nicht für grausam zu gelten.« Auch die Republik ist für Machiavelli denkbar. Vielleicht war sie sogar sein eigentlicher Traum. Denn er schreibt: »So lobenswert die Gründer eines Freistaats oder eines Königreichs sind, so schimpflich sind die Begründer einer Gewaltherrschaft.«

Der legendäre Winston Churchill war zwei Mal britischer Premierminister.

Winston Churchill sprach als Erster vom »Eisernen Vorhang«

Den Begriff des »Eisernen Vorhangs« benutzte Churchill, als er im März 1946 sagte: »Von Stettin an der Ostsee bis Triest an der Adria hat sich ein eiserner Vorhang über den Kontinent gesenkt.« Der Erfinder dieses Terminus war er jedoch nicht. Denn schon mehr als 30 Jahre zuvor hatte die belgische Königin Elisabeth nach dem Einmarsch der Deutschen gesagt: »Zwischen Deutschland und mir ist nun für immer ein eiserner Vorhang niedergegangen.« Danach verwendeten weitere bekannte Persönlichkeiten wie der russische Autor Wassilij Rosanow oder Ethel Snowden die Allegorie vom »Eisernen Vorhang«.

Der Kommunismus ist eine Erfindung der Neuzeit

Bei Weitem nicht. Immer wieder gab es solche Tendenzen. Die wohl bekannteste Form stammt sogar von ausgemachten Gegnern des späteren Kommunismus. Karl Marx lehnte beispielsweise das Christentum vehement ab – doch genau in der Frühphase der Religion herrschte solch ein Ur-Kommunismus. So heißt es in der Apostelgeschichte: »Und alle, die gläubig geworden waren, bildeten eine Gemeinschaft und hatten alles gemeinsam. Sie verkauften Hab und Gut und gaben davon allen, jedem so viel, wie er nötig hatte.« Sicherlich bestehen große Unterschiede zu späteren Theorien, aber die Gütergemeinschaft war hier schon als Motiv erkennbar.

Mehr Export bedeutet mehr Wohlstand

Export ist gleich Wohlstand. Diese Gleichung stammt aus dem 16. Jahrhundert und wurde von den Vertretern des Merkantilismus entwickelt. Thomas Mun, Direktor der British East India Company, sagte: »Das gewöhnliche Mittel, unsern Reichtum und unsern Staatsschatz zu vermehren, ist der Außenhandel, wobei wir folgende Regel beachten müssen: jährlich an Ausländer mehr verkaufen, als wir (...) von ihnen verbrauchen.« Dabei ist das eine Fehleinschätzung. Denn was nützt alles Geld der Welt – schon der antike König Midas musste erfahren, dass man es nicht essen kann. Das heißt: Für eine Erhöhung des Lebensstandards muss auch importiert werden. Es geht darum, dass das Verhältnis stimmt.

Jeder Tyrann unterdrückt immer das Volk

»Tyrannis« kommt aus dem Griechischen und bedeutet »Alleinherrschaft«. Der idealtypische Tyrann sollte die Interessen der Polis vertreten und sie zum Wohlstand führen, hatte sich dabei aber an alle Regeln der Gemeinschaft zu halten. Erst später begannen Staatstheoretiker den Tyrannen als negative Erscheinung wahrzunehmen. Aristoteles stellte die Tyrannis der Monarchie gegenüber und charakterisierte sie als deren negatives Gegenstück, ja sogar als schlechteste Regierungsform überhaupt.

Eine positive Leistungsbilanz ist immer gut

Die »Leistungsbilanz« errechnet sich aus einer Gegenüberstellung der exportierten Güter und Dienstleistungen sowie der importierten Güter und Dienstleistungen. Je nachdem, welche Summe höher ist, spricht man von »Leistungsüberschuss« oder von »Leistungsdefizit«. Letzteres muss aber nicht immer schlecht sein. Es kann auch ein Indiz für die Investitionsbereitschaft ausländischer Unternehmen sein, was den Wirtschaftsstandort stärkt oder auszeichnet.

Alle erwachsenen Engländer dürfen wählen

Nein. Die Mitglieder des englischen Oberhauses und die Queen haben bei den Wahlen zum Unterhaus kein Stimmrecht.

Die Juden haben sehr viel Geld

Dieser alte Vorwurf ist nun wirklich komplett aus der Luft gegriffen. Abgesehen von mehr oder weniger latentem Antisemitismus schwingt in dieser Aussage eine historische Konstellation mit: Die Juden hatten früher das Recht, Geld zu verleihen, während bis zum 19. Jahrhundert zumindest für die Christen ein Zinsverbot galt. Den Juden wiederum hatte dies Papst Alexander III. im Zuge des 3. Laterankonzils offiziell erlaubt. Oft allerdings wurden die Juden sogar über den »Zunftzwang« in das Kreditwesen getrieben. In jedem Fall erklärt sich vor diesem Hintergrund so manches bösartige Gerücht, eben auch der Neid auf den »reichen Juden«. Dass unglaublich viele Juden enteignet und beraubt wurden, auch schon weit vor den Verbrechen der Nazis, ist dagegen eine Tatsache, die nur allzu gern vergessen wird.

Unser Geld ist durch Gold abgesichert

So viel Gold gibt es wahrscheinlich gar nicht. In jedem Fall kann man die Geldscheine nicht gegen Gold zurücktauschen oder Ähnliches. Die amerikanische Notenbank war die letzte Einrichtung, die das Recht einräumte, Dollarscheine gegen einen festen Betrag Gold einzutauschen – sie hat dieses Privileg allerdings am 15. August 1971 abgeschafft.

In einer Demokratie herrscht das Volk

In keiner Demokratie »herrscht« nur das Volk. Denn das hieße, dass jede Entscheidung per Volksentscheid abgesegnet werden müsste. Doch das ist natürlich nicht umsetzbar. Daher sollte man den Begriff »Volk« nicht zu eng fassen, sondern ihn vielmehr erweitern. Demnach verleiht das Volk, und zumeist ist es auch nur dort eine ganz bestimmte Gruppe, eben die »Wahlberechtigten«, das Recht an bestimmte Personen. Die sollen dann im Namen des Volkes herrschen. Inwieweit die Mitbestimmung des einzelnen Menschen wirklich gewahrt bleibt, ist dabei natürlich sehr umstritten.

Protektionismus sichert Arbeitsplätze

»Protektionismus« ist – einfach gesagt – das Abschotten des eigenen Marktes vor ausländischen Produkten. Auf den ersten Blick scheint klar: Wenn keine ausländischen Güter auf den Markt kommen, muss die einheimische Wirtschaft sie produzieren – also schafft man so Arbeitsplätze. Nur ist von vornherein klar: Nicht jede Wirtschaft, nicht jedes Land kann alles in Eigenregie herstellen. Einen völlig autarken Staat gibt es nicht. Doch auch so handelt es sich um einen Irrtum. Denn meistens sind weiterverarbeitende Branchen durch den Protektionismus nicht nur nicht geschützt. Sie sind sogar eher stark gefährdet. Gerade bei hohen Zöllen steigen die Kosten. Das wiederum kann Einsparungen bedeuten – und die kosten letztlich Arbeitsplätze.

Spekulanten lassen andere für sich arbeiten

Ja – andere Spekulanten. Der Großteil der Gelder erfährt nur eine Umverteilung von Spekulant zu Spekulant. Die »einfachen Leute« sind also meist nicht die Hauptfinanziers der Spekulanten.

Spekulanten sind schädlich für die Wirtschaft

Spekulanten haben nur ein Ziel: Sie hoffen auf eine Preissteigerung und satten Gewinn. Es hält sich das Gerücht, Spekulanten würden nur von den Früchten der Arbeit anderer profitieren und bei schlechten Zahlen und Entwicklungen schnell das Feld räumen. Doch damit tut man ihnen unrecht. Mag auch das Gewinnstreben tatsächlich die Hauptmotivation sein (wo allerdings in der Wirtschaft gibt es denn eine andere?), so haben Spekulanten durchaus ihre Daseinsberechtigung: Sie sind Stabilisatoren und verhindern größere Preisstürze.

Wer viel arbeitet, wird garantiert reich

Wer viel arbeitet, wird nicht unbedingt reich. Denn nach wie vor stammen viele Vermögen und Reichtümer aus Erbschaften. Selbst die großen Selfmade-Milliardäre wie Bill Gates verdanken ihren Erfolg auch glücklichen Umständen. Jüngstes Beispiel: Ailin Gräf. Die Chinesin aus der Nähe von Frankfurt wurde mit wenigen Mausklicks zur Millionärin: Sie verdiente in der virtuellen Online-Welt »Second Life« ein reales Vermögen.

Im Ruhrgebiet zählt nur die Industrie

Wolfgang Petry sang über das Ruhrgebiet: »Euer Herz ist aus Gold, eure Seele aus Stahl.« Auch so hält sich hartnäckig das Bild von einer Region, die nur von Schwerindustrie und Bergbau lebt. Dabei erfährt das Ruhrgebiet heute einen dramatischen Wandel. Viele Zechen sind stillgelegt, die Industrie zieht ins Ausland. So haben sich Handel und Dienstleistungsbranchen stärker etabliert. Demnach waren 2006 in Nordrhein-Westfalen 1,2 Millionen Menschen im verarbeitenden Gewerbe tätig, im Handels- und Dienstleistungssektor dagegen über fünf Millionen.

Alle Menschen gleicher Herkunft bilden die Nation

Der Begriff »Nation« ist so diffus wie unbestimmt. Es gibt keine klare Abgrenzung. Zwar leitet sich das Wort vom lateinischen »natio« (Geburt, Herkunft) ab. Aber Wissenschaftler benutzen unterschiedliche Begriffe wie »Kulturnation«, »Staatsnation« oder auch »Willensnation« – eine Nation rein auf die Abstammung und Herkunft zu beschränken ist bis heute unmöglich.

Kultur im Ruhrgebiet: Viele stillgelegte Industrieanlagen dienen heute als Museen.

Deutschland feierte das größte Wirtschaftswunder

Die Fußballweltmeisterschaft 1954 und das Wirtschaftswunder – auf nichts sind die Deutschen in ihrer Selbstfindungsphase nach dem Zweiten Weltkrieg stolzer. Dabei ist zumindest das Wirtschaftswunder alles andere als einmalig. Die Italiener und Österreicher erlebten einen ähnlichen Aufschwung, die Japaner überflügelten die Deutschen sogar.

Interpol ist die beste Fahndungsbehörde

Interpol ist weder die beste noch die schlechteste Fahndungsbehörde. Sie jagt überhaupt keine Verbrecher. Interpol ist eine Schaltstelle in der internationalen Verbrecherjagd: Sie übermittelt Informationen, koordiniert Amtshilfen und gewährleistet eine funktionierende Kommunikation zwischen den für die Strafverfolgung zuständigen Behörden.

Otto von Bismarck

Bismarck ist der Erfinder der Sozialversicherung

Vor allem Anhänger des ehemaligen Reichskanzlers propagieren das. Dabei sind die Verdienste Bismarcks eher organisatorischer Natur:
Er verstaatlichte 1881 die bisherigen privaten sozialen Initiativen und Versicherungen. Zwar waren die Leistungen noch relativ bescheiden, dennoch war damit ein großer Schritt in Richtung Sozialstaat getan.

Die Schweiz wurde durch den Rütlischwur gegründet

Noch heute pilgern alljährlich Tausende zum »Rütli«, einer Bergwiese am Urnersee, um hier die Gründung der Schweiz zu feiern. Dabei ist es historisch höchst umstritten, ob dieses denkwürdige Ereignis überhaupt stattgefunden hat. Erstmals taucht der Gründungsmythos im »Weißen Buch von Sarnen« auf. Aegidius Tschudi, der diese Chronik später überarbeitete und in sein »Chronicon Helveticum« integrierte, hat dieses Motiv erneut verbreitet. Da aber seine Richtigkeit angezweifelt wird, berufen sich die Schweizer heute auf den Bundesbrief von 1291 als ihre Gründungsurkunde.

Napoleon verfasste den »Code Napoléon«

Napoleon hat viel gemacht. Aber den »Code Napoléon«, eines der wichtigsten Gesetzbücher der Neuzeit, hat er nicht verfasst. Dies überließ er lieber seinen Rechtsberatern und Experten unter Vorsitz des Juristen Jean-Jacques Régis de Cambacérès. Als der Code 1804 in Kraft trat, steckte Napoleon noch mitten in den Vorbereitungen für seine Kaiserkrönung und hätte für lange juristische Abhandlungen sicher keine Zeit gehabt. Außerdem ist der korrekte Name des nach wie vor gültigen, wenn auch mit einigen Änderungen versehenen französischen Zivilgesetzbuches »Code civil«.

Der Bundeskanzler kommt immer aus der stimmenstärksten Partei

Nein, das muss nicht so sein. Der Bundeskanzler wird nach Artikel 63 des Grundgesetzes gewählt. Dort heißt es im ersten Absatz: »Im ersten Wahlgang schlägt der Bundespräsident einen Kandidaten vor. Rechtlich steht es dem Bundespräsidenten dabei frei, wen er vorschlägt. Wird dieser mit der Mehrheit der Mitglieder des Bundestages (d. h. mehr als der Hälfte der Mitglieder – Kanzlermehrheit) gewählt, so muss der Bundespräsident ihn zum Bundeskanzler ernennen.« Bundeskanzlerin Angela Merkel zum Beispiel kommt nicht aus der stimmenstärksten Partei. Bei der aufsehenerregenden Bundestagswahl 2005 erzielte die SPD 34,2 Prozent, die CDU 27,8 und die CSU 7,4 Prozent. Erst die Bildung der stärksten Fraktion gab der Union die Möglichkeit, Angela Merkel als Regierungschefin durchzusetzen.

Die Todesstrafe ist nach der Menschenrechtskonvention verboten

Ist sie nicht. Die Entscheidung wird den Staaten überlassen, die Menschenrechtskonvention setzt nur Regeln für einen fairen Ablauf.

Nur der internationale Wettbewerb sichert unseren Lebensstandard

Der Lebensstandard ist relativ unbeeinflusst vom internationalen Wettbewerb. Sicher gibt es eine ganze Reihe von Dingen, die Volkswirtschaften nicht selbst produzieren können. Aber ob man nun im Wettbewerb gut oder schlecht abschneidet, hat wenig Auswirkungen auf den Standard. Denn die meisten Güter, die dafür erheblich sind, werden im Inland produziert.

Je verschuldeter der Staat ist, desto schlechter geht es der Wirtschaft

Nicht immer. Ein gewisses Maß an Schulden kann durchaus gut sein, wenn damit beispielsweise Investitionen getätigt werden. Denn irgendwoher muss das Geld für die Aufträge ja kommen. Wenn allerdings die Last der Zinsen zu groß ist oder neu aufgenommenes Geld nur zur Begleichung von Zinsen dient, kann es bedrohlich werden. Bestes Beispiel zur Widerlegung dieses Irrtums ist Deutschland im Jahr 2007. Obwohl die Bundesrepublik nach wie vor eine gewaltige Schuldenlast drückt, floriert die Wirtschaft wie schon lange nicht mehr.

»Die Arbeiter haben nichts zu verlieren als ihre Ketten« kommt aus dem Kommunismus

Zunächst einmal heißt es: »Die Proletarier haben nichts (...) zu verlieren als ihre Ketten.« Dieser Satz steht im IV. Kapitel des »Manifestes der Kommunistischen Partei« und gilt neben dem nachfolgenden »Proletarier aller Länder, vereinigt euch« als Marx' bekanntester Satz. Dabei stammt er wohl vom französischen Revolutionsführer Jean-Paul Marat (1743 bis 1793) – der allerdings benutzte sehr wahrscheinlich noch das französische Wort für »Arbeiter«.

»Friede den Hütten! Krieg den Palästen!« ist eine alte kommunistische Kampfparole

Kommunistische Führer und Vordenker haben sich schon immer viel angeeignet, was ihnen nicht gehört. Dazu zählt etwa auch die Parole: »Friede den Hütten! Krieg den Palästen!« Tatsächlich aber geht der Ausspruch auf den deutschen Schriftsteller Georg Büchner (1813 bis 1837) zurück. Er schrieb in seiner politischen Flugschrift »Der Hessische Landbote« als Anrede: »Friede den Hütten! Krieg den Palästen!«

»Religion ist Opium für das Volk« stammt von Karl Marx

Dieser Gedanke stammt vom Dichter Novalis. Er schreibt in »Philister Alltagsleben«: »Ihre sogenannte Religion wirkt bloß wie ein Opiat: reizend, betäubend, Schmerzen aus Schwäche stillend. Ihre Früh- und Abendgebete sind ihnen, wie Frühstück und Abendbrot, notwendig. Sie können's nicht mehr lassen.«

Die Griechen waren überzeugte Demokraten

Absolut nicht. So schreibt der große Philosoph Aristoteles im achten Buch seiner Nikomachischen Ethik: »Der Staat aber hat drei Arten oder Formen, und es gibt ebenso viele Ausartungen, gleichsam Verderbnisse dieser Formen. (...) Die Timokratie endlich geht in die Demokratie über; (...) Die Demokratie ist am wenigsten schlecht, weil sie sich nur wenig von der richtigen Staatsform der Timokratie entfernt.« Aristoteles bezeichnet die Demokratie als kleinstes Übel – ein Anhänger war er nicht. Zwar errichteten die Griechen dann die Attische Demokratie, doch hier waren etliche Gruppen benachteiligt, u.a. Sklaven, Frauen und Migranten.

Finnland hatte nie eine Monarchie

Aber selbstverständlich: Väinö I., besser bekannt als Friedrich Karl Ludwig Konstantin von Hessen-Kassel. Der war im 19. Jahrhundert Prinz von Hessen, wurde aber 1918 zum einzigen »König von Finnland« gewählt. Finnland hatte sich zwei Jahre zuvor von Russland losgesagt, war aber dann in einen Streit über die zukünftige Staatsform geraten. Nachdem eine konstitutionelle Monarchie beschlossen worden war, fiel die Wahl auf den Prinzen zu Hessen. Damit sollten die Bande zum deutschen Kaiserreich gestärkt werden. Die Deutschen allerdings verloren wenige Monate später den Ersten Weltkrieg. Daraufhin war die Beziehung zu Deutschland doch nicht mehr so wichtig, und die Finnen entschieden sich für eine Republik. Väinö I. musste abdanken und war fortan wieder Friedrich Karl Prinz von Hessen.

Die blaue Mauritius ist die teuerste Briefmarke der Welt

Die »Tre Skilling Banco gelb statt grün« ist die teuerste Briefmarke der Welt. Sie kostete bei einer Auktion 1996 gut 1,8 Millionen Euro.

Die Niederlande werden von Amsterdam aus regiert

Nein. Zwar ist Amsterdam die Hauptstadt der Niederlande, die Regierung sitzt aber trotzdem in Den Haag.

Der Bundeskanzler bekleidet das zweithöchste Amt in Deutschland

Das stimmt nicht. Der Bundespräsident steht der Verfassung nach über dem Bundeskanzler. Aber dass der Bundeskanzler noch ein Amt über sich dulden muss, ist weit weniger bekannt: Der Präsident des Deutschen Bundestages, kurz der Bundestagspräsident, ist nach dem Grundgesetz der zweitwichtigste Repräsentant Deutschlands. Nach jeder Bundestagswahl wählen die Abgeordneten des Bundestages den Präsidenten ihres Hauses. Dabei hat sich schon lange die Praxis durchgesetzt, dass die stärkste Fraktion im Bundestag auch den Präsidenten stellt. Momentan bekleidet Norbert Lammert von der CDU dieses Amt. Zu seinen vorrangigen Aufgaben gehört die Leitung der Bundestagssitzungen. Außerdem steht in der Geschäftsordnung des Bundestages: »Der Präsident (...) wahrt die Ordnung im Hause.«

Brüssel ist Regierungssitz

Nein. In Brüssel tagen nur die EU-Kommission und der Rat. Das Europäische Parlament befindet sich in Straßburg, während der Gerichts- und Rechnungshof in Luxemburg sitzt. Die Europäische Union hat also keinen einheitlichen Regierungssitz.

Nirgendwo gibt es so üppige Agrarsubventionen wie in der EU

44 Milliarden Euro. So viel gibt die EU jährlich an Agrarsubventionen aus. Ist sie damit der Landwirtschaft gegenüber am spendabelsten? Nicht, wenn die Ausgaben auf die Bevölkerung umgelegt werden. Dann nämlich gibt beispielsweise Norwegen viel mehr aus.

Die Türkei wäre das erste nichteuropäische Land in der EU

Vor allem Gegner einer Aufnahme der Türkei in die EU führen dies immer wieder an. Dabei wird jedoch übersehen, dass es schon längst EU-Gebiete gibt, die nicht in Europa liegen. Die französischen Departements in Übersee zum Beispiel. Und Guadeloupe oder Martinique liegen nun wirklich nicht in Europa.

Die zwölf Sterne der Europaflagge stehen für die Gründer der EU

Nein. Die EU wurde von Belgien, den Niederlanden, Luxemburg, Italien Deutschland und Frankreich gegründet. Die Flagge wurde dann 1955 festgelegt. Dort heißt es: »Gegen den blauen Himmel der westlichen Welt stellen die Sterne die Völker Europas in einem Kreis, dem Zeichen der Einheit, dar. Die Zahl der Sterne ist unveränderlich auf zwölf festgesetzt, diese Zahl versinnbildlicht die Vollkommenheit und die Vollständigkeit (...) Wie die zwölf Zeichen des Tierkreises das gesamte Universum verkörpern, so stellen die zwölf goldenen Sterne alle Völker Europas dar, auch diejenigen, welche an dem Aufbau Europas in Einheit und Frieden noch nicht teilnehmen können.« Die Zwölf soll also die Vollkommenheit symbolisieren – so wie auch in der Bibel die zwölf Apostel oder die zwölf Stämme Israels.

Luxemburg ist das kleinste Land der EU

Nein. Malta ist kleiner. Malta hat 316 Quadratkilometer, Luxemburg dagegen 2586. Und da Malta seit dem 1. Mai 2004 zur EU gehört, ist die Insel das kleinste Land in der EU.

Der Euro ist nur in der EU offizielle Währung

In Monaco, San Marino und im Vatikan gilt der Euro ebenfalls als offizielle Währung. Die Staaten haben mit der Europäischen Währungsunion einen Vertrag geschlossen und dürfen sogar eigene Euromünzen herausgeben. Montenegro und der Kosovo haben ebenfalls den Euro eingeführt – ohne Vertrag mit der EU.

Zwölf goldene Sterne auf blauem Grund bilden die Flagge der Europäischen Union. Die Zahl Zwölf symbolisiert Vollkommenheit.

Die Hauptstadt der Schweiz ist Bern

Die Schweiz hat keine Hauptstadt. Die Eidgenossen nehmen es auch hier wirklich ganz genau: Die Kantone sollten gleichberechtigt nebeneinander und miteinander existieren. Früher wechselte der Regierungssitz. Später siedelte sich zwar der Großteil der Administration in Bern an, offizielle Hauptstadt wurde die Stadt aber nie. Stattdessen führt Bern den Titel »Bundesstadt«.

Der Bischof von Urgell ist Fürst von Andorra

Viele meinen, Andorra gehöre der Kirche. Das liegt daran, dass der Bischof von Urgell Staatsoberhaupt von Andorra ist. Urgell wiederum ist ein Bistum in Spanien. Doch ganz so ist es nicht. Denn Andorra hat noch ein weiteres Staatsoberhaupt, nämlich den französischen Präsidenten. Damit ist Andorra der einzige Staat der Welt, der von zwei ausländischen Staatschefs regiert wird. 1278 hatte man nämlich das unabhängige Fürstentum Andorra unter die Herrschaft des Bischofs von Urgell und des Grafen von Foix gestellt. Spanien und Frankreich hatten beide Anspruch auf Andorra erhoben und waren so gleichberechtigt beteiligt an Andorra. Man nennt ein solches Gebilde auch »Kondominium«. Später ging die Macht des Grafen von Foix auf den französischen König und schließlich auf den französischen Präsidenten über. Heute übernehmen beide »Co-Fürsten« lediglich repräsentative Aufgaben, die Regierungsarbeit allerdings übernimmt ein gewähltes Parlament.

Anarchie bedeutet automatisch Chaos

Viele glauben, dass in der Anarchie jeder tun und lassen kann, was er gerade will. Hier herrschen Beliebigkeit und Chaos pur. Doch die ursprüngliche Idee war eine andere: Zunächst einmal standen Selbstbestimmung und Herrschaftslosigkeit im Zentrum. Dies sollte aber keinesfalls zu Chaos führen, sondern man übertrug die Verantwortung auf den Einzelnen. In Deutschland setzte sich im 19. Jahrhundert zunächst vor allem Ludwig Börne für diese Gedanken ein. Seine Begründung: »Freiheit geht nur aus Anarchie hervor!« Aristoteles indes sah die Anarchie durchaus negativ. Für ihn war es der Zustand, in dem Sklaven ohne Herren leben – für Aristoteles undenkbar.

Freiheit bedeutet, keine Begrenzung zu haben

Freiheit ist ein schwieriger Begriff. Inwieweit der Mensch wirklich »frei« ist, beschäftigt Neurologen wie Philosophen, Anthropologen wie Ethiker. Eines allerdings ist beim Großteil der Forscher und Wissenschaftler »Common Sense«: Freiheit bedeutet eben nicht, dass es keine Schranken gibt. Es stellt sich immer eine Grenze: die Freiheit der anderen, der Mitmenschen.

Der Marshallplan war nur für Deutschland bestimmt

Der Marshallplan, offiziell »European Recovery Program« (ERP), war das bedeutendste wirtschaftliche Wiederaufbauprogramm der USA nach Ende des Zweiten Weltkriegs. Es geht zurück auf den damaligen US-Außenminister und Friedensnobelpreisträger von 1953 George C. Marshall. Durch den Marshallplan erhielt eine Reihe von Staaten Unterstützungszahlungen, zum Beispiel England, Italien, Frankreich, Österreich und die Niederlande. Und Westdeutschland bekam auch nicht den Großteil der Gelder – England wurde mehr als doppelt so viel zugewiesen.

Der Marshallplan war der Grund für das deutsche Wirtschaftswunder

Auch wenn die Unterstützung der USA enorm wichtig war – der Aufschwung in Westdeutschland begann schon vor dem Beginn der Zahlungen im Jahr 1948. Denn schon drei Jahre nach Kriegsende war die Produktion höher als vor dem Krieg. Und weit mehr als der Marshallplan hat die Währungsreform zum deutschen Wirtschaftswunder beigetragen.

Die USA importieren mehr, als sie exportieren

Es stimmt: Betrachtet man die Bilanz zwischen Einfuhren (1,869 Trillionen Dollar) und Ausfuhren (1,024 Trillionen Dollar) beim grenzüberschreitenden Güterverkehr, so klafft tatsächlich eine gewaltige Lücke. Doch dabei darf man eine wichtige Tatsache nicht übersehen: Alle Güter, die von Touristen gekauft werden, sind natürlich auch Einkäufe von Ausländern. Und das macht einen erheblichen Anteil aus, die USA verbuchen dann sogar einen Handelsüberschuss. Ihn genau festzustellen fällt schwer, doch je nach Berechnungsmethode kann der über 50 Milliarden Dollar betragen.

Preußische Beamte waren unbestechlich

Für die damalige Zeit waren die Preußen tatsächlich verhältnismäßig unbestechlich. Aber das heißt wenig. Zwar erwarb sich die Bürokratie der Preußen nach den Kriegen gegen Napoleon einen wirklich guten Ruf. Aber es gibt durchaus auch Beispiele von Korruption. Sogar Kaiser Wilhelm II. soll eine »Pension« von fast 3000 Dukaten bekommen haben – von den Österreichern.

Ökosteuern nutzen der Staatskasse und der Umwelt in gleichem Maße

Das geht nicht. Entweder schrecken Ökosteuern vor Umweltverschmutzung ab und die Natur wird geschützt. Dann aber fließt langfristig gesehen weniger Geld in die Kassen. Oder aber die Verschmutzung hält an, und es fließt weiterhin viel Geld an den Fiskus. Für die Umwelt bringt das allerdings wenig. Ein Beispiel ist Autofahren: Wenn die Benzinpreise steigen, gibt es nur zwei Möglichkeiten. Fährt man weniger, schützt man die Umwelt, gibt aber auch weniger dafür aus. Fährt man hingegen gleich viel oder mehr, spült man auf Kosten der Umwelt Geld in die Staatskasse.

Der Aufruf »Deutschland, Deutschland über alles« handelt von deutscher Überlegenheit

»Deutschland, Deutschland über alles, über alles in der Welt« ist kein Ausdruck von Kriegsbestrebungen und Herrschsucht. Die Zeile war vielmehr ein Aufruf, ein Appell des Dichters Hoffmann von Fallersleben, der seine Zeitgenossen dazu bringen wollte, die deutsche Kleinstaaterei und Eigenbrötlerei beizulegen, um ein »einig Deutschland« anzustreben. Es ging also zunächst nur um Deutschland selbst. Die Beziehung und das Verhältnis zu anderen Ländern spielte keine Rolle.

Beamte müssen nichts für ihre Pensionen zahlen

Neben der angeblichen Faulheit ist das wohl das verbreitetste Vorurteil gegenüber den Staatsdienern. Dabei zahlen sie durchaus für ihre Pensionen, nur indirekt. Hier gilt das Gleiche wie beim Arbeitgeberbeitrag: Die Kosten für die Pension werden selbstverständlich bei der Lohnbemessung berechnet. Nur dass der Staat diesen Anteil nicht sofort in die Rentenversicherung einzahlt, sondern ihn anderweitig verwendet.

In Fort Knox lagern die größten Goldreserven der Welt

Fort Knox im amerikanischen Bundesstaat Kentucky ist das Paradies aller Bankräuber. Und das zu Unrecht. Zwar liegen in Fort Knox wirklich große Mengen Gold. Aber im Keller der Federal Bank of New York gibt es fünf Mal so viel.

Goldgrube: Die Federal Bank of New York

In der DDR waren die Frauen »gleichberechtigter« als in der BRD

Im Arbeitsleben waren die Frauen in der DDR sicher stärker eingebunden. 1988 erreichte man mit 91,3 Prozent weltweit die höchste Beschäftigungsquote bei den Frauen. Aber die »Emanzipation von oben« bedeutete nicht, dass Frauen in den wichtigen politischen Gremien den Ton angaben. Die Frauenpartei DFD war dabei keinesfalls ein Organ der Gleichberechtigung, sie ordnete sich wie selbstverständlich der SED unter.

Ein Land mit vielen Rohstoffen ist reich

Und was ist mit dem Kongo? Oder mit Sambia? Nicht zu vergessen Simbabwe! Viele Rohstoffe bedeuten nicht unbedingt großen Reichtum. Ansonsten würde Deutschland wohl ziemlich arm dastehen. Es geht in erster Linie um die Effizienz und die Möglichkeiten, aus den Gegebenheiten das Maximum herauszuholen. Und da sind viele rohstoffreiche Länder weder politisch noch technisch auf einem ausreichenden Stand. Wenn Korruption sämtliche Einnahmen versickern lässt, nützen auch viele sprudelnde Ölquellen wenig.

Alle Bundesländer haben dem Grundgesetz zugestimmt

Bayern nicht. Am 19. und 20. Mai 1949 fand im Landtag die Abstimmung über das Grundgesetz statt. Das Ergebnis: 101 Abgeordnete stimmten dagegen, nur 63 dafür. Der Freistaat lehnte das Grundgesetz ab, weil man zu viel Einflussnahme des Bundes befürchtete. Allerdings hatte die Abstimmung keine Konsequenzen. Das Gesetz war nämlich schon zuvor mit der nötigen Zweidrittelmehrheit der Länder abgesegnet worden. Deshalb erkannte Bayern in einer zweiten Abstimmung, trotz seiner grundsätzlichen Ablehnung, die Verfassung als rechtmäßig an. Die Ablehnung war also im Nachhinein lediglich ein symbolischer Protest.

Aktienkurse kann man vorhersagen

Bei manchem Börsenexperten hat man das Gefühl, er könne Aktienkurse vorhersagen. Tatsächlich kann natürlich niemand die Kurse voraussagen. Zwar findet man eine ganze Reihe aussagekräftiger Indikatoren. Dennoch gibt es viele Einflüsse, die immer gehörig auf die Kurse einwirken und kaum vorhersehbar sind.

Die Staatsform von Kanada ist eine Republik

Das stimmt so nicht. Das riesige Land im Norden Amerikas ist nämlich ein Königreich. Das Staatsoberhaupt ist Queen Elizabeth II. – das Oberhaupt Kanadas ist nach wie vor der jeweilige britische Monarch. Und damit ist Kanada eine parlamentarische Monarchie. Das britische Königshaus wird dabei immer durch einen Generalgouverneur vertreten. Im Moment ist das Michaëlle Jean. Die gebürtige Haitianerin wurde 2005 in ihr Amt eingeführt, sie ist die erste farbige Generalgouverneurin Kanadas.

Die Globalisierung bedroht die Arbeitsplätze ungelernter Arbeiter

Ohne Frage: Geringer qualifizierte Arbeitskräfte haben es schwer auf dem Arbeitsmarkt. Aber das liegt weniger an der größeren Konkurrenz von Märkten, die zunehmend global agieren, sondern vielmehr am technischen Fortschritt. Die Löhne von Experten und Spezialisten steigen daher parallel zu wachsenden Anforderungen, weil Fachkräfte immer besser qualifiziert sein müssen und daher mehr leisten. Eine Hilfskraft hingegen kann sich kaum mehr spezialisieren.

Thomas Jefferson war ein Vorzeigemensch

Thomas Jefferson (1743 bis 1826) war der dritte Präsident der USA. Er folgte auf George Washington und John Adams. Jefferson ist der hauptsächliche Verfasser der amerikanischen Unabhängigkeitserklärung und genießt im öffentlichen Gedächtnis einen Ruf als »Lichtgestalt«. Er gilt als Menschenfreund schlechthin – ein Menschenfreund jedoch mit rassistischen Vorstellungen. Er hatte selbst Sklaven und hielt Schwarze für eine minderwertige Rasse.

Der VW war eine Erfolgsgeschichte der Nazis

Um es vorwegzunehmen: Schon die Bedingungen und Produktionsanlagen des Volkswagens waren absolut kein Vorzeigeprojekt. Und das Kugelauto selbst wäre nie zu einem Wagen des Volkes geworden: Der Treibstoffverbrauch und die daraus resultierenden Kosten waren einfach zu hoch. Und so wurde das Ziel von einer Million verkauften Wagen auch nie erreicht. Bis Kriegsende waren nicht einmal 10.000 VW vom Band gelaufen.

Vier legendäre US-Präsidenten am Mount Rushmore: George Washington, Thomas Jefferson, Theodore Roosevelt und Abraham Lincoln (v.l.n.r.)

Napoleon, hier auf einem Bild von Jacques Louis David, hatte die Russen unterschätzt und seine Truppen ins Verderben geführt.

Geschichte

»Es war einmal …« So manches, was wir im Geschichtsunterricht gelernt haben oder was man sich seit Generationen weitererzählt, ist eigentlich ein Märchen. Zu allen Zeiten, in allen Epochen hat es Übertreibungen, Propaganda und Legenden, kurz: Irrtümer gegeben. Wir laden Sie ein zu einer Geschichtsstunde der etwas anderen Art. Vieles werden Sie danach anders sehen. Ehrlich!

Nur der Winter konnte Napoleons Russlandfeldzug stoppen

Sagt Napoleon. Denn die Katastrophe in Russland war vor allem sein Fehler. Die Planungen waren schlecht, und er hatte die Russen unterschätzt. Zu Beginn des Feldzuges war es überhaupt nicht bitterkalt. Im Gegenteil: »Am 15ten mussten wir auf dem Marsch gegen Krasnoy viel Staub und Hitze leiden; die Kolonnen waren ganz in Staub eingehüllt, sodass man kaum seinen Nebenmann erkennen konnte; der Durst veranlasste, dass bei jedem kleinen Bach eine Menge Leute zurückblieben, um Wasser zu schöpfen, wobei durch das Nachjagen die Pferde sehr litten.« So schreibt der Seconde-Lieutenant von Kalckreuth, ein Überlebender aus Napoleons Heer. Die Kälte brach demnach erst viel später über Napoleons Truppen herein – als sie nach ihrer Niederlage auf dem Rückzug aus dem winterlichen Russland waren.

Die Völkerschlacht bei Leipzig gewannen die Deutschen

Es stimmt. Bei der Völkerschlacht 1813 waren Deutsche die Sieger. Aber sie waren auch Verlierer. Deutsche kämpften nämlich auf beiden Seiten. Für Napoleon waren die Franzosen, Polen und deutsche Rheinbundstaaten in die Schlacht gezogen. Dagegen standen Österreich, Russland, Schweden, Preußen und einige deutsche Kleinstaaten – dies war letztlich die Koalition der Sieger.

Wellington wünschte sich bei Waterloo die Preußen oder die Nacht herbei

»Ich wollte, es wäre Nacht oder die Preußen kämen.« Dieser Ausspruch machte General Arthur Wellesley, den Herzog von Wellington, unsterblich. Angeblich waren das seine verzweifelten Worte, als er in der Schlacht bei Waterloo 1815 auf die Preußen wartete. Währenddessen rannten die Franzosen an, die Koalitionsarmee konnte kaum noch standhalten. Zu dem berühmten Ausspruch gibt es zwei Meinungen: Zum einen soll von Wellington schon bei der Einsatzbesprechung folgende Taktik ausgegeben haben: »Unser Plan ist einfach; die Preußen oder die Nacht.« Andere sagen, dass der Ausspruch nie gefallen sei und nur nachträglich zur Erklärung des heldenmütigen Widerstandes der Truppen dienen sollte.

Steinzeitmenschen waren Höhlenmenschen

Wer das Wort »Steinzeitmensch« hört, hat sofort eine Höhle vor Augen. Dabei lebten die Steinzeitmenschen vor allem in Hütten und Zelten. Die älteste Hütte in Deutschland ist über 600.000 Jahre alt.

Unsere steinzeitlichen Vorfahren waren primitiv

Überhaupt nicht. Die Höhlenmalereien sind für die damalige technische Ausstattung echte Kunstwerke. Man kann sie sogar hinsichtlich Stilarten und Darstellungsformen unterscheiden – von wegen nur primitive Kritzelei. Bauwerke wie Göbekli Tepe, die älteste Tempelanlage der Welt, wurden vor gut 11.500 Jahren im Südosten der Türkei errichtet: Es gibt Tierreliefs und Symbole. Der ausgrabende Forscher Klaus Schmidt tippt sogar auf eine Begräbnisstätte mit Totenkult. All das verlangt durchaus Intelligenz.

Bronze war das erste benutzte Metall

Das erste benutzte Metall war Kupfer. Vor gut 4000 Jahren wurde es verarbeitet. Kupfer hatte den Vorteil, dass es auch im kalten Zustand formbar oder zumindest nutzbar war. Später konnte man dann auch mit erhitztem Metall umgehen. Bei solch einem Prozess wurde wohl zufällig die Bronzeverarbeitung entdeckt – Bronze besteht zu gut 85 Prozent aus Kupfer. Im 3. Jahrtausend v. Chr. verdrängte Bronze dann Kupfer.

König Hammurabi war der erste fortschrittliche Gesetzgeber

König Hammurabi (1792 v. Chr. bis 1750 v. Chr.) war ohne Zweifel für seine Zeit ein fortschrittlicher Gesetzgeber. Aber eben nur zu seiner Zeit. Denn vor ihm gab es schon einen weitaus progressiveren Herrscher, Urnammu von Ur. Der sumerische König lebte um 2050 v. Chr. und damit gut 300 Jahre vor Hammurabi. Sein »Codex Urnammu« gilt als älteste, schriftlich überlieferte Rechtssammlung.

Belsazar herrschte als König über Babylon

Im biblischen Buch Daniel 5,1 wird Belsazar (Bel-Scharra-Usur, »Bel beschütze den König«) tatsächlich als König betitelt. Allerdings sagt die historische Nabonid-Chronik etwas ganz anderes. Der Keilschrifttext über König Nabonid spricht nämlich von Belsazar als »Kronprinzen«, er sei nur der Sohn und Stellvertreter des Königs Nabonid in Babylon gewesen. Den Verfassern des Buchs Daniel indes mag es durchaus so vorgekommen sein, als herrsche Belsazar wie ein »König« – wie ein grausamer Unterdrücker eben.

Tutanchamuns Grab wurde nicht geplündert.

Alle Pharaonengräber wurden geplündert

Nicht alle. Der uns bekannteste Pharao kam davon: Tutanchamun. Sein Grab war zwar verhältnismäßig klein, dennoch lassen sich von den Funden einige Rückschlüsse auf den Pomp der anderen Gräber ziehen.

»Pharao« war der Titel der ägyptischen Könige

Zunächst nicht. Allerdings begann die Bevölkerung den Herrscher, seinen Palast und das ganze Umfeld »Par-o« zu nennen, was »Großes Haus« bedeutet. Dieser Name wurde dann immer mehr zur Eigenbezeichnung. Die gefangenen Israeliten übernahmen ihn und hielten ihn in der Bibel fest. Doch erst ungefähr 950 Jahre vor Christus wurde »Pharao« zu einem echten Titel für die ägyptischen Herrscher.

Kleopatra war unglaublich schön

Spätestens seit Asterix und Obelix hält sich das Bild der wunderschönen Herrscherin, die allen Männern den Kopf verdrehte. Ihre Darstellungen zeugen aber nicht gerade von makelloser Schönheit – auch die Nase, die ausgeprägt und gekrümmt gewesen sein soll, nicht. Kleopatra (69 bis 30 v. Chr.) hat mehr mit ihrem Wesen, mit ihrer Intelligenz und ihrer Bildung beeindruckt. Allerdings war sie die Geliebte der römischen Kaiser Julius Cäsar und Antonius. Es darf vermutet werden, dass beide Beziehungen vor allem politische Gründe hatten.

Die Wikinger haben Amerika als Erste entdeckt

Kolumbus hat im Jahre 1492 Amerika zwar erreicht, aber nicht entdeckt! Diese Weisheit sorgt für keine große Überraschung mehr. Die meisten wissen, dass die Wikinger früher da waren. Aber selbst sie sollen nicht die Ersten gewesen sein. Denn vermutlich haben schon vor 15.000 Jahren asiatische Völkerstämme über die Beringstraße das Festland erobert. Die Wikinger waren also höchstens die ersten Europäer in Amerika.

Kleopatra beeindruckte auch römische Kaiser.

Archimedes wehrte eine Belagerung mit Brennspiegeln ab

Auch der große Mathematiker und Ingenieur aus Syrakus konnte nicht solche Wundertaten vollbringen. Der Legende nach soll Archimedes die römischen Belagerungsschiffe von den Mauern um Syrakus aus angezündet haben – selbst mit modernen Mitteln (die University of Arizona hat das versucht) ein fast unmögliches Unterfangen. Auch zeitgenössische Historiker berichten davon nichts. Erst im 6. Jahrhundert kam die Legende von den Brennspiegeln auf.

Troja wurde von den Griechen zerstört

Kaum eine Stadt ist so sagenumwoben und übt solch eine Faszination aus wie Troja. Die Frage, wie Troja zugrunde ging, interessiert die Menschen aller Zeitalter. Das Troja, von dem Homer erzählt, findet sich wohl in der sechsten von neun ausgegrabenen Schichten. Doch lassen sich keine kriegerischen Spuren finden, eher ließe sich auf ein Erdbeben schließen. Es gibt zwar Forscher, die von einer Eroberung ausgehen. Aber in diesem Fall firmieren die Angreifer unter der Bezeichnung »Mykener«.

Die Indogermanen waren ein großes Volk

»Indogermanisch« bezeichnet in erster Linie eine Sprachgruppe, weniger einen festen Volksstamm. Zwar breiteten sich etwa 2000 v. Chr. eine indogermanische (oder auch »indoeuropäische«) Kultur und Sprache in Europa und Indien aus. Aber das muss nicht unbedingt durch Wanderung oder Eroberung, sondern kann auch durch Weitergabe oder Assimilation geschehen sein.

Die Germanen waren die besten Eisenschmiede im Altertum

Für viele waren die Germanen tollkühne Kämpfer, unzivilisierte Barbaren, begnadete Waffenschmiede. Einiges davon mag stimmen, das Hohelied auf die Schmiedekunst allerdings nur bedingt. Eher hätten dies die Chinesen verdient, die schon gut 500 Jahre v. Chr. Stahl kochen und bearbeiten konnten. Da sie durch die Verfeuerung von Kohle höhere Temperaturen als ihre europäischen Zeitgenossen erreichten, waren ihre Möglichkeiten bei der Verarbeitung größer. Die Europäer dagegen mussten fast 2000 Jahre länger warten, bis sie Gusseisen herstellen konnten.

Die Vandalen waren grausame Zerstörer

Mit »Vandalismus« verbindet man Zerstörungswut. Dabei waren die Vandalen nicht so grausam, wie sie heute dargestellt werden. Im Gegenteil: Als sie 455 n. Chr. Rom plünderten, gingen sie im Verhältnis zu damaligen Gepflogenheiten fast zurückhaltend vor.

Bier ist eine Erfindung der Germanen

Dem Konsum nach zu urteilen schon. Aber erfunden haben sie es nicht. Die Erfinderehre gebührt wohl eher den Sumerern. Bier – sogar in verschiedenen Sorten – wurde zuerst im alten Mesopotamien genossen.

Die Gerichte waren früher viel brutaler als heute

Durchaus nicht. In vielen alten Kulturen war zum Beispiel das Freikaufen üblich. Während heute noch um die Einführung des »Deals« gestritten wird, waren Absprachen früher ganz normal. Besonders verbreitet war diese Sitte bei den Hethitern.

Hannibal war der erste Feldherr, der Elefanten einsetzte

Hannibal (246 bis 183 v. Chr.) gilt als einer der größten Feldherren der Antike. Während des Zweiten Punischen Krieges (218 bis 201 v. Chr.) führte der Karthager dem Römischen Reich einige schwere Niederlagen zu. Dabei soll er auch erstmals Elefanten in einem Krieg eingesetzt haben. Das allerdings stimmt nicht: Elefanten als »antike Panzer« gab es schon weit früher. Die Inder beispielsweise nutzten Elefanten schon um 1200 v. Chr. für militärische Zwecke.

Hannibal war ein edler Krieger

Hannibal genießt noch heute die Sympathien des Underdogs. Der furchtlose Karthager stellte sich gegen das scheinbar übermächtige Rom, er wollte sich nicht dem Status quo beugen. Hannibal errang spektakuläre militärische Siege, ein »Edelmann« war er dabei nicht. Der Geschichtsschreiber Plutarch beschreibt ihn als unmenschlich, grausam und treulos. Das mag nun auch Propaganda gewesen sein. Doch ein Kavalier auf dem Schlachtfeld war Hannibal nicht.

Die Lava des Vesuvs begrub Pompeji

Pompeji ist zum Synonym für eine bei einem Vulkanausbruch untergegangene Stadt geworden. Das Bild des versteinerten Hundes ist weltbekannt – doch er starb keinesfalls in der Lava. Das Verderben Pompejis waren die Asche- und Staubmassen, die der Vesuv in die Luft schleuderte. Auch die giftigen Gase waren weitaus problematischer als die Lava.

Die Kimbern und Teutonen wollten unbedingt nach Italien

Die Bedingungen in ihrer Heimat (dem heutigen Dänemark) waren für die Kimbern und Teutonen nicht optimal. Deshalb brachen sie in Richtung Süden auf, um neue Siedlungsgebiete zu finden. Aber sie waren nicht speziell auf Italien fixiert. Durch keltische Gebiete zogen die beiden Völker immer weiter nach Süden, bis sie 113 v. Chr. auf die Römer trafen. Nach anfänglichen Erfolgen fassten die Eindringlinge einen fatalen Beschluss: Sie trennten sich und beschlossen damit ihren Untergang. Die Teutonen wurden 102 v. Chr. von den Römern vernichtet, die Kimbern ein Jahr später.

Der Sieg des Pyrrhus war ein grandioser Erfolg

Ein Pyrrhussieg ist ein Erfolg, von dem man strategisch gesehen nichts hat. Im Gegenteil: Man steht schlechter da als zuvor. Diese Bezeichnung geht auf den König von Epirus, Pyrrhus, zurück. Er besiegte im 3. Jahrhundert v. Chr. die Römer in der verlustreichen Schlacht bei Asculum und soll danach gesagt haben: »Noch so ein Sieg, und wir sind verloren!« Die Folge: Der Sieger Pyrrhus bat die besiegten Römer um Frieden.

Karl Martell rettete das christliche Abendland

Wahr ist, dass der Sieg Martells bei Tours 732 n. Chr. den Vormarsch der Mauren stoppte. Aber die Bedrohung war bei Weitem nicht so groß, wie sie oft dargestellt wird. Denn die Mauren – damals herrschten die »Ummayaden« – hatten große Probleme. Die »Abbasiden« intrigierten und schwächten die Herrschaftsdynastie entscheidend. Davon abgesehen war der Sieg Martells eher symbolischer Natur. Die Verluste der Mauren waren nicht so groß, als dass sie die einzigen Gründe für ihren Rückzug gewesen wären.

Das kolossale Kolosseum

Das Kolosseum hat seinen Namen von seiner Größe, heißt es. Natürlich war es gigantisch. Seinen Namen aber hatte es von der Statue vor dem großen Amphitheater: einer Kolossalstatue des Kaisers Nero.

Die Varusschlacht war eine taktische Meisterleistung

Im Jahre 9 n. Chr. wurde das römische Imperium in seinen Grundfesten erschüttert. Drei römische Legionen und ihre Hilfstruppen wurden von einem germanischen Heer vernichtet, der römische Feldherr Publius Quinctilius Varus nahm sich bei der Schlacht im Teutoburger Wald (auch Varus- oder Hermannsschlacht genannt) noch auf dem Schlachtfeld das Leben. Der Sieg war ein Ausrufezeichen – aber nicht so sehr eine taktische Glanzleistung. In erster Linie war die Schlacht im Teutoburger Wald nämlich eines: Verrat. Varus hatte dem Cheruskerfürsten Arminius, der das Germanenheer führte und Varus bisher treu ergeben war, blind vertraut. Arminius indes lockte ihn in unwegsamem Gelände in die Falle und griff die römischen Legionäre aus dem Hinterhalt an – Chancen hatten die Römer keine.

Kaiser Nero hat Rom angezündet

Zuzutrauen wäre es ihm durchaus. Aber dafür gibt es keine handfesten Beweise. Eine Mehrzahl von Forschern geht heute davon aus, dass Nero, der eigentlich Lucius Domitius Ahenobarbus hieß, zumindest an dem schrecklichen Brand 64 n. Chr. nicht schuld war. Ein Indiz: Nero war selbst stark betroffen, beispielsweise verbrannte fast seine gesamte geliebte Kunstsammlung. Auch die Begründung, Nero habe mit dem Feuer Platz für Neubauten schaffen wollen, wird in das Reich der Märchen verwiesen. Zumal die ersten christlichen Autoren, die ja unter Nero leiden mussten, nichts von seiner Schuld schrieben. Auch Tacitus sprach von einem bloßen Gerücht. Erst spätere Autoren bezeichneten Nero als Brandstifter. Offensichtlich musste ein Sündenbock her. Und Nero eignete sich wegen seines schlechten Rufes dazu am besten.

Cäsar sagte bei seiner Ermordung: »Auch du, mein Sohn Brutus«

Es ist ziemlich sicher, dass Cäsar, von mehr als 20 Dolchstichen getroffen, wortlos starb. Die beiden bedeutenden römischen Historiker Sueton und Cassius Dio berichten beide übereinstimmend, der Imperator sei zu schwer getroffen gewesen, als dass er noch hätte sprechen können. Zwar zitiert Sueton die griechischen Worte »Auch du, mein Kind«, aber er verwirft sie als ungesichert.

Cäsar war es, der sagte: »Die Würfel sind gefallen«

Noch heute wird dieser Ausspruch als Zeichen von größter Entschlossenheit – oder auch Fatalismus – gewertet. Dabei soll Cäsar »Alea iacta est« gesagt haben, was zunächst einmal heißt: »Der Würfel ist geworfen.« Aber selbst das ist umstritten. Die meisten Historiker gehen davon aus, dass Cäsar – wenn überhaupt – Folgendes gesagt hat: »Hoch soll der Würfel geworfen werden.«

Auch heute noch ist das gigantische Kolosseum das Wahrzeichen Roms.

Das Mittelalter war das Zeitalter der Folter

Nicht nur das Mittelalter war die Zeit der Folterexzesse. Auch in den Jahrhunderten zuvor und danach dienten zum Teil grausame Foltermethoden der Bestrafung. Im Mittelalter war außerdem das öffentliche Zurschaustellen weitaus verbreiteter als die systematische, tödliche Folter

Aachen war unter Karl dem Großen Hauptstadt

Das stimmt nicht. Aachen war zwar eine bevorzugte Anlaufstelle für Kaiser Karl den Großen. Doch eine Hauptstadt im heutigen Sinne gab es damals noch nicht. Die Herrscher zogen einfach von Pfalz zu Pfalz. Aachen war dabei die Lieblingspfalz des berühmten Kaisers.

Karl der Große hat Tausende von Sachsen bei Verden abgeschlachtet

Keine Frage: Die Eroberungszüge Karls des Großen werfen einen Schatten auf den »Vater Europas«. Gerade gegenüber den aufsässigen Sachsen zeigte sich der Kaiser alles andere als milde. Einige Quellen berichten vor diesem Hintergrund von einem schrecklichen Massaker bei der niedersächsichen Stadt Verden. Karl der Große soll hier gut 4500 Sachsen abgeschlachtet haben. Allerdings fehlen für solch ein Massaker seriöse historische Belege. Nach wie vor streiten die Experten über die »Blutschlacht von Verden«. Das Abschlachten von mehreren Tausend Sachsen wird aber inzwischen von nahezu allen Forschern mit großer Sicherheit ausgeschlossen.

Karl der Große zwischen den Päpsten Gelasius I. und Gregor I.

Freien Bauern ging es im Mittelalter besser als abhängigen

Sicherlich führten Bauern im Mittelalter nicht gerade ein sorgenfreies Leben. Aber das hatte nicht nur mit einem Abhängigkeitsverhältnis zu tun. Zum einen war für den mittelalterlichen Menschen klar, dass er in einer bestimmten Ordnung, dem »ordo«, lebte. Jeder Mensch hatte dort einen festen Platz, den er als gottgegeben zu akzeptieren hatte. Was aber noch viel wichtiger ist: Der »freie« Bauer war bei Weitem weniger frei, als man glauben möchte. Er konnte nämlich jederzeit zum Kriegsdienst herangezogen werden. Die Ausrüstungskosten überstiegen meist das Vermögen des Einzelnen – ein »Freier« musste diese nämlich selbst tragen. Das Leben vieler Bauern war aber auch davon abgesehen kein Zuckerschlecken. Mit der Landwirtschaft konnte oft nicht einmal der Lebensunterhalt verdient werden, zudem fehlte den Bauern ein Schutzherr. Die Konsequenz: Viele begaben sich sogar freiwillig in die »Abhängigkeit«. So ungewöhnlich ist das allerdings bis heute nicht. Auch heute müssen wir nämlich oft zwischen einer relativen Freiheit als Selbstständiger und der eingeschränkten, aber oft weitaus sichereren Arbeit als Angestellter entscheiden.

Früher glaubte man, dass im Jahr 1000 die Welt untergeht

Nein. Das Weltende war zwar tatsächlich immer ein Thema, über die möglichen Vorkehrungen zerbrachen sich fast alle Religionen und Kulturen den Kopf. Doch den festen Zeitpunkt 1000 n. Chr. als konkrete Prognose hat es so nie gegeben.

Karl der Große war ein deutscher Kaiser

Es gab keinen »deutschen« Kaiser. Karl der Große (748 bis 814 n. Chr.) wurde 800 zum römischen Kaiser gekrönt. Sein offizieller Titel ist länger, dort wird er auch als König der Franken und Langobarden bezeichnet.

Im Mittelalter begannen die Hexenverfolgungen

Gegen 1486 veröffentlichte Heinrich Kramer das Buch »Malleus Maleficarum«, den sogenannten »Hexenhammer«. In der Folgezeit erhielten die Hexenprozesse eine andere Qualität. Verfolgungen hatte es aber schon zuvor, beispielsweise im alten Rom, gegeben.

Galilei bestand darauf: »Und sie bewegt sich doch!«

Galileo Galilei (1564 bis 1642) mag ein begnadeter Wissenschaftler gewesen sein. Ein Held war er wohl nicht. Die Szene, wie er unbeugsam vor dem Kirchentribunal steht und über die Erde sagt: »Und sie bewegt sich doch!«, hat es so wahrscheinlich nie gegeben. In keiner zeitgenössischen Quelle ist der Ausspruch zu finden. Die Prozessakten geben diesbezüglich ebenfalls nichts her.

Galilei hatte unter der Kirche schwer zu leiden

Die Kirche war Galilei gegenüber lange aufgeschlossen, 1592 wurde er als Professor an die Universität in Pisa berufen. Auch die Mahnungen der Kirche waren anfangs zurückhaltend. Allerdings verlief das spätere Verfahren gegen ihn alles andere als tolerant, und seine Freiheit wurde danach gewaltig eingeschränkt. Aber Galilei wurde weder länger eingekerkert noch gefoltert. Er bekam 1633 Hausarrest, durfte aber nach wenigen Monaten wieder schreiben und arbeiten. Auch war sein »Gefängnis« kein Kerkerloch: Galilei lebte bis zum Tod in einem Landhaus bei Arcetri.

Martin Luther schlug die 95 Thesen an die Wittenberger Schlosskirche

Am 31. Oktober 1517 hallten laute Schläge von der Wittenberger Schlosskirche her. Eine Gestalt im Mönchsgewand nagelte ein Dokument an die Tür. Die Gestalt war der Augustinermönch Martin Luther. Aber diese Szene hat es so nie gegeben. Der »Thesenanschlag« soll den Mut und die Einmaligkeit Luthers unterstreichen. Dabei hatte er die 95 Thesen zunächst einmal nur seinen Vorgesetzten vorgelegt und sie erst später der Öffentlichkeit unterbreitet. Luther ging also den ganz normalen »Dienstweg«. Danach allerdings verbreiteten sich die Thesen und ihr Inhalt rasch, die Wirkung war bekanntermaßen revolutionär.

Martin Luther war sehr mutig, als er sagte: »Hier stehe ich und kann nicht anders«

Dieser Spruch hätte sicherlich am damaligen Urteil der Kirche nichts geändert. Aber wie dem auch sei: Martin Luther hat diese Worte ohnehin nie gesagt. Seine Rede auf dem Wormser Reichstag schloss er demütig und ergeben mit den Worten ab: »Gott helfe mir. Amen.«

Ritter waren wegen ihrer Panzer unbeweglich.

Die Ritter waren die besten menschlichen Waffen im Mittelalter

Ritter waren in Schlachten vielleicht die eindrucksvollsten Teilnehmer. Effektiv waren sie aber nur eine Zeit lang. Die Reiterei konnte mit ihrer Durchschlagskraft großen Schaden anrichten, aber ihre Ausrüstung wurde zu einer Schwäche. Die Ritter waren schwer gepanzert, aber nicht unverwundbar. Im 14. Jahrhundert hatte man mit den Langbögen ein wirksames Mittel gegen die »reitenden Burgen« gefunden. Am 23. August 1346 besiegten die Engländer das französische Reiterheer. Garant ihres Erfolges waren die Bogenschützen. Allerdings hatte sich der Niedergang der Ritter schon Jahre zuvor angekündigt: Bei der Schlacht von Courtrai am 11. Juli 1302 wurden die französischen Ritter von einem flämischen Infanterieheer geschlagen. Das Aufkommen von Piken machte die Ritter dann endgültig zum Auslaufmodell. Denn waren die Ritter einmal von ihren Pferden gerissen, so hatten sie aufgrund ihrer Unbeweglichkeit in der Rüstung nur wenige Chancen, zurück auf das Pferd und damit ins Gefecht zu kommen.

Ritter sind echte Edelmänner

Ritter sind in erster Linie einmal Reiter. Und dann Angehörige eines bestimmten Standes. Über ihre Manieren ist damit wenig ausgesagt. Zu Recht: Viele Ritter nämlich hatten so gar nichts Edles an sich. Im besten Fall benahmen sie sich einfach nur daneben. Weitaus öfter allerdings waren sie Wegelagerer, Räuber und Mörder. Also ganz gewöhnliche Kriminelle.

Im Bauernkrieg rebellierten die Armen

Der Bauernkrieg stellt eine Eskalation lokaler Aufstände ab dem Jahr 1524 dar, die zwei Jahre später niedergeschlagen wurden. Die Bauern rebellierten gegen das mittelalterliche Feudalsystem und stritten gegen ihre Abhängigkeit von den Fürsten. Arm allerdings waren nicht alle, vor allem die Anführer nicht: Einer der Rädelsführer im Bauernkrieg war Jakob Rohrbach. Er besaß einen eigenen Hof, mehrere Äcker und Tiere – Rohrbach nagte keineswegs am Hungertuch. Oder Florian Geyer: Der war nicht einmal Bauer, sondern geborener Adeliger, Diplomat und fränkischer Reichsritter.

Das »Ius primae noctis« war rechtlich festgeschrieben

Es ist eine der beklemmendsten Szenen im Mel-Gibson-Film »Braveheart«: Der böse englische Befehlshaber platzt in eine Hochzeitsfeier und nimmt die Braut mit sich. Die Frau hält ihren tobenden Mann zurück, während der Engländer sich rechtfertigt: Er habe das Recht auf die erste Nacht. Allerdings ist dieses »Ius primae noctis« nirgendwo verbrieft. Es gibt keine Quellen, die solch ein »Gesetz« belegen. Es mag sein, dass dieser Vorgang so vollzogen wurde. Aber dann aus reiner Willkür heraus, und nicht auf der Grundlage einer gesetzlichen Regelung.

Das Ei des Kolumbus kommt von Kolumbus

Das Ei des Kolumbus bezeichnet die Lösung für das Problem, ein Ei auf die Spitze zu stellen: Man schlägt es auf. Diese Argumentation soll schon vor Kolumbus vom Architekten Filippo Brunelleschi benutzt worden sein, der daraufhin den Auftrag für den Bau der Florentiner Domkuppel erhielt. Möglicherweise stammt diese Redensart aber auch aus einer arabischen Erzählung.

Kolumbus wurde ausgelacht, weil man glaubte, die Erde sei eine Scheibe

Das stimmt nicht. Im 15. Jahrhundert war die Annahme, dass die Erde eine Scheibe sei, eigentlich kein Thema mehr. Seefahrer, Geografen, auch Könige wussten schon von der Kugelform der Erde.

Die Emanzipation geht auf die Reformation zurück

Dafür findet sich absolut kein Beweis. Nur weil die Reformation viele alte Seilschaften und Zwänge zerschlug, heißt das nicht, dass sie für die Befreiung der Frauen eintrat. Die Historikerin Lyndal Roper meint sogar, dass die Frauen durch die Veränderungen und neuen ökonomischen Gegebenheiten stärker in die Abhängigkeit rutschten.

Heinrich der Seefahrer war ein begeisterter Segler

Heinrich war überhaupt kein Seefahrer. Der König war nur ein Förderer des Schiffsverkehrs, vor allem der Expeditionen und Entdeckungsreisen.

In Venedig herrschten einst die Dogen

Der Doge war der mächtigste Mann in Venedig. Er bestimmte die militärischen, wirtschaftlichen und politischen Geschicke der Stadt. Aber er war kein Herrscher. Zum einen wurde er ab dem 8. Jahrhundert n. Chr. frei gewählt. Zum anderen war er nur der Vertreter des oströmischen Kaisers. Später nahm die Macht des Dogen sogar rapide ab, der »Große Rat« übte ab dem 12. Jahrhundert n. Chr. die Kontrolle in Venedig aus. Später kam noch der »Rat der Zehn« dazu.

Bevor die Spanier kamen, herrschten paradiesische Zustände in Südamerika und Mexiko

Wahr ist, dass die Spanier in Südamerika Imperialismus der grausamsten Art betrieben. Falsch dagegen ist, sie hätten dort ein Paradies der Friedfertigkeit vorgefunden und nach und nach zerstört. Die Azteken beispielsweise, die von den Spaniern besiegt wurden, hatten selber viele Urvölker gewaltsam bezwungen. Sie hielten sich Sklaven und haben wahrscheinlich Menschenopfer gebracht – zu rechtfertigen ist die Gewalt der Spanier dadurch freilich nicht.

Am 8. August 1588 endete der Mythos von der Unbesiegbarkeit der Spanischen Armada.

Mit der Spanischen Armada ging auch das spanische Weltreich unter

Am 8. August 1588 versank ein Mythos – der Mythos von der Unbesiegbarkeit der berühmten Spanischen Armada. Bei der Schlacht von Gravelines besiegte die englische Flotte die Schiffe von König Philipp II. Danach, so ist immer wieder zu lesen, ging es auch mit dem spanischen Weltreich bergab. Tatsächlich nahm die Macht der Spanier in der Folgezeit ab. Aber das hatte weniger etwas mit der Armada zu tun. Diese Verluste konnten bis Ende des 16. Jahrhunderts fast völlig ausgeglichen werden. Politische und wirtschaftliche Gründe bestimmten dagegen Spaniens Schicksal. Und so wurde die Armada endgültig 1607 vernichtet. Doch damals waren die Niederlande schon längst an Spanien vorbeigezogen.

Marco Polo kam auf seinen Reisen bis nach China

Wohl eher nicht. Marco Polo (1254 bis 1324) war zweifellos ein großer Entdecker. Aber sicherlich auch einer der größten Aufschneider. Die meisten Forscher nehmen an, dass Marco Polo nur bis in das Reich der Mongolen, aber nicht bis China kam.

Die Mayflower brachte die ersten Auswanderer nach Amerika

Das Segelschiff »Mayflower«, das die sogenannten Pilgerväter von England nach Amerika brachte, landete am 21. November 1620 an der Küste Neuenglands. Zu diesem Zeitpunkt gab es aber schon einige Siedlungen in Nordamerika. Die älteste noch bestehende ist St. Augustine. Die Stadt im heutigen Florida wurde von Spaniern mehr als fünfzig Jahre vor dem Eintreffen der Mayflower gegründet, am 28. August 1565.

Magellan war der erste Weltumsegler

War er nicht. Der portugiesische Seefahrer Ferdinand Magellan (1480 bis 1521) hat nie die Welt umsegelt. Seine beiden Versuche scheiterten. Auf der letzten Reise wurde Magellan von Einheimischen auf den Philippinen getötet. Sein Stellvertreter, Juan Sebastian Delcano, führte die verbliebene Mannschaft zurück in die Heimat und hat damit als Erster die Welt an einem Stück umrundet. Der Erste, der bei einer Weltumseglung die gesamte Zeit über selbst das Kommando führte, war der Engländer Sir Francis Drake.

Marie Antoinette empfahl ihren Untertanen, Kuchen zu essen

Die französische Königin Marie Antoinette (1755 bis 1793) gilt als Symbol des dekadenten Frankreichs. Sie wurde während der französischen Revolution hingerichtet. Zuvor soll die Königin, als sie von der Hungersnot der Bürger hörte, gesagt haben: »Dann sollen sie doch Kuchen essen!« Das allerdings war wohl nur eine Erfindung, um den Hass der Bevölkerung weiter anzufachen. Tatsächlich gab es eine ähnliche Wendung bei Rousseau, aber einige Jahre zuvor. Bei Rousseau jedoch wurde nicht zu Kuchen geraten, sondern zu »Brioche« – einem damals normalen Hefegebäck mit großen Ähnlichkeiten zu heute üblichen Brötchen.

Schwedenkönig Gustav Adolf wollte die deutschen Protestanten retten

Gustav II. Adolf wollte Beute und Macht, mehr nicht. Nur aus diesem Grund zog er 1630 in den Dreißigjährigen Krieg und marschierte in Deutschland ein. Der positive Nebeneffekt: Gustav kam den deutschen Protestanten zu Hilfe, seinen Glaubensbrüdern. Seine Motivation war aber eine ganz andere.

Sonnenkönig Ludwig XIV.

Ludwig XIV. sagte: »Der Staat bin ich!«

Ludwig XIV. (1638 bis 1715), genannt der »Sonnenkönig«, war der personifizierte Absolutismus. Der französische König war zu seiner Zeit wirklich der Nabel der Welt. Um ihn und seinen Hofstaat drehte sich die gesamte Gesellschaft des 17. Jahrhunderts. Die Untertanen schienen nur seinem Ruhm und Prunk zuzuarbeiten. Weltberühmt wurde sein Ausspruch: »Der Staat bin ich!« Nur: Er stammt nicht von ihm. Es findet sich nichts in den Protokollen und Zeitzeugnissen. Da aber diese Position Ludwigs Politik im Kern beschreibt, wurden Zweifel an der Urheberschaft stets großzügig übersehen.

Die Guillotine wurde von Dr. Guillotin erfunden

Der französische Arzt Joseph Ignace Guillotin (1738 bis 1814) war interessanterweise ein Gegner der Todesstrafe. Und dennoch wird mit seinem Namen eine ebenso berühmte wie berüchtigte Hinrichtungsart verbunden: die Enthauptung durch die Guillotine. Guillotin forderte in der Nationalversammlung 1789 eine Hinrichtungsart, die grausame und entehrende Methoden der Todesstrafe ablösen sollte. Guillotins Vorschlag: das Fallbeil. Diese Hinrichtungsart war damals schon lange bekannt, so sollen bereits im alten Persien Verurteilte damit geköpft worden sein. Später machte das Beil »Karriere«, es wurde in praktisch allen Zeitaltern verwendet. Zu den Opfern der Guillotine zählten unter anderem Marie Antoinette, Ludwig XVI., George Danton und Maximilien de Robespierre. Allerdings war gerade im Mittelalter das Beil keine »humane« Lösung. Denn es wurde, statt schnell und sauber zu fallen, mit einem Hammer vorwärtsgetrieben. Daran dachte Guillotin bei seinem Antrag 1789 freilich nicht – ebensowenig wie an die Reaktionen in seinem engsten Umfeld: Guillotins Familie war so entsetzt, dass sie ihren Familiennamen änderte.

Der Hundertjährige Krieg dauerte 100 Jahre

Der Krieg zwischen den Franzosen und Engländern dauerte 116 Jahre, von 1337 bis 1453.

Am 4. Juli 1776 erklärte Amerika seine Unabhängigkeit

Amerika erklärte seine Unabhängigkeit am 8. Juli 1776 vom Balkon des Independence House aus. Am 4. Juli dagegen wurde von den Delegierten aus dreizehn Kolonien Nordamerikas nur eine Vorlage angenommen, die zwei Tage zuvor vom 2. Kontinentalkongress beschlossen und am Tag danach in den Zeitungen verbreitet worden war.

Amerika erklärte seine »Unabhängigkeit«

Amerikas Lossagung von den europäischen Kolonialmächten trägt im Titel nicht das Wort »Unabhängigkeit«. Sie heißt »The unanimous Declaration of the thirteen United States of America« – »Die einmütige Erklärung der dreizehn Vereinigten Staaten von Amerika«.

Baron von Steuben war ein preußischer General

Baron Friedrich Wilhelm von Steuben (1730 bis 1794) war kein General. Er wurde als Stabskapitän nach dem Siebenjährigen Krieg entlassen. Dennoch machte Steuben später genau unter diesem Titel in Amerika Karriere, als er dort nach seiner Auswanderung 1777 die amerikanische Kontinentalarmee im Unabhängigkeitskrieg auf Vordermann brachte und damit zum Kriegshelden wurde, ohne je in Europa General gewesen zu sein. Übrigens: Auch die Abstammung des Barons ist hochumstritten. Seit Jahren streiten die Familien der von Steubens mit der Familie Steube nämlich darum, ob Friedrich in Wahrheit bürgerlicher Herkunft und seine Zugehörigkeit zum Adelsgeschlecht der von Steubens nur eine Täuschung war.

Der Soldatenkönig war ein großer Krieger

War er nicht. Preußenkönig Friedrich Wilhelm I. (1688 bis 1740) baute zwar eine schlagkräftige Armee auf, Krieg führte er aber nie. Erst sein Sohn Friedrich II. nutzte die Armee für Eroberungen.

Zarin Katharina ließ sich durch Häuserattrappen täuschen

Zarin Katharina die Große (1729 bis 1796) soll bei einer Besichtigungsfahrt durch die Landschaften der Krim auf Attrappen, die blühende Landschaften suggerierten, hereingefallen sein. Man nennt die Attrappen nach ihrem Erbauer Feldmarschall Grigori Alexandrowitsch Potjomkin »Potjomkinsche« oder »Potemkinsche Dörfer«. Dabei gab es diese Attrappen nie: Zwar wurde in der Tat vor der Ankunft der Zarin alles herausgeputzt. Der angebliche Betrug dagegen ist ein Gerücht, das Gegner des Feldmarschalls erfanden, um ihn bei der Zarin Katharina zu diskreditieren.

Nur Europa hatte früher Kolonien

Absolut nicht. Schon die alten Griechen begannen mit Kolonisation, andere Völker wie die Ägypter oder Assyrer pflegten ebenfalls eine aggressive Expansionspolitik. Natürlich bekam diese Politik mit der Besiedlung in Übersee eine andere Qualität. Aber die Größe der zusammenhängenden Fläche eines römischen, osmanischen oder mongolischen Reiches erreichten die Europäer nie.

Die Sklavenfrage war im Amerikanischen Bürgerkrieg oder Sezessionskrieg nicht entscheidend.

Der Sezessionskrieg wurde für die Befreiung der Sklaven geführt

Präsident Abraham Lincoln (1809 bis 1865) hatte zwar gesehen, dass der Süden und der Norden auseinanderdrifteten und die Sklavenfrage der stärkste Trennungsgrund war. Lincoln bezog auch gegen die Sklaverei Stellung und verurteilte sie persönlich. Aber er forderte nicht ihre direkte Abschaffung oder sprach sich gar für eine Befreiung der Sklaven aus. Für ihn zählte zunächst nur das Weiterbestehen der Union. So sagte er in seiner berühmten »House divided«-Rede über die Sklaverei: »Entweder die Gegner der Sklaverei werden ihre weitere Ausdehnung bremsen (...); oder ihre Befürworter werden sie vorwärtsbringen, so bis sie ohne Unterschied in allen Staaten in Gesetz tritt, in den Alten wie den Neuen, im Norden wie im Süden.« Die Südstaaten traten dennoch aus der Union aus, aber aufgrund unterschiedlicher Wirtschaftsinteressen sowie Befürchtungen vor einer Übermacht des Nordens. Vor allem aus politischen und wirtschaftlichen Gründen begann also der Sezessionskrieg (1861 bis 1865), den Lincoln vermeiden wollte. Und erst jetzt erklärte er den Feldzug gegen die Sklaverei.

Die Kolonien dienten vor allem als Absatzmärkte

Taten sie nicht. Zwischen 1800 und 1937 gingen weniger als 20 Prozent der europäischen Exporte in Länder, die man heute als Dritte Welt bezeichnet, davon nicht einmal zehn in die Kolonien. Nur England stellt eine Ausnahme dar, allerdings war auch für das British Empire der Anteil der Exporte keinesfalls überlebensnotwendig für die Wirtschaft.

Die meisten Sklaven wurden von Europäern gefangen

Nein. Die Araber handelten früher und in größerem Umfang mit Sklaven: Während sie wohl um die 15 Millionen Sklaven entführten, kamen die Europäer »nur« auf gut zehn.

Friedrich II. war besonders tolerant

Friedrich II., der »Alte Fritz« (1712 bis 1786), war ohne Zweifel ein ungewöhnlich gebildeter und intelligenter Mann. Aber tolerant war er nur bedingt. So ließ er den Philosophen Voltaire verhaften – immerhin

Friedrich II.

gründet auf dem Briefwechsel der beiden ein beträchtliches Stück des Ansehens, das Friedrich II. heute noch genießt. Und auch der Siebenjährige Krieg war keinesfalls ein Beleg für Toleranz. Thomas Mann nannte den preußischen Herrscher gar ein Ungeheuer. Andererseits sagte Friedrich II.: »Jeder soll nach seiner Façon selig werden.« Und darüber hinaus erlaubte er ansatzweise Presse- und Religionsfreiheit. Aber auch hier wird vermutet, dass wirtschaftliche Interessen zumindest nicht ganz unbedeutend waren. Friedrich II. war daher wohl am ehesten eine aufgeklärte Persönlichkeit, die Toleranz duldete, wo sie seinen Interessen nicht schadete. Und das war in der Tat schon ein Fortschritt.

Piraten waren der Abschaum der Gesellschaft

Für einen reichen Kaufmann in Lübeck schon. Ansonsten allerdings bildeten die Piraten durchaus eine komplexe und strukturierte Gesellschaft. So mancher Zeitgenosse hätte etwas davon lernen können. So gab es auf vielen Schiffen ein Mitbestimmungsrecht der Mannschaft. Oft wurde selbst der Kapitän gewählt – sehr »demokratisch« im Vergleich zu den Staaten im 17. und 18. Jahrhundert. Auch bestand ein gewisses soziales Netz mit Abfindungen und Witwenversorgungen. Die Piraten waren also keinesfalls nur rohe Barbaren, auch wenn sie sich ihren Lebensunterhalt mit »Verbrechen« verdienten.

George Armstrong Custer starb als General

George Custer war kein General, sondern Oberstleutnant der US-Armee.

Der 1. Chinesische Opiumkrieg sollte Opiumausfuhren verhindern

Im Gegenteil: Der Krieg von 1839 bis 1843 wurde geführt, um China zu zwingen, Opium aus Indien zu importieren. Dort herrschten die Briten, sie wollten so ihre Handelsbilanz aufbessern und Zugang zu chinesischen Produkten bekommen. Die Briten siegten, und der vorübergehende Niedergang Chinas war eingeläutet.

Piraten (hier Johnny Depp in »Fluch der Karibik 3«) waren keineswegs nur rohe Barbaren.

»Blut und Eisen« stammt von Bismarck

Die »Blut-und-Eisen-Rede« ist von Bismarck. Die Wendung »Blut und Eisen« aber nicht. Fast 2000 Jahre vor Bismarck prägte der römische Rhetoriklehrer Quintilian diesen Ausspruch, viele Dichter nach ihm griffen ihn immer wieder auf.

Deutschland wollte den Ersten Weltkrieg nicht

Das ist hochumstritten. Diese Bilder des Ersten Weltkrieges kennt jeder: Sie zeigen die Begeisterung, mit der die Bevölkerung den Ersten Weltkrieg (1914 bis 1918) kommentierte, und die Jubelstürme, wenn Soldaten ausrückten. Auch hatten die Deutschen die Österreicher zu unannehmbaren Forderungen gegenüber Serbien gedrängt, nachdem der serbische Attentäter Gavrilo Princip den österreichischen Thronfolger Erzherzog Franz Ferdinand und seine Frau getötet hatte. Insofern nahm man einen Krieg zumindest in Kauf. Aber dass sich dieser zu einem echten »Weltkrieg« von derartigem Ausmaße entwickeln würde, hat man im Kaiserreich nicht erwartet – und wohl auch nicht beabsichtigt.

Verräter waren für die Niederlage der deutschen Armee im Ersten Weltkrieg verantwortlich

Die »Dolchstoßlegende« hält sich bis heute. Sie besagt, dass die Deutschen im Kampf auf dem Schlachtfeld nie verloren hätten, sondern Verräter aus der Heimat für die Niederlage verantwortlich waren. Das stimmt nicht. Der Krieg wurde aufgrund der Übermacht der Gegner und der Schwäche der Deutschen entschieden. Allerdings baten die deutschen Befehlshaber bereits um einen Waffenstillstand, als noch kein feindlicher Soldat auf deutschem Boden stand. Danach verlief der Rückzug geordnet und ohne Chaos. Aus diesen Gründen hält sich der Eindruck, man wäre im Feld unbesiegt geblieben.

Die Oktoberrevolution fand im Oktober statt

Nur nach dem alten julianischen Kalender, der in Russland während der Revolution 1917 galt. Nach dem in Europa benutzten gregorianischen Kalender handelte es sich um eine »Novemberrevolution«. Nach dem Sieg übernahmen die Revolutionäre den gregorianischen Kalender – der Name des Umsturzes aber blieb.

Die Weimarer Republik wurde in Weimar gegründet

Der Sozialdemokrat und erste Reichskanzler Philipp Heinrich Scheidemann rief die Weimarer Republik am 9. November 1918 in Berlin aus – zunächst vom Reichstagsgebäude, kurz darauf von der Reichskanzlei. Ihren Namen trägt die Weimarer Republik deshalb, weil die Nationalversammlung in Weimar an der neuen Verfassung arbeitete, die schließlich am 11. August 1919 in Kraft trat.

Die Jahre um 1920 waren »die goldenen Jahre«

Für die Kultur und Wissenschaft in jedem Fall. Auch die gehobenen Schichten erlebten einen verbesserten Lebensstandard. Für die Unterschicht waren diese Jahre allerdings immer noch nicht golden, auch wenn es leichte Verbesserungen gab. Das Arbeitspensum war nämlich nach wie vor sehr hoch, man musste weiterhin für relativ wenig Geld sehr viel und sehr hart arbeiten.

Der Beginn der Weimarer Republik: Philipp Scheidemann auf einem Balkon des Reichstages.

Charles Lindbergh flog nicht als Erster über den Atlantik – aber als Erster allein und nonstop.

Der erste erfolgreiche Motorflug gelang den Gebrüdern Wright

Nein. Die Brüder Wilbur und Orville Wright hatten etliche Vorgänger. Die herausragende Leistung der beiden Flugpioniere bestand darin, dass sie es erstmals schafften, ein motorisiertes Fluggerät, das im Gegensatz zu Ballonen dem Prinzip »schwerer als Luft« gehorchte, in der Luft zu kontrollieren und zu steuern. Ihren Vorgängern gelangen zum Teil nur unkontrollierte »Hüpfer«. Die Gebrüder Wright flogen ab dem Jahr 1908 öffentlich.

Charles Lindbergh überflog als Erster den Atlantik

Tatsächlich überflog Charles Lindbergh als 67. Mensch den Atlantik. Der erste war Albert C. Read mit der »Lame Duck« 1919, allerdings mit sechs Zwischenstopps. Der erste Nonstop-Flug gelang zwei Jahre später John Alcock und Arthur Whitton Brown. Charles Lindbergh überwand den Atlantik mit der »Spirit of St. Louis« erst 1927. Seine Leistung: Er war der Erste, der allein einen Nonstop-Flug auf der Route von New York nach Paris bewältigte.

Hitler musste in einem Gefängnisloch seine Haft absitzen

Wegen Putschversuch und des Marsches auf die Münchner Feldherrnhalle 1923 wurde Hitler zu fünfjähriger Festungshaft in Landsberg verurteilt. Doch die Festung am Lech war eine vergleichsweise angenehme Unterbringung. Hitler durfte sich frei bewegen, von einem dunklen Kellerloch konnte keine Rede sein. Er galt als berühmter Häftling und genoss daher eine bevorzugte Behandlung. Sogar Gelegenheit zum Schreiben hatte Hitler. Sein Buch »Mein Kampf« entstand hier im Gefängnis. Ein Jahr nach der Verurteilung wurde Hitler bereits wieder freigelassen.

Hitler hat die Autobahnen erfunden

Oft heißt es, Adolf Hitler habe die Autobahnen erfunden. Das stimmt aber nicht. Als Hitler an die Macht kam, gab es viele solcher Straßen schon, oder sie waren zumindest in Bau. Pläne für weitere Strecken bestanden ebenfalls. Und so war Hitlers einzige Leistung die entsprechende Umsetzung des neuen Straßentyps und die von ihm dafür eingesetzte imagefördernde Propaganda.

Die erste Bücherverbrennung fand 1933 statt

Am 10. Mai 1933 fand eine Bücherverbrennung statt: Bei der »Aktion wider den undeutschen Geist« wurden Werke von Autoren wie Asch, Brecht oder Döblin vernichtet. Eine Premiere war dies allerdings nicht. Schon der chinesische Kaiser Qín Shihuángdì ließ mehr als 2100 Jahre vor der »Aktion wider den undeutschen Geist« Schriften unliebsamer Autoren und Schulen durch Feuer zerstören. Bücherverbrennungen durch den römischen Kaiser Diokletian oder den fanatischen florentinischen Bußprediger Girolamo Savonarola sind ebenfalls überliefert.

Im Zweiten Weltkrieg erklärte Deutschland England den Krieg

Nein, es war umgekehrt. England erklärte gemeinsam mit Frankreich Deutschland am 3. September 1939 den Krieg. Zwei Tage zuvor – am 1. September 1939 – hatte mit dem Überfall der Deutschen auf Polen der Zweite Weltkrieg begonnen. Zur Kriegserklärung Englands und Frankreichs kam es, nachdem Deutschland ein Ultimatum zum Einstellen der Kämpfe hatte verstreichen lassen.

Auf der Wannseekonferenz wurde das Schicksal der Juden besiegelt

Das Schicksal der Juden war wohl schon mit der Machtergreifung Hitlers besiegelt. Auf der Wannseekonferenz wurde am 20. Januar 1942 schließlich ein Dokument mit der »Klarstellung« des Vorgehens zur »Endlösung« verabschiedet. Darin legten die Nazis die Schritte, Details und genauen Punkte der Judenverfolgung fest. Begonnen aber hatte die Vernichtung – auch als »Endlösung« bezeichnet – schon vorher. In den besetzten Ostgebieten hatten die Nazis mehrere Hunderttausend Juden deportiert und umgebracht. Einer der bekanntesten Schauplätze dieser frühen Verbrechen war das Rigaer Ghetto, wo schon 1941 fast 30.000 Juden ermordet wurden.

Hitler plante den »Blitzkrieg« gegen Frankreich sorgfältig

Davon kann keine Rede sein. Erstens war Hitler kein akribischer Stratege, dazu verstand er von Taktik zu wenig. Zweitens galten die Ardennen zusammen mit der Maginot-Linie als schwer überwindbar, eine Eroberung im Handstreich schien ausgeschlossen. Und drittens erinnerten sich die Deutschen noch gut an das Massensterben vor Verdun im Ersten Weltkrieg. Man richtete sich auf zähe Belagerungen ein. Als Frankreich dann aber schon nach sechs Wochen kapitulierte, waren die Befehlshaber so überrascht wie jeder andere auch. Das Erfolgsrezept war eine Mischung aus Glück, Fehlern der Franzosen und der Cleverness einiger deutscher Befehlshaber – aber ohne einen vorherigen Plan der Wehrmacht.

Hitler war über den Verlust der »Bismarck« sehr bestürzt

Zehn Doppelgefechtstürme, über 50 Kanonen und Platz für vier Flugzeuge – die »Bismarck« war 1940 das größte und kampfstärkste Schlachtschiff der Welt. Aber nicht lange. Nur ein Jahr später, am 27. Mai 1941, bombardierten britische Flugzeuge und Schiffe die »Bismarck«. Stark angeschlagen und ohne jede Manövrierfähigkeit, sank das riesige Schlachtschiff. Der militärische Schaden hielt sich jedoch in Grenzen. Für Hitler war einzig und allein der Prestigeverlust tragisch. Denn militärisch gesehen hätten die Deutschen nach dem Kriegseintritt der USA auch mit der »Bismarck« zu See keine Chance gehabt.

Die Luftwaffe der Deutschen war sehr stark

Tatsächlich entwickelten die Deutschen düsen- und raketengetriebene Flugzeuge – nur zu spät. Der Großteil kam überhaupt nicht mehr zum Einsatz, der Krieg war schon vorher verloren. Abgesehen davon hatte die Luftwaffe zwar einige Erfolge errungen, war aber dabei kaum auf nennenswerte Gegner gestoßen. Der erste echte »Prüfstein« geriet dann zum Fiasko. Die Luftschlacht um England 1940/41 war die erste große Niederlage Hitlers. Die deutschen Bomber erwiesen sich nämlich bei Weitem nicht so stark wie erwartet. Ihnen fehlte einiges an Reichweite, das Aufklärungs- und Kommunikationssystem war mangelhaft. Zwar hatten die Deutschen dafür zumindest zu Beginn zahlenmäßige Vorteile, doch die Briten holten während der Schlacht auf, die Deutschen scheiterten am Abnutzungskrieg.

Die deutsche Luftwaffe hatte letztlich keine Chance in der Luftschlacht gegen England.

Die Nazis haben den Muttertag erfunden

Keineswegs. Die Idee zu einem Muttertag hatte bereits Napoleon, umgesetzt wurde sie damals nie. Als Begründerin des heutigen Muttertags gilt die Amerikanerin Anna Jarvis, die am 9. Mai 1907 in Philadelphia öffentlich des Todes ihrer Mutter gedacht hatte. 1914 wurde der Muttertag in den USA als offizieller Feiertag eingeführt und verbreitete sich rasch auch in Europa. In Deutschland dauerte es bis 1922, bevor die Mütter »ihren« Tag bekamen. Die Nationalsozialisten schließlich verknüpften den Tag mit der Idee von der Herrenrasse und luden ihn mit ideologischer Propaganda auf.

Das »Dritte Reich« ist eine Erfindung der Nazis

Ist es nicht. Der Gedanke kam schon im Mittelalter auf, bei Joachim von Fiore finden wir dafür Anhaltspunkte. Er skizzierte dieses Reich als Zeitalter der Erlösung – die gerissenen Propagandastrategen der Nazis machten sich das zunutze. Allerdings meinte der Mönch Joachim von Fiore ein »Zeitalter des Heiligen Geistes«. Und nicht ein Zeitalter des Rassismus, Terrors und der Vernichtung.

Hitler sorgte für einen finanziell gesunden Staat

Nein, das tat er nicht. Ökonomische Stabilität musste allerdings sein politisches Ziel sein, denn aus dieser Hoffnung heraus hatten ja breite Schichten der Öffentlichkeit seine Machtergreifung mitgetragen. So kurbelte Hitler mit kreditfinanzierten Konjunkturprogrammen und Arbeitsbeschaffungsmaßnahmen eine Wirtschaft weiter an, die schon vor 1933 auf dem Weg der Besserung war. Ein wesentlicher Grund war das Ende der Reparationszahlungen für den Ersten Weltkrieg ein Jahr zuvor. Hitler sorgte auch nicht für eine Erhöhung des Lebensstandards, da die meisten Gelder in die Rüstung gesteckt wurden. Berufstätige mussten eine verdeckte Inflation, Einschränkungen bei der Berufswahl, der freien Wahl des Arbeitsplatzes sowie eine Verlängerung der Arbeitszeiten akzeptieren.

Die SED hatte in der DDR die absolute Mehrheit

Nein, hatte sie nicht. Im Parlament der DDR, der Volkskammer, hatte die SED beispielsweise nur rund ein Viertel aller Sitze. Dennoch bestimmte die Sozialistische Einheitspartei Deutschlands (SED) das politische Geschehen in der DDR nach Belieben. Wichtige Ämter und Mandate wurden völlig unabhängig von Wahlen besetzt und blieben über Jahre konstant. Zudem sicherte die SED ihren Einfluss, da die meisten Abgeordneten der Massenorganisationen wie des Freien Deutschen Gewerkschaftsbundes (FDGB) ebenfalls SED-Mitglieder waren.

An der Berliner Mauer gab es Selbstschussanlagen

An der Berliner Mauer galt unter anderem der Schießbefehl. Aber Selbstschussanlagen gab es dort nicht.

Ein Fest der Freude für viele Menschen: Der Fall der Berliner Mauer 1989.

Österreich kam immer ohne Marine aus

Selbst das »Land der Berge und Täler« hatte einmal eine Marine – und gar keine unbedeutende! Vom 16. bis zum 20. Jahrhundert verfügten die Österreicher über eine stattliche Flotte, sogar U-Boote waren darunter. Bis 1867 hieß sie Österreichische Marine, bis 1918 k.u.k.-Marine. Kurz vor Ausbruch des Ersten Weltkrieges war sie die sechstgrößte Kriegsflotte der Welt. Die wichtigsten Häfen waren das italienische Triest und Pula im heutigen Kroatien. Nach dem Ersten Weltkrieg blieben der österreichischen Marine nur noch Patrouillenboote auf der Donau. Die letzten beiden stellten im Herbst 2006 ihren Dienst ein.

Der Untergang der Titanic war die bisher größte Schiffskatastrophe

Beim Untergang der Titanic 1912 starben gut 1400 Menschen. Beim Untergang der »Wilhelm Gustloff« am 30. Januar 1945 starben mindestens dreimal so viele, manche Forscher tippen sogar auf eine sechsmal so hohe Opferzahl. Der Untergang war aber kein »Unglück«: Das russische U-Boot S 13 hatte die »Wilhelm Gustloff« mit mehreren Torpedos bewusst versenkt. Es gibt übrigens Spekulationen über eine noch größere Katastrophe. Die Vermutung, das russische Gefangenenschiff »Dshurma« sei während Stalins Herrschaft mit über 12.000 Häftlingen im Eis stecken geblieben, hat man jedoch nie bestätigen können.

John F. Kennedy

Kennedy sagte: »Frage nicht, was dein Land für dich tun kann. Frage, was du für dein Land tun kannst«

Dieses Zitat gilt als Beleg für John F. Kennedys Dienst am Vaterland. Dabei hat es der 35. Präsident der USA nicht erfunden, sondern nur in die heute bekannte, einprägsame Form gebracht. Schon einer seiner Vorgänger als Präsident, Warren G. Harding, forderte nämlich solch ein Einstehen für die Heimat. Außerdem soll auch der liberale Richter Oliver Wendell Holmes Jr. eine ähnliche Formulierung gebraucht haben.

2003 manipulierten die USA das erste Mal Kriegsgründe gegen den Irak

Am 19. März 2003 erklärten die USA und die »Koalition der Willigen« dem Irak den Krieg. Wenige Stunden später begann das Bombardement von Bagdad, am gleichen Tag noch marschierten Truppen im Irak ein. Ihr Ziel: der Sturz von Saddam Hussein. Ihre Gründe: angebliche Massenvernichtungswaffen der Iraker. Am 14. April verkündete das Pentagon das Ende des Krieges. Das Ende eines Krieges, der von Beginn an auf

Betrug aufgebaut war. Denn jetzt weiß man, dass die Iraker keinesfalls Massenvernichtungswaffen hatten. Die Bush-Administration hatte die Fakten dreist gefälscht. Das war nicht zum ersten Mal so: Schon im ersten Irakkrieg 1990 war der Hass der Bevölkerung gezielt geschürt worden: Es wurden Aufnahmen von irakischen Soldaten gezeigt, die kuwaitische Frühgeborene aus den Brutkästen rissen. Oder das Bild, das um die Welt ging: ein Seevogel mit ölverklebtem Gefieder als Beweis dafür, dass die Iraker Öl in den Persischen Golf gekippt hätten. Die Öffentlichkeit reagierte geschockt – und fiel auf eine Täuschung herein: Die Bilder waren gestellt und bearbeitet.

Deutschland hatte mit dem zweiten Irakkrieg nichts zu tun

Als die USA und ihre Verbündeten 2003 im Irak einmarschierten, fehlte Deutschland. Stattdessen verkündete Kanzler Gerhard Schröder: »Es bleibt dabei: Unter meiner Führung wird sich Deutschland an einer Intervention im Irak nicht beteiligen.« Mit Panzern und Bodentruppen beteiligten sich die Deutschen tatsächlich nicht. Aber ganz so ablehnend, wie es die damalige Bundesregierung behauptete, war Deutschland nicht. Offenbar halfen die Deutschen im Irak tatkräftig mit. Zumindest standen zwei BND-Mitarbeiter den Amerikanern und ihren Verbündeten vor Ort zur Seite. Wahrscheinlich betrieben die Nachrichtendienstler Aufklärungsarbeit, was zu folgendem Vorwurf führte: Die Deutschen hätten Koordinaten für Bombenziele geliefert – und wären damit aktiv am Kriegsgeschehen beteiligt gewesen.

Die Palästinenser kämpfen gegen Israel

Es stimmt, dass einer der härtesten Kämpfe in Nahost der Konflikt zwischen Israel und Palästina ist. Aber dabei kämpfen keineswegs alle Palästinenser gegen Israel: In erster Linie besteht der Konflikt nämlich zwischen der Hamas und Israel. Die Hamas ist eine Terrorgruppe, die aber bei den letzten Wahlen regulär an die Macht gekommen ist. Dadurch flammte nicht nur der Krieg zwischen den beiden Völkern wieder auf. Inzwischen gibt es auch zwischen Palästinensern schwere Auseinandersetzungen: Die Hamas steht der Fatah gegenüber, die als gemäßigter gilt und im Konflikt mit Israel weitaus mehr auf Aussöhnung ausgerichtet ist.

Wie alle Päpste ist auch Benedikt XVI. unfehlbar. Dieses Dogma gilt aber nur, wenn der Heilige Vater »ex cathedra« spricht, und nicht in jeder alltäglichen Frage.

Religion

Wo es um den Glauben geht, verbreiten sich auch zahllose Legenden, Mythen, Gerüchte und Halbwahrheiten. Vom Christentum bis zum Islam, vom Buddhismus bis zum Judentum – ein Streifzug durch alle Weltreligionen mit Begebenheiten und Behauptungen, die im wahrsten Sinne des Wortes unglaublich sind.

Der Papst ist immer unfehlbar

Dies wird häufig behauptet, um eine unsinnige und blinde Autoritätshörigkeit der katholischen Christen zu suggerieren. Ganz nach dem Motto: Wenn der Papst sagt, das ist ein Stein, dann ist es auch ein Stein. Selbst wenn es in Wirklichkeit ein Baum ist. Das ist natürlich nicht richtig. Denn eine grundsätzliche Unfehlbarkeit, zum Beispiel in Alltagsfragen, wurde so niemals behauptet. Nicht der Papst als Person an sich ist in jeder Situation unfehlbar, sondern er irrt in seinen theologischen Aussagen nicht. Und selbst dort gilt das Dogma von der Unfehlbarkeit nur für Aussagen, die der Papst »ex cathedra« – also in »höchster Lehrgewalt« – verkündet. Das kommt äußerst selten vor.

Päpste dürfen keine Kinder haben

Päpste dürfen – wie jeder Priester nach der Weihe – keine Kinder zeugen. Doch natürlich ist es möglich, dass der Mann schon Vater wurde, bevor er sich in den Dienst Gottes und der katholischen Kirche stellte. Clemens IV. (um 1200 bis 1268) beispielsweise wurde erst nach dem Tod seiner Frau Priester und hatte daher ganz legitim Kinder.

Vor Papst Johannes XXI. lebte Papst Johannes XX.

Es gab keinen Papst Johannes XX. Die Nummerierung basiert auf einem Zählfehler aus dem Mittelalter.

Marias unbefleckte Empfängnis hat etwas mit Jesu Geburt zu tun

Höchstens indirekt. Denn in erster Linie bedeutet Marias unbefleckte Empfängnis, dass Maria selbst von ihrer Mutter ohne Sünde empfangen und geboren wurde. Gott hat Maria demnach von der Erbsünde befreit. Am 8. Dezember 1854 erhob Papst Pius IX. diesen Glaubenssatz zum Dogma, Mariä Empfängnis wird daher auch jährlich am 8. Dezember gefeiert. Da Jesus als Gottes Sohn natürlich nicht von einer Sünderin geboren werden konnte, hat dieses Dogma indirekt schon etwas mit Christi Geburt zu tun. Die Tatsache, dass Jesus ohne eine sexuelle Beziehung seiner Eltern zur Welt kam, umreißt der Begriff »Jungfrauengeburt«.

. . . ✝✡☪☸ . . .

Die Welt wurde in sieben Tagen erschaffen

Viele Kreationisten behaupten das. Dabei ist die Zahl »Sieben« einfach eine symbolische – sieben Plagen, sieben Posaunen, sieben Hauptlaster und sieben Seligpreisungen. Wie Gott die Welt genau geschaffen hat, kann niemand wissen. Sicher ist nach christlichem Verständnis nur, dass Gott die Welt erschaffen hat.

Die katholische Kirche kennt sieben Todsünden

Richtig ist, dass die katholische Kirche sieben Hauptlaster kennt. Das allerdings sind keine Sünden. Der Begriff der »Sünde« meint prinzipiell etwas viel Grundlegenderes – eine Abkehr von Gott. Die sieben Hauptlaster dagegen sind Ausprägungen einer Abkehr von Gott. Sie können den Charakter des Menschen bilden. Und aus ihm entstehen dann Sünden. Laster wie Wollust oder Geiz sind Ursachen für bestimmte Sünden.

. . . ✝✡☪☸ . . .

Die Christen kennen vier Evangelien

Die Evangelien des Matthäus, Markus, Lukas und Johannes sind die einzigen vier offiziellen, die sogenannten kanonischen Evangelien. Daneben gibt es jedoch noch zahlreiche weitere Evangelien, die aber von der Kirche nicht anerkannt wurden. Man nennt sie Apokryphen oder apokryphe Schriften (aus dem Griechischen: verborgen). Dazu zählt beispielsweise das Judasevangelium, von dessen Veröffentlichung im Jahre 2006 man sich viele neue Erkenntnisse erhoffte – und zum Großteil enttäuscht wurde.

Der Altar kommt aus dem Christentum

Ein Altar ist eine erhöhte Opfer- und Ritualstätte, die in den meisten Religionen vorkommt und nach örtlichen Gegebenheiten und kultischen Bedürfnissen unterschiedlich gestaltet wird. Zwar ist schon im Alten Testament zu lesen, dass Abraham Gott einen Altar baute (Gen 22,9). Doch auch er war nicht der Erfinder der Ritualstätte. Denn archäologische Funde belegen, dass schon in der Jungsteinzeit Altäre eine übliche Einrichtung waren – also mehr als 6000 Jahre vor Christus.

. . . ✝✡☪☸ . . .

In den Katakomben feierten die Christen ihre Messen

Stimmt nicht: Die Katakomben waren Begräbnisstätten, nur in Ausnahmefällen mögen hier einzelne Feiern abgehalten worden sein.

. . . ✝✡☪☸ . . .

Im Kolosseum mussten viele Christen sterben

Es gibt keinen belegten Fall, in dem Christen im Kolosseum Tieren zum Fraß vorgeworfen worden sind.

1054 n. Chr. trennte sich die Ost- von der Westkirche

Einen offiziellen Trennungsakt hat es so nie gegeben. Die Trennung war eher ein Auseinanderleben auf beiden Seiten. Das Jahr 1054 wurde nur deshalb gewählt, weil damals Papst Leo IX. den Patriarchen von Konstantinopel exkommunizierte.

. . . ✝✡☪☸ . . .

Die Inquisition war brutal und bestrafte Ketzer

»Inquisitio« bedeutet »Befragung«. So eine Befragung musste auch nicht zwangsläufig eine Anklage nach sich ziehen. Die Inquisition wurde erst später durch die Folter zu einem grausamen Akt. Die »Kirchliche Untersuchung« wiederum, die »inquisitio haereticorum«, richtete sich dann tatsächlich gegen vermeintliche Ketzer. Allerdings zogen solche Prozesse nicht unausweichlich die Todesstrafe nach sich. Oft wurden Bestrafungen wie der Pranger verordnet. Überhaupt konnten die Inquisitoren die Todesstrafe nicht verhängen, dies mussten die weltlichen Behörden tun – wie übrigens bei Jesus' Verurteilung auch. Die Festschreibung der Todesstrafe für Ketzer erfolgte demnach auch in erster Linie durch weltliche Instanzen: Kaiser Friedrich II. legte diese Strafe im Jahr 1224 fest. Dass die Kirche dem Kaiser zuarbeitete, ist natürlich unbestritten. Die Inquisition war dabei eine feste Institution, die vor allem von den Dominikanern geleitet wurde. Die wilden Ketzerverbrennungen hingegen hatten nichts mehr mit Inquisition im eigentlichen Sinne zu tun. Sie waren schlicht und einfach Lynchmorde.

Die Inquisition gab es nur im Mittelalter

Die Inquisition entwickelte sich im Mittelalter von einem gerichtlichen Untersuchungsvorgang zur festen Institution. Und die besteht im Prinzip bis heute weiter: Die Kongregation für die Glaubenslehre soll noch heute die Kirche vor Irrlehren schützen. Und hier, so schreibt es der Vatikan, ist der »disziplinäre« einer von drei »Kompetenzbereichen«. Damit hat die Nachfolgeinstitution der Inquisition durchaus noch das Recht, »Ketzer« aufzuspüren und zu bestrafen. Bis zu seiner Wahl zum Papst im April 2005 war Joseph Kardinal Ratzinger viele Jahre lang als Präfekt der Glaubenskongregation oberster Glaubenshüter.

Der Augustinermönch Martin Luther wurde zum berühmtesten Reformator.

Luther war grundsätzlich gegen die Kirche

Martin Luther war als Augustinermönch und Theologieprofessor ein Kind der Kirche. Tatsächlich war Luther zu Beginn alles andere als ein Kirchenkritiker. Ihm wäre es nie so ohne Weiteres in den Sinn gekommen, die kirchliche Lehre und Praxis generell zu verdammen. Es war vielmehr ein Teilaspekt, der den gebürtigen Eislebener in die Opposition trieb: der Ablasshandel. Noch genauer gesagt, eine bestimmte Form des Ablasshandels: die Praxis, selbst Toten gegen eine Zahlung der Angehörigen das Seelenheil zu verkaufen. Als dann auch noch der berühmt-berüchtigte Ablassprediger Johann Tetzel nach Sachsen geschickt werden sollte, war für Luther das Maß voll –

er verfasste seine berühmten 95 Thesen. Doch selbst jetzt verzichtete er auf einen Frontalangriff auf die Institution Kirche. Allerdings stellte er mit seinen Thesen zur Vergebung der Sünden indirekt durchaus die kirchliche Legitimität, vor allem die des Papstes, infrage. Später, als eine neue Eskalationsstufe erreicht war, nahm Luther dann zwar wirklich eine große Generalabrechnung vor – doch er war zu Beginn nie explizit mit dem Vorhaben angetreten, eine eigene Konfession zu begründen.

... ✝✡☪☸ ...

Martin Luther ist der »Reformator«

Martin Luther ist der berühmteste Reformator, aber nicht der einzige. Die Bezeichnung »Reformator« kennzeichnet eine Person, die während der Reformation im 16. Jahrhundert wesentlich zur Entwicklung der protestantischen Kirchen beitrug. Die einflussreichen Theologen Ulrich Zwingli, Johannes Calvin oder Philipp Melanchthon zum Beispiel waren auch Reformatoren. Sogar Politiker werden in weiterem Sinne als Reformator bezeichnet: Georg III. (»der Glückselige«) von Anhalt-Dessau wirkte als Fürst ebenfalls entscheidend an der Reformation mit.

Jesus wurde im Jahr Null geboren

Jesus wurde tatsächlich bereits »vor Christus« geboren. Aufgrund der Berechnung der Sternenkonstellation nimmt man heute an, dass Jesus irgendwann zwischen 4 bis 7 v. Chr. geboren wurde. Auch war sein Geburtstag wohl nicht im Dezember, sondern vermutlich im Frühjahr.

... ✝✡☪☸ ...

Jesus wurde in Betlehem geboren

So sagt es die Bibel. Zumindest die Evangelien des Matthäus und des Lukas. Bei Markus, der das älteste Evangelium verfasst hatte, und bei Johannes dagegen fehlen diese Angaben. Dort scheint eine andere Geburtsstadt vorausgesetzt: Nazaret. Denn dort wurde Jesus aufgezogen, Nazaret ist seine »Heimatstadt« (Mk 6,1). Die heutige Forschung stimmt darin mit ihnen überein. Wie aber kommt man auf Betlehem? Betlehem ist die Stadt Davids. Hier sollte nach den Schriften des Alten Testaments der Messias geboren werden. Es handelt sich also vielmehr um ein literarisches Motiv, das eine Botschaft vermittelt und so in seiner historischen Richtigkeit umstritten ist.

Die Heiligen Drei Könige besuchten das Jesuskind

Jesus wird von Männern aus dem Morgenland besucht – aber nicht von Königen, sondern von Sterndeutern oder Weisen. Heilig waren sie ebenfalls nicht. Sie wurden auch von der Kirche nie heiliggesprochen. Selbst ihre Anzahl wurde nur aus den drei Geschenken geschlossen.

...

Der Begründer des Christentums hieß Christus

»Christus« ist ein Titel. Er kommt aus dem Griechischen, bedeutet »der Gesalbte« und soll die einzigartige Stellung ausdrücken – die Stellung Jesu als Sohn Gottes. Und damit ist Jesus von Nazaret der Stifter der christlichen Religion.

...

Jesus entkam gerade noch den Kindermorden des Herodes

Die Vorstellung, wie sich Maria und Josef mit Jesus auf einem Esel nach Ägypten retten, ist weit verbreitet. Die Geschichte steht ja auch in der Bibel. Allerdings sind sich die Evangelisten keineswegs einig. Nur Matthäus erzählt, dass König Herodes erschrickt, als er hört, dass der Messias geboren sein soll. Als die Sterndeuter Jesus dann nicht verraten, lässt Herodes »in Betlehem und der ganzen Umgebung alle Knaben bis zum Alter von zwei Jahren töten, genau der Zeit entsprechend, die er von den Sterndeutern erfahren hatte«. Solch ein Morden wäre allerdings in den historischen Quellen nie unkommentiert geblieben. Doch weder die anderen Evangelisten noch Geschichtsschreiber wie Flavius Josephus erwähnen die Gräueltaten an irgendeiner Stelle. Und so stellt die »Flucht nach Ägypten« wohl eher ein gestalterisches Motiv dar, mit dem Matthäus die Besonderheit Jesu betonen will.

...

Jesus sprach im Alltag Hebräisch

Jesus, eigentlich Josua, sprach nicht Hebräisch, sondern Aramäisch. Die heutigen Aramäer beherrschen den alten Dialekt zwar zum Großteil nicht mehr, ihre Kultur – und daher ihr Name – ist aber noch an den alten Traditionen ausgerichtet. Meist werden diese Gruppen heute als »Syrer« bezeichnet. Jesus kannte sich aber sicher auch im Hebräischen aus.

Die Menschen jubelten Jesus »Hosianna« zu

Ob die Menschen wirklich »hoscha'na« (das aramäische Wort für »Hosianna«) riefen, ist nicht belegt. Wenn sie es getan haben, dann aber wohl nicht jubelnd: Denn »hoscha'na« ist eher eine Bitte, ein flehentlicher Aufruf: »Hilf doch!«

... ✞✡☪☸ ...

Jesu Vertraute waren die zwölf Apostel

Jesus hatte weit mehr Vertraute. Dazu zählten seine »Jünger«, aber auch Frauen wie seine Mutter Maria.

... ✞✡☪☸ ...

Jesus forderte Steuern für den römischen Kaiser

Jesus sagt bei Lukas: »Dann gebt dem Kaiser, was dem Kaiser gehört, und Gott, was Gott gehört!« Von Steuern ist dabei nicht die Rede. Allerdings wurde Jesus in diesem Kontext angesprochen – ob jedoch das Geld der Juden den römischen Besatzern gehört, ist fraglich. In jedem Fall ist hier eine Spannung zwischen den weltlichen Gütern und den himmlischen angedeutet.

Jesus wurde von den Hohen Priestern verurteilt

Jesus wurde vom römischen Statthalter Pontius Pilatus verurteilt. Er hatte die Macht über die Gerichtsbarkeit.

... ✞✡☪☸ ...

Jesus forderte für Mörder die Todesstrafe

Laut Martin Luther soll Jesus in Mt 26,52 gesagt haben: »Denn wer das Schwert nimmt, der soll durchs Schwert umkommen.« Doch in Wirklichkeit fordert Jesus keinesfalls die Todesstrafe. Denn Luther hat einen Fehler gemacht: Anstatt »soll« müsste es »wird« heißen. Es handelt sich also eher um eine Warnung.

... ✞✡☪☸ ...

Jesus musste sein Kreuz bis nach Golgatha tragen

In den Evangelien des Matthäus, Markus und Lukas wird Jesus von Simon von Kyrene geholfen. Nur bei Johannes muss Jesus sein Kreuz alleine schleppen. Wobei es sehr unwahrscheinlich ist, dass Jesus das gesamte Kreuz tragen konnte. Es war aber bei Kreuzigungen ohnehin eher üblich, nur den Querbalken zu tragen.

Jesus wurde zwischen zwei Räubern gekreuzigt

Es gibt unterschiedliche Aussagen darüber, wer neben Jesus gekreuzigt wurde. Im Matthäusevangelium sind es zwei »Räuber«, im Lukasevangelium zwei »Verbrecher«. Zwischen »Verbrecher« und »Räuber« besteht ein Unterschied. Denn als Verbrecher galten auch Personen, die gegen die aufgezwungenen Gesetze der Römer verstoßen hatten. Oder denen es zumindest vorgeworfen wurde. Und so nehmen viele an, dass mit Jesus »Zeloten« – religiöse Widerstandskämpfer gegen die Römer – gekreuzigt wurden. Dies scheint nicht ganz unwahrscheinlich, befand sich doch unter Jesus' Aposteln ebenfalls ein Zelot: Simon, der Zelot.

... ✞✡☪☸ ...

Kain und Abel waren die einzigen Kinder Adams

Nein. In Genesis 5,3 ff. gibt es eine klare Aussage – auch wenn Adams Alter etwas befremdlich klingt: »Adam war hundertdreißig Jahre alt, da zeugte er einen Sohn, der ihm ähnlich war, wie sein Abbild, und nannte ihn Set. Nach der Geburt Sets lebte Adam noch achthundert Jahre und zeugte Söhne und Töchter.«

Das Wort »Eden« bedeutet übersetzt »Paradies«

»Eden« bedeutete im Sumerischen so viel wie »Steppe« oder »unkultiviertes Land«. Genau so einen öden Landstrich kultiviert Gott für den Menschen: »Dann legte Gott, der Herr, in Eden, im Osten, einen Garten an und setzte dorthin den Menschen, den er geformt hatte.« (Gen 2,8) Es entsteht also ein fruchtbarer Garten in Eden, dem brachen Land – ein beträchtlicher Unterschied.

... ✞✡☪☸ ...

Adam hatte vor Eva noch eine andere Frau

Immer wieder hört man, Adam habe vor Eva noch eine andere Frau gehabt: Lilith. Im Midrasch – das sind rabbinische Auslegungen – wird sie tatsächlich geschaffen, dann aber, weil sie sich nicht an Gottes Vorschriften hält, in die Wüste verbannt. Hier zeugt sie mit Dämonen Quälgeister, um die Welt zu plagen. In der Bibel kommt Lilith nicht vor. Zwar kann man einige Passagen in eine solche Richtung interpretieren, allerdings bleibt dies mehr als vage. Vielmehr heißt ein mesopotamischer Nachtdämon Lilith – man nimmt an, dass Lilith so zum Volksglauben wurde.

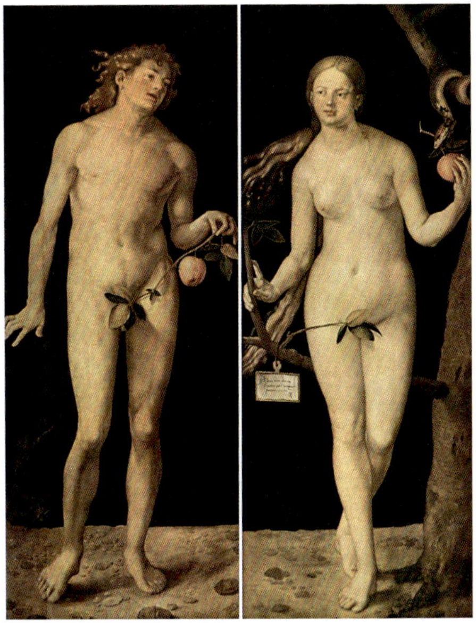

Eine Frucht, nicht unbedingt ein Apfel: Adam und Eva nach Albrecht Dürer dem Jüngeren (1471 bis 1528).

Adam wurde ein Apfel zum Verhängnis

Beim Sündenfall im Paradies wurde Adam eine »Frucht« vom »Baum der Erkenntnis« zum Verhängnis. Es ist in der Bibel allerdings an keiner Stelle die Rede davon, dass Eva ihm einen Apfel angeboten hat. Das Symbol des Apfels rührt vermutlich von einer falschen Übersetzung des lateinischen Wortes »malus« her. »Malus« heißt so viel wie »böse« – kann aber genauso auch »Apfelbaum« bedeuten.

Der Prophet Moses hatte Hörner

Nein. Nur die falsche Übersetzung von »strahlen« ist daran schuld. Im zweiten Buch Mose (Ex 34,29) heißt es: »Während Mose vom Berg herunterstieg, wusste er nicht, dass die Haut seines Gesichtes Licht ausstrahlte, weil er mit dem Herrn geredet hatte.« Durch die falsche Übersetzung wurde aus dem »Licht ausstrahlen« fälschlicherweise ein »Hörner tragen«.

Gott wollte, dass Abraham seinen Sohn opfert

»Gott sprach: Nimm deinen Sohn, deinen einzigen, den du liebst, Isaak, geh in das Land Morija und bring ihn dort auf einem der Berge, den ich dir nenne, als Brandopfer dar.« Diese Stelle scheint eindeutig. Doch Gott lässt Abraham das Opfer nicht ausführen – der christliche Gott will keine Menschenopfer. Und so ist dies vor dem Hintergrund der geschichtlichen Umgebung zu verstehen: Die Kanaaniter opferten ihren Göttern ihre eigenen Kinder, um Loyalität zu beweisen. Gott verlangt auch Loyalität, aber eben nicht auf Kosten eines Mordes. Denn genau das wäre solch ein Opfer gewesen.

David erschlug den Riesen Goliat

Glaubt man der Bibelstelle Sam 21,19, dann hat David den Ruhm eines anderen abgestaubt. Denn da hat ein Mann aus Davids Geburtsort Betlehem Goliat getötet. Der eigentliche Riesenbezwinger heißt demnach Elhanan. David wird der Sieg über Goliat erst in Sam 1,17 zugeschrieben. Allerdings ist der genaue Ablauf nicht rekonstruierbar. Denn in Chr 20,5 soll Elhanan nur einen Bruder des Riesen erschlagen haben. Der heißt hier Goliat. Nur sein Speer ist in allen Büchern gleich groß: so groß wie »ein Weberbaum«.

Salome wollte den Tod Johannes des Täufers

Salome kommt in der Bibel in Verbindung mit Johannes dem Täufer nicht vor. Der Tanz der Tochter der Herodias wird allerdings schon geschildert. So auch die Ermordung von Johannes dem Täufer. Aber ob dieser Tanz dazu führte, ist zweifelhaft. Der Historiker Flavius Josephus berichtet im 5. Kapitel seiner »Jüdischen Altertümer«, dass zu Johannes »viele in großen Massen kamen« und Herodes ihn daher präventiv töten ließ.

König David war ein besonders gütiger König

König David wird in der Bibel als großer, mächtiger König dargestellt. Ob er tatsächlich so einflussreich war, wird immer wieder diskutiert. Sicher jedoch ist: David war keinesfalls nur gütig und integer. So schwängerte er Batseba, die Frau des Urija. Der war ein Offizier Davids und befand sich zu diesem Zeitpunkt im Krieg. Als mehrere Intrigen Davids scheiterten – er wollte Batseba heiraten –, schmiedete der König einen perfiden Plan. Er ließ Urija einen Brief zu Joab, dem Feldherrn Davids, bringen. In dem Brief befahl der König Urijas Versetzung an die Front – und fällte damit dessen Todesurteil. Der Plan ging auf, Urija wurde im Kampf getötet und Batseba Davids Frau. Aus dieser Ehe ging schließlich Salomo hervor: ein besonders weiser König.

Cherubim ist ein anderes Wort für Engel

Nein. Cherubim ist der Plural von Cherub. Ein Cherub ist ein Mischwesen mit menschlichem Gesicht, tierischem Leib und Flügeln. Über das genauere Aussehen gibt es verschiedene Angaben.

Jona wurde von einem Wal verschluckt

Ob Jona tatsächlich von einem Fisch verschluckt wurde, ist fraglich. In keinem Fall aber von einem Wal. Denn an der betreffenden Stelle ist nur von einem »großen Fisch« die Rede. Wale sind aber gar keine Fische.

... ...

Die biblischen Propheten konnten in die Zukunft blicken

Propheten waren keine Hellseher. Propheten waren Boten Gottes. In erster Linie traten sie als Mahner auf, oft kritisierten sie soziale Ungerechtigkeiten oder religiöse Missstände. Wenn sie Vorhersagen machten, dann sahen sie nicht in die Zukunft, sondern übermittelten Gottes Drohungen oder seine Warnungen.

... ...

Mit Lucifer ist der Teufel gemeint

Lucifer ist nicht einfach der Teufel. Vergil schreibt in seiner »Aeneis«: »Schon stieg Lucifer auf von des Ida ragenden Jochen, dass er verkünde den Tag.« Lucifer war zunächst die Bezeichnung für die Venus, den Morgenstern. Aus dem Lateinischen übersetzt bedeutet »Lucifer« nämlich »Lichtbringer« – von »lux« (das Licht) und »ferre« (bringen). In der Antike war es Lucifers Aufgabe, den Menschen den Tag zu bringen. Die Verknüpfung mit der Gestalt des Teufels entstand erst sehr viel später – es steht so auch nicht in der Bibel. Der spätantike Kirchenlehrer Hieronymus verwendete in seiner Bibelübersetzung (»Vulgata«) den Begriff »Lucifer« zum ersten Mal. Allerdings immer noch als Bezeichnung für »Morgenstern«, der vom Himmel stürzt. In der Folgezeit wurde der »Höllensturz« damit identifiziert – und damit begann die Geschichte Lucifers als gefallener Engel, als Teufel.

... ...

Die Samariter waren wegen ihrer fremden Herkunft Außenseiter

Die aus dem babylonischen Exil zurückgekehrten Israeliten betrachteten die nicht verschleppten Samariter als unrein. Der Vorwurf: Die Samariter hätten mit den Assyrern kollaboriert und sollen sich später mit ihnen »vermischt« haben. Trotzdem waren die Samariter ursprünglich ebenfalls Israeliten. Unter der Bezeichnung »Samaritaner« bildete sich aber eine andere Glaubenstradition aus.

Petrus wurde angeblich mit dem
Kopf nach unten gekreuzigt. Doch
in der Bibel steht davon nichts.

Aus Saulus wurde plötzlich Paulus

»Vom Saulus zum Paulus« ist längst eine feste deutsche Redewendung. Man meint damit die grundlegende Gesinnungsänderung eines Menschen. Vorbild hierfür ist der Apostel Paulus. Ehedem ein Christenhasser, wird er auf dem Weg nach Damaskus bekehrt. Fortan wirkt Paulus als einer der größten Missionare des Christentums und ist entscheidend am Siegeszug der neuen Religion beteiligt. Die Veränderung seines Charakters ist tief greifend – die seines Namens indes nicht. Paulus war immer schon sein Name, sein Zweitname nämlich.

Paulus hat vierzehn Briefe geschrieben

Die historische Authentizität der Briefe ist stark umstritten. In jedem Fall stammen nicht alle Briefe vom historischen Paulus. Der 2. Brief an die Tessalonicher und die Briefe an die Kolosser und Epheser werden heute von den meisten als nichtpaulinisch eingestuft. Denn sowohl der Stil als zum Teil auch der Inhalt unterscheiden sich stark von den anderen. Sie sind daher wahrscheinlich später geschrieben worden.

Petrus wurde mit dem Kopf nach unten gekreuzigt

In der Bibel steht davon nichts. Erst zwei Jahrhunderte später taucht die Erzählung über die Hinrichtung des Petrus auf.

Das Neue Testament wurde in Hebräisch verfasst

Die Sprache des Neuen Testamentes war Griechisch.

Die Apokalypse sagt das Ende der Welt voraus

Die Apokalypse oder die Offenbarung des Johannes ist das letzte Buch der Bibel. Sie sagt viel aus. Und auch wieder gar nichts. Denn nach genauen Zeitangaben sucht man hier vergebens. Dabei geht es aber ohnehin weniger darum, was wirklich geschehen wird. Im Zentrum steht, was »bald geschehen muss« (Off 1,1). Und so stehen am Ende auch nicht der Weltuntergang, sondern die Vision des neuen Jerusalems und Mahnungen an die Menschen. Damit ist die Offenbarung im Kern eine Anweisung und eine Trostschrift.

Marias Eltern hießen Anna und Joachim

Nur im Jakobusevangelium werden die Eltern Marias namentlich erwähnt – doch handelt es sich dabei um ein apokryphes Evangelium, das also nicht offiziell anerkannt ist.

Maria wurde im Tempel erzogen

Glaubt man den vielen Gemälden und Ikonen, so wuchs Maria im Tempel auf. Doch in den Evangelien ist darüber nichts zu finden. In der Apokryphe des Jakobus indes findet sich eine solche Passage. Doch die wird nicht anerkannt. Dass sie deshalb wirklich falsch ist, ist damit natürlich noch nicht bewiesen.

Ochse und Esel waren biblische Figuren

Ochse und Esel gehören heute in jede Krippe. Dabei kommen die Tiere in der Bibel gar nicht vor. Erst der Heilige Franziskus machte sie salonfähig: 1223 feierte er in einem Stall Jesu Geburt. Mit Ochse und Esel.

Der Bibel zufolge ist Arbeit köstlich

Dieser Irrtum stammt aus der alten Luther-Bibel. Bezug genommen wird auf den 90. Psalm. Dabei meint der Psalm keinesfalls, dass Arbeit köstlich ist, sondern eher, dass alle irdischen Freuden im Vergleich zur himmlischen Erfüllung nur Mühsal und Arbeit seien und sehr schnell vergingen: »Unser Leben währt siebzig Jahre, / und wenn es hochkommt, sind es achtzig. Das Beste daran ist nur Mühsal und Beschwer, / rasch geht es vorbei, wir fliegen dahin.«

In Neapel verflüssigt sich das Blut des Heiligen Januarius

Dieses »Wunder von Neapel« ist ziemlich sicher nur eine komplizierte chemische Reaktion, die durch das Schütteln des Behältnisses ausgelöst wird. Was genau die Stoffe sind, die die Verfärbung der braunen Masse in rote Flüssigkeit verursachen, ist ungeklärt – das »Blut« wurde nie genauer untersucht. Überhaupt hat die Kirche den Brauch, dass an den drei Festtagen des Heiligen Januarius sein vermeintliches Blut auf diese Weise dem Volk präsentiert wird, nie offiziell als Wunder anerkannt.

Der Begriff »Mesner« lässt sich ableiten von »Messe«

Ein Mesner ist der »Hausmeister der Kirche«. Sein Name leitet sich daher nicht von »Messe«, sondern vom lateinischen »mansionarius«, der »Haushüter«, ab. Mesner ist auch ein anderer Ausdruck für Küster (in der evangelischen Kirche üblich) und leitet sich ab vom lateinischen »custos«, der Wächter. Ob der Mesner nun bei den Messen mithilft oder nicht, ist zweitrangig.

...   ...

Das fünfte Gebot heißt: »Du sollst nicht töten«

Diese Übersetzung ist verkürzt. Denn korrekt müsste es heißen: »Du sollst nicht außerhalb der Thora töten.« Und damit bekommt das Gebot – würde man es so formulieren – eine ganz andere Bedeutung. Demnach darf man eben nur nicht außerhalb der Thora, also abseits des Gesetzes, töten. Selbst der Begriff »töten« müsste dann gestrichen werden. Es hieße dann schlicht: »Du sollst nicht morden.« Dass die christliche Kirche diese altbiblische Vorlage nicht gutheißt und sowohl »Töten« als auch »Morden« für eine Sünde hält, ist hingegen bekannt.

Es gibt Hostien, die manchmal bluten

Hostien bluten nicht. Die vermeintlichen Wunder haben sich bei genaueren Untersuchungen als ein seltener Schimmelpilz herausgestellt.

...   ...

Im Buddhismus zählt nur die Selbsterlösung

Oft wird den Buddhisten Egoismus vorgeworfen, da für sie nur die Erlösung der eigenen Person zähle. Aber neben den Anweisungen der verschiedenen Meister zu »gutem Leben und Dienst am Mitmenschen« entkräften zentrale Gestalten der buddhistischen Lehre diesen Vorwurf. Die »Bodhisattvas« verzichten auf den Eingang in das Nirvana und somit die völlige Erlösung. Sie wollen den Menschen helfen und zur Erleuchtung führen.

...   ...

Buddha ist im Buddhismus eine Gottheit

Buddha ist kein Gott, sondern ein erleuchteter Mensch. Die Götter sind im Buddhismus bei Weitem nicht so mächtige Wesen wie beispielsweise bei den alten Griechen.

Der Islam ruft zum Heiligen Krieg auf

Geht es darum, den Islam als »Terrorreligion« zu beschreiben, fällt meistens das Wort »Dschihad«, Heiliger Krieg. Aber das ist falsch. »Dschihad« bedeutet zunächst einmal nur die »rechte Anstrengung«. Diese Anstrengung ist der Weg zu Allah. Und das muss keinesfalls grundsätzlich Krieg bedeuten.

Der Islam lehnt alle Religionen gleichermaßen ab

So stimmt das keineswegs. In der Sure 2,213 steht: »Die Menschen waren (ursprünglich) eine einzige Gemeinschaft. Dann (nachdem sie uneins geworden waren) ließ Gott die Propheten als Verkünder froher Botschaften und als Warner auftreten. Und er sandte ihnen (jeweils) die Schrift mit der Wahrheit herab, um (dadurch) zwischen den Menschen über das, worüber sie uneins waren, zu entscheiden.« Allah hat also den Juden etwa mit der Thora eine »wahre« Schrift geschickt. Sie hätten dieses »Geschenk« nur nicht genutzt. Aber diese »Schriftreligionen« sind auch für den Islam etwas anderes als die einfachen Rituale von Naturvölkern.

Muslime glauben wie die Christen an die Auferstehung der Toten

Es ist richtig, dass die Auferstehung der Toten einen ganz entscheidenden Stellenwert im Islam einnimmt. So bekommt sogar der Tod einen religiösen Sinn zugewiesen. Zahlreiche Suren sprechen von einem Leben nach dem Tod. Im Christentum dagegen haben die Menschen nur Teil an der Auferweckung der Toten, weil eben Christus auferweckt wurde. Im Islam aber gilt die Auferweckung als Vollendung des menschlichen Lebens. Die Erschaffung des Menschen im Diesseits wird mit seiner neuen Erschaffung im Jenseits vollendet. Im Christentum hingegen stellt die Auferweckung einen völlig neuen Zeitabschnitt dar, eine echte Zäsur.

Die Muslime beten Mohammad an

Niemals! Mohammad ist zwar das »Siegel der Propheten«, aber nicht vergleichbar mit Allah. Nur Allah darf angebetet werden. Verehrt – darin liegt der gewaltige Unterschied – darf Mohammed indes durchaus werden. Soll er sogar. Aber eben als Prophet, nicht als Gott.

...

Was die Bibel für Christen, ist für Moslems der Koran

Das liegt nahe. Denn beides sind Bücher – oder? So einfach ist das aber nicht, es bestehen durchaus Unterschiede. Der wichtigste: das »Wort Gottes«. Für den Moslem ist der Koran das originale und unverfälschte Wort Allahs. Die Bibel ist das, auch aus der Sicht der Christen, nicht. Denn hier ist Jesus das »Wort Gottes«. Der Koran gilt für die meisten Muslime wortwörtlich. Bei der Bibel behaupten das höchstens evangelikale Splittergruppen.

...

Der Felsendom ist eine Moschee

Der Felsendom ist ein Schrein. Eine Moschee steht in der Nähe auf dem Tempelberg, die al-Aqsa-Moschee.

...

Der Großayatollah ist iranischer Staatschef

Könnte sein, muss aber nicht. Ein Großayatollah ist nichts anderes als ein hoher islamischer Gelehrter.

Der Felsendom steht auf dem Tempelberg, ein Zentrum für Moslems, Juden und Christen.

Ein schwarzer Vorhang umgibt die Kaaba, eine Art Schrein. Darin ist der berühmte schwarze Stein.

Die Kaaba ist ein schwarzer Stein

Die Kaaba ist das wichtigste Heiligtum der Moslems. Sie steht in der großen Moschee in Mekka und ist eine Art Schrein. Dieser Schrein wird von der Kiswah, einem schwarzen Brokatumhang, verhüllt. Der berühmte schwarze Stein wiederum ist hier integriert. Den Stein soll Abraham vom Erzengel Gabriel erhalten haben. Die Kaaba an sich ist aber schon von enormer Bedeutung, sie wurde vom Propheten Adam als erstes Gotteshaus für Allah errichtet.

Im Buddhismus gibt es keine Götter

Diese Meinung hört man immer wieder – falsch ist sie dennoch. Denn der Buddhismus kennt durchaus Götter. Sie haben bloß keinen direkten Einfluss auf den Menschen. Sie führen aber ein längeres Leben und wissen viel mehr als die Menschen. Ein bisschen erinnern sie an die Götter Epikurs. Die Götter des Buddhismus allerdings sind noch nicht völlig glückselig, sie sind wie die Menschen noch dem Kreislauf der Wiedergeburt unterworfen.

... ✝✡☪☸ ...

Es gab und gibt nur den einen Buddha

Es gibt nur einen historischen Buddha: Siddhartha Gautama, der Begründer des Buddhismus. »Siddhartha« bedeutet: »der sein Ziel erreicht hat«. Prinzipiell kann jeder ein »Buddha« werden. »Buddha« bedeutet nichts anderes als »Erleuchteter« oder »Erwachter« und stellt das höchste Ziel eines Menschen dar. Ein Buddha ist nicht mehr an den Kreislauf der Wiedergeburten gebunden. Dabei gibt es verschiedene Ausprägungen von Buddhas, je nach ihrer Lebensweise und dem Grad ihrer Erleuchtung.

Rama und Krishna sind indische Götter

Rama und Krishna sind zentrale Gestalten des Hinduismus, jedoch keine Götter. Vielmehr sind sie Inkarnationen des Göttlichen, des Vishnu. Krishna ist dabei die achte, Rama die siebte Inkarnation. Die Krishnaverehrung ist heute eine der am meisten verbreiteten religiösen Praktiken des Hinduismus.

... ✝✡☪☸ ...

Dalai Lama ist ein Eigenname

Das stimmt nicht. Dalai Lama ist die ehrenvolle Bezeichung für den höchsten weltlichen Lehrer im buddhistischen Tibet. Der jetzige Dalai Lama ist ein Mönch und heißt eigentlich mit Geburtsnamen Tenzin Gyatso. Allerdings bekam er schon im Alter von vier Jahren den Titel Dalai Lama verliehen. Vorausgegangen war eine intensive Prüfung durch eine Kommission. Sie musste erst einmal herausfinden, wer wirklich der wahre Dalai Lama ist. Tenzin Gyatso ist seit seiner Inauguration der vierzehnte Dalai Lama. Die ersten Aufzeichnungen, in denen von der Verleihung dieses Titels die Rede ist, reichen bis in das 14. Jahrhundert zurück.

Der Hinduismus ist eine polytheistische Religion

Hindus verehren mehrere Gottheiten, hauptsächlich Vishnu und Shiva. Sie haben den alten Gott »Brahma« abgelöst. Aber dahinter steckt doch ein einziges göttliches Prinzip: das »Brahman«. Der große Unterschied zur christlichen oder muslimischen Lehre ist, dass es sich bei Brahman um keine »Person« handelt. Der Hinduismus ist also eine Mischform mit stark polytheistischem Einschlag.

. . . . . .

Der Davidstern wurde von den Juden erfunden

Der Davidstern ist das Symbol der Juden. Durch die Nazis wurde es zu einem Symbol für Verfolgung und Antisemitismus. Dabei sind die sechs Zacken der zwei verschränkten Dreiecke gar kein originär jüdisches Zeichen. Zunächst war der Stern nur ein Stern und damit ein dekoratives Ornament. Erst ab dem 7. Jahrhundert wurde der Stern, der seinen Namen dann vom israelitischen König David erhielt, zum Symbol der Juden. Bis zur offiziellen Ernennung dauerte es aber noch lange. Erst 1897 bekannte sich der erste Zionistenkongress in Basel ausdrücklich zum Davidstern.

Die Juden haben Jerusalem gegründet

Weder das Königreich Jerusalem noch die Stadt Jerusalem gehen auf die Juden zurück. Die Stadt gehört zu den ältesten noch bestehenden Ansiedlungen der Welt. Als »Urusalim« wurde sie von den Jebusitern, einem kanaanitischen Stamm, gegründet. Die Israeliten eroberten Jerusalem erst mit König David 997 v. Chr. Da war Jerusalem aber schon gut 1000 Jahre alt. Das Königreich Jerusalem wurde viel später gegründet. Um 1099 errichteten die christlichen Kreuzfahrer das Königreich nach der Eroberung der Stadt Jerusalem. Zur Zeit seiner größten Ausdehnung erstreckte es sich vom heutigen Libyen bis nach Ägypten.

. . . . . .

Rabbiner sind jüdische Priester

Die Bezeichnung »Rabbi« war ursprünglich eine höfliche Anrede. Später wurde sie zu Rabbiner erweitert. Gemeint ist damit aber keinesfalls ein Priester oder Geistlicher. Rabbiner sind Gelehrte, die von jüdischen Gemeinden angestellt werden. Ihre Aufgaben sind Rechtsprechung, Unterricht, Seelsorge sowie die Exegese.

Lesen mit dem Zeigestab: Die »Jad« soll verhindern, dass die Thora beschädigt wird.

Die Thora ist das Alte Testament

Die Thora besteht nur aus den ersten fünf Büchern des Alten Testaments: Genesis, Exodus, Leviticus, Numeri und Deuteronomium. Die Thora ergibt mit den Prophetenbüchern und den übrigen Schriften die jüdische Bibel, den »Tanach«.

. . . ✝✡☪☸ . . .

Manitu ist der oberste Gott der Indianer

Nur bei den Algonkin! Bei den Sioux heißt die oberste Gottheit »Waka Tanka«, bei den Hopi »Sotuqnangu«.

Mormonen können mehrere Frauen haben

Die Vielweiberei wurde offiziell 1890 abgeschafft und wird heute nur von radikalen Vertretern praktiziert. Die Polygamie ist verboten. Im Süden und Westen der USA gibt es jedoch noch einige Gruppen der Mormonen, die die Mehrfachehe praktizieren. Von ihnen distanziert sich die Hauptkirche jedoch ausdrücklich. Weltweites Aufsehen erregte Anfang des Jahrzehnts der Fall des radikalen Mormonen Tom Green, der im US-Bundesstaat Utah wegen vierfacher Polygamie verurteilt wurde. Er hatte insgesamt fünf Ehefrauen und 29 Kinder.

Aristoteles war Philosoph, Anthropologe und Naturwissenschaftler. Angeblich soll er auch noch Christ vor Christus gewesen sein.

Philosophie

Aristoteles, Rousseau und Nietzsche: Für viele sind Philosophen ohnehin ein einziger großer Irrtum. Doch auf ihre Zitate greift man gerne zurück. Wüsste man aber, was Rousseau wirklich meinte, wollte keiner »zurück zur Natur«. Nietzsches »Übermensch« verlöre viel von seinem Schrecken und Nostradamus würde als gerissener Schwindler entlarvt.

Aristoteles war Christ vor Christus

Hat sich der griechische Philosoph Aristoteles wirklich mit Theologie, also mit der »Lehre von Gott«, befasst? Aristoteles führte einen »unbewegten Beweger« ein, der nicht von irgendeiner Macht geschaffen wurde. Außerdem schrieb er diesem »unbewegten Beweger« viele der Attribute wie Ewigkeit oder Vollkommenheit zu, die auch wir von einem Gott erwarten. Viele sehen dies als einen Hinweis auf das christliche Gedankengut Aristoteles'. Ihm wird daher auch oft der erste echte »Gottesbeweis« zugeschrieben. Tatsächlich aber gibt es große Unterschiede zur christlichen Lehre: Der »unbewegte Beweger« ist kein personaler Gott. Er ist auch kein liebender Vater oder der wirkliche Schöpfer der Welt. Wenngleich also Aristoteles mit seinen Gedankengängen viele Elemente des christlichen Gottesbegriffes trifft, so bestehen doch erhebliche Unterschiede zwischen dem »unbewegten Beweger« und dem christlichen dreifaltigen Gott.

Diogenes von Sinope lebte in einer Tonne

Tat er nicht. Zwar erzählen unzählige Legenden von diesem Bild. Doch tatsächlich hat Diogenes von Sinope einfach nur sehr arm und von den Menschen zurückgezogen gelebt. Die Tonne ist lediglich ein Symbol für das Minimum an Besitz, das Diogenes zum Leben brauchte.

Anselm von Canterbury führte den ersten ontologischen Gottesbeweis

Ein »ontologischer Gottesbeweis« versucht auf Gott zu schließen, indem er von dem Begriff »Gott« ausgeht. Das heißt, man zieht zurate, was mit »Gott« alles verbunden wird: Ewigkeit, Ungeschaffenheit und letztendlich Vollkommenheit. Als erster Vertreter dieser »Beweisart« gilt Anselm von Canterbury. Doch der hat den Begriff »ontologisch« nie verwendet. Erst Kant bezeichnet den Gedankengang in Anselms Werk »Proslogion« so. Kant verwirft diesen Beweis – allein trifft seine Kritik, und damit auch die Klassifizierung, auf Anselms Gedankengang einfach nicht zu.

Hedonisten sind nur an Genuss interessiert

Die hedonistische Lehre, so wie Epikur sie lehrte, gehört zu den am meisten missverstandenen Denkrichtungen. Denn die Lust ist hier keinesfalls nur Genuss. Es geht darum, die »Ataraxia«, das Gleichgewicht der Seele, zu erreichen. Sie wird durch den Rückzug ins Private erreicht. Mit Genuss im Sinne von Feiern hat das nichts zu tun.

Thomas von Aquin wollte auf fünf Arten Gott beweisen

Die »Quinque viae« des Heiligen Thomas von Aquin sind wohl die berühmtesten »Gottesbeweise«. Dabei benutzt der Autor selbst nie den Begriff »Beweis«. Auch für den mittelalterlichen Kirchenlehrer war klar, dass man Gott mit dem menschlichen Verstand nicht völlig (er nennt diesen Weg das »natürliche Licht«) begreifen kann. Der Mensch sei stattdessen immer auf die Hilfe Gottes – auf das »übernatürliche Licht« – angewiesen. Wichtiger: Für Thomas ist von vorneherein unstrittig, dass Gott existiert. Die Wege sind insofern keinesfalls ein voraussetzungsloser Beweis. Sie sind vielmehr eine brillante Annäherung an das Geheimnis Gottes.

Jean-Jacques Rousseau erfand den »edlen Wilden«

Rousseau sorgte insofern für eine Neuerung, weil er den »edlen Wilden« in seine Philosophie integrierte. Erfunden hat er ihn nicht. Schon der Schriftsteller Alonso de Ercilla y Zúñiga schwärmte davon – fast 200 Jahre vor Rousseau. Auch John Dryden verwendete den Terminus früher. Und noch einige andere.

Rousseau wollte zurück zur Natur

Stimmt. Aber nur inhaltlich. Und auch nur, wenn »Natur« sich auf einen paradiesischen Naturzustand des menschlichen Lebens bezieht. Dort sei der Mensch noch nicht durch »Gesellschaft und Kultur korrumpiert«. Den Slogan »Zurück zur Natur« hat Rousseau aber nie verwendet. Er wollte eher eine Theorie entwickeln, wie der Mensch, der im Naturzustand dem Tier ähnlich ist, sich in die Gesellschaft integrieren und in dieser friedlich existieren könnte. Rückkehr zur Natur bedeutet also nicht eine Rückkehr auf die Bäume.

Rousseau wurde in der Schweiz geboren

Jean-Jacques Rousseau ist einer der berühmtesten Philosophen der Aufklärung. Er wurde in Genf geboren. Die Stadt war damals Mitglied in einem Städtebund. Der nannte sich »Alte Eidgenossenschaft«. Die Genfer Republik, zu der die Stadt Genf gehörte, war im Jahre 1536 im Zuge der Reformation ausgerufen worden. Schweizerisch wurde Genf erst im 19. Jahrhundert. Doch Rousseau kam schon 1712 zur Welt.

Religionskritik gab es erst in der Neuzeit

»Die Äthiopier behaupten, ihre Götter seien stumpfnasig und schwarz, die Thraker, blauäugig und blond.« Diese Zeilen stammen weder von Nietzsche noch von Marx oder Feuerbach. Sie stammen von Xenophanes von Kolophon, der im 6. Jahrhundert v. Chr. lebte. Seine Behauptung: Die Götter machen nicht die Menschen, sondern die Menschen machen sich die Götter aus ihren Vorstellungen. Dabei fließen die jeweiligen kulturellen Gegebenheiten mit ein – die Götter sind eben so, wie die Menschen sie sich wünschen. Xenophanes nahm damit das vorweg, was mehr als 2000 Jahre später durch Ludwig Feuerbach als »Projektionsthese« berühmt werden sollte.

Römer und Griechen hatten die gleichen Götter

Zum Großteil. Die Römer wählten oft das für sie Passende aus. Ihre Kultur jedoch als reine Kopie darzustellen wäre aber falsch. Denn auch in der Religion bewahrten sie sich mit ihren Hausgöttern oder auch Gottheiten wie Janus eine eigene Originalität.

Bertrand Russell war gegen Krieg

Bertrand Russell sorgte während seiner Karriere vor allem als begnadeter Logiker für Furore. Außerdem erhielt der Waliser 1950 den Nobelpreis für Literatur. Die Begründung: Russell sei ein Vorkämpfer für Gedankenfreiheit und Humanität. In dieser Eigenschaft avancierte er später zu einer Ikone des Pazifismus, besonders aufgrund seines Kampfs gegen den Vietnamkrieg. Dabei rufen nicht alle Aussagen Russells zu Gewaltverzicht auf: Für ihn stellte die Sowjetunion eine so große Bedrohung dar, dass er den Einsatz der Atombombe durchaus für angebracht hielt. So schrieb er 1948: »I have no doubt that America would win in the end, but unless Western Europe can be preserved from invasion, it will be lost to civilization for centuries. Even at such a price, I think war would be worth while. Communism must be wiped out, and world government must be established.« (»Ich hege keinen Zweifel, dass Amerika am Ende gewinnen würde, aber wenn

In der Mitte dieses prächtigen und berühmten Gemäldes »Die Schule von Athen« von Raffael liegt Diogenes von Sinope auf der Treppe. Diogenes, der bitterarm lebte, ist der bekannteste Kyniker.

Westeuropa nicht vor einer Invasion bewahrt werden kann, wird es jahrhundertelang für die Zivilisation verloren sein. Sogar zu so einem hohen Preis, denke ich, würde sich ein Krieg lohnen. Der Kommunismus muss vernichtet und die Weltgemeinschaft etabliert werden.«) Als Jugendsünde abtun kann man diese Meinung leider auch nicht – Bertrand Russell war damals schon über 70 Jahre alt.

Die Kyniker waren echte Zyniker

Die Kyniker haben mit »Zynikern«, wie wir sie heute kennen, wenig gemein. Die Kyniker waren Philosophen im alten Griechenland. Ihr Name kommt vom griechischen Wort für Hund. Der Hintergrund: Der berühmteste Kyniker, Diogenes von Sinope, lebte bitterarm »wie ein Hund«. Für die Kyniker waren die materiellen Bedürfnisse wenig wert; sie übten sich in Gelassenheit und Verzicht und nahmen die Welt insgesamt nicht so ernst. Bei zynischen Menschen hingegen ist Gelassenheit nur Fassade oder Resignation. Von innerem Einklang ist bei ihnen keine Spur – gerade den erstrebten die Kyniker allerdings durch ihren Verzicht auf materielle Werte.

Descartes argumentierte als Erster: »Cogito, ergo sum!«

René Descartes schrieb in seinen »Principia philosophiae« eigentlich »Ego cogito, ergo sum«. In seinem »Discours de la méthode« hatte Descartes aber schon zuvor das Gleiche auf Französisch geschrieben: »Je pense, donc je suis.« Genau dieser Gedankengang findet sich aber schon Jahrhunderte zuvor beim heiligen Kirchenlehrer Augustinus. Der sagte in »De civitate dei« XI. 26: »Si enim fallor, sum« – also: »Wenn ich mich nämlich täusche, dann bin ich.«

Leviathan ist eine Bezeichnung für eine Gewaltherrschaft

Ursprünglich ist der Leviathan ein Seeungeheuer aus dem Alten Testament. Es wurde von Jahwe besiegt. Schon eher in die Richtung »Gewaltherrschaft« geht der andere Leviathan – ein philosophisches Werk von Thomas Hobbes. Hier ist der Leviathan der Staat. Ihm muss sich tatsächlich jeder unterwerfen – aber nur, um den »Krieg aller gegen alle« zu vermeiden. Der Mensch wird hier also nicht unbedingt geschädigt. Was aber stimmt: Eine echte Gewaltenteilung findet nicht statt.

Nostradamus hat die Zukunft vorausgesagt

Nostradamus gilt als bekanntester Seher. Oft scheinen seine Vorhersagen zu passen. »Passen« – genau das trifft den Kern. Denn die Prophezeiungen lassen sich auf fast alles anwenden. Ein Beispiel: Für die letzte Papstwahl soll Nostradamus einen schwarzen Papst vorausgesagt haben. Der »Beweis«: die 7. Centurie mit dem Vers »Schwarz, Weiß zu Blau verändert sich in der Erde«. Das ergab Sinn: Der Nigerianer Arinze galt als Favorit. Nach der Wahl wurde das »Weiß zu Blau« als Hinweis auf die bayrische Herkunft des neuen Pontifex gewertet. Es hätte aber auch gepasst, wenn der neue Papst ein Bergmannssohn gewesen wäre – »verändert in der Erde«. Oder ein Gärtner. Oder ein Erdmännchen. So lassen sich nahezu alle Passagen umdeuten. Nostradamus hat sie nebulös formuliert. Und so ziehen die Prophezeiungen des »Meisters« ihre Faszination aus der Psyche des Menschen. Für den Seher selbst waren seine Werke psychologisch wichtig. So schreibt er im Vorwort zu den drei letzten Centurien: »Ich befreie meine Seele, den Geist und das Herz von allen Sorgen und Zweifeln, falschen Gemütsregungen, indem ich die Gedanken zum Schweigen und zur Ruhe bringe.«

Der griechische Meeresgott hieß Poseidon

Es gab nicht den Meeresgott. Zwar war Poseidon als Bruder von Zeus einer der wichtigsten Götter. Aber die Griechen kannten auch noch andere Meeresgötter: Nach einem alten Mythos war Okeanos beispielsweise der Senior unter ihnen. Er war sogar noch älter als Poseidon.

Der griechische Meeresgott Poseidon

Cerealien konnte man schon immer essen

Nein. Ursprünglich waren die Cerealien nämlich Feiern zu Ehren von Ceres, der römischen Göttin des Ackerbaus und der Ehe.

Die griechischen Götter lebten auf dem Olymp

Götter leben im Meer, auf der Erde, in der Unterwelt – und auch im Olymp. Im Olymp ist nämlich nur Platz für die High Society der Götter, die »Olympier«. Sie waren genau zwölf Götter, daher gab es zwölf Wohnungen im Olymp, in denen sie aber nicht ständig residierten. Denn nachdem Zeus mit seinen Brüdern Hades und Poseidon alle Konkurrenten aus dem Weg geräumt hatte, teilten die drei Geschwister die Einflusssphären auf. Zeus bekam den Himmel, Poseidon das Meer und Hades die Unterwelt.

Germanische Krieger kamen nach Walhall

Nur wenn sie in der Schlacht gefallen waren. Sonst mussten sie mit Asgard vorliebnehmen. Allerdings vermutet man, dass Walhall ohnehin in Asgard gelegen hat. Walhall war nämlich demnach eine prächtige Halle in Odins Burg Gladsheim. Gladsheim wiederum lag eben in Asgard und damit auch Walhall. Allzu weit waren die gefallenen Krieger und die »normal« Verstorbenen also nicht voneinander entfernt.

In der Antike waren die Götter allmächtig

Epikur war ein antiker Philosoph. Er übernahm von Demokrit die Lehre des »Atomismus« – Atome seien der Grund aller Dinge. Er postulierte einen Wirbel dieser Atome. Sie trennen und verbinden sich ständig. So funktioniert Entstehen und Vergehen. Götter, die die Welt schaffen, brauchte Epikur nicht mehr. Und so verbannte er sie in Parallelwelten, in »Metakosmien«. Epikur bestritt also nicht die Existenz der Götter, nahm ihnen aber jeglichen Einfluss. Damit wollte er seinen Zeitgenossen die Angst nehmen. Diese könnte das Ziel Epikurs, die »Unerschütterlichkeit der menschlichen Seele«, stören.

Die Griechen hatten böse Götter

»Böse« wäre das falsche Wort. Die Götter wurden vor allem seit Homer immer menschenähnlicher. Sie bekamen Züge wie Eifersucht und Rachegelüste. Aber viele schlechte Eigenschaften kannten die Griechen gar nicht. Sie wurden vom römischen Dichter Ovid erfunden. Er hat mit seinen »Metamorphosen« zum Image der lüsternen Götter beigetragen.

»Gott ist todt!«

Für die einen ist er der brillanteste Denker aller Zeiten. Für die anderen sind seine Werke nur kunstvoll verpackte Polemik: Friedrich Nietzsche polarisiert wie kaum ein anderer. Dabei hat er nie den Tod Gottes gefordert. Ein Nazi war er auch nicht.

Nietzsche forderte den »Tod Gottes«

Nietzsche schreibt in seinem Werk »Die fröhliche Wissenschaft«: »Gott ist todt! Gott bleibt todt! Und wir haben ihn getödtet! Wie trösten wir uns, die Mörder aller Mörder?« Das ist keine Forderung. Das ist eine Analyse, eher sogar ein entsetzter Aufschrei. Denn Nietzsche schreibt weiter: »Das Heiligste und Mächtigste, was die Welt bisher besaß, es ist unter unseren Messern verblutet.« Dieses Bild ist durch Heine inspiriert. Der hatte über den Philosophen Kant gesagt, er habe mit seinen Überlegungen den Himmel gestürmt, und der »Oberherr liegt unbewiesen in seinem Blute«. Für Nietzsche wiederum ist es davon ausgehend weniger interessant, Gott abzuschaffen – das sei ja schon geschehen. Vielmehr möchte er den »Nachfolger« skizzieren: »Gott starb: nun wollen wir, dass der Übermensch lebe.«

Friedrich Nietzsche hasste das Christentum

Absolut richtig! Aber zunächst einmal nur in der Form, wie Nietzsche es zu seiner Zeit erlebte. Damals war die christliche Botschaft für ihn ein »Nein zum Leben« und eine »Sklavenmoral«. Mitleid und Einsatz für die Schwachen waren ihm ein Grauen, immer wieder warf er dies den Christen vor. Außerdem warf Nietzsche den »Priestern« (stellvertretend für die Christen) in seiner Streitschrift »Zur Genealogie der Moral« vor, den Menschen nicht zu heilen, sondern nur zu vertrösten. Ein echtes Christentum muss damit allerdings noch lange nicht gemeint sein. Denn in »Der Antichrist« schreibt Nietzsche: »Das echte, das ursprüngliche Christenthum wird zu allen Zeiten möglich sein.« Wie genau so ein Christentum, wenn es denn möglich wäre, aussehen müsste, wäre eine wichtige Anfrage an Nietzsche.

Nietzsche schreibt über den echten Zarathustra

Friedrich Nietzsches »Also sprach Zarathustra« ist ohne Zweifel ein Meisterwerk. Das Fragment handelt aber nicht von dem historischen »Zarathustra«. Auf den persischen Religionsstifter, der zu den »Sieben Weisen« gezählt wird, geht der »Zoroastrismus« zurück. Nietzsche wiederum hat in seinem Werk keine klare Lehre hinterlassen. Selbst die Deutung der Gestalt Zarathustras, die zwischen Einsiedler und Menschenlehrer schwankt, ist sehr umstritten. Oft wurde er beispielsweise mit dem von Nietzsche propagierten Übermenschen gleichgesetzt – doch das ist sicher nicht zutreffend.

Nietzsche war überzeugter Nationalsozialist

Nietzsche starb mehr als zwanzig Jahre vor den Anfängen des Nationalsozialismus. Doch die Nazis haben seine Ideen verwendet. Oder zumindest das, was sie für seine Ideen hielten, vor allem den Begriff »Übermensch«. In den Augen der Nazis konnte das nur ein Arier sein. Nietzsche indes hat nie klare Angaben gemacht. Eine existierende Kultur war damit aber sicher nicht gemeint. So schrieb Nietzsche in »Also sprach Zarathustra«, dass der Mensch überwunden werden muss, denn: »Der Übermensch liegt mir am Herzen, der ist mein Erstes und Einziges – und nicht der Mensch.« Die Nazis haben den »Übermenschen« instrumentalisiert. In Sachen Antisemitismus finden sich jedoch einschlägige Stellen bei Nietzsche – das gilt auch für andere bekannte Personen wie Maximilian Kolbe oder Karl Eugen Dühring.

Friedrich Nietzsche ist einer der umstrittensten Denker überhaupt.

Nicht der Trojanische Krieg, sondern der Zorn des Achill steht im Zentrum des antiken Epos »Ilias«. Der legendäre Stoff wurde schon oft verfilmt, zuletzt im Jahr 2006 mit Brad Pitt als Achill.

Literatur

Karl May war nie in Amerika. »Die drei Musketiere« sind von Alexandre Dumas. Damit kann man bei einem Empfang kräftig punkten. Außer der Gesprächspartner hat diese Seiten gelesen. Der weiß danach, dass May sehr wohl nach Übersee reiste. Und dass sich Dumas mit fremden Federn schmückte. Hier die Irrtümer von A wie »Agamemnon« bis Z wie »Zauberberg«.

Die »Ilias« beschreibt den Trojanischen Krieg

Die Ilias gilt als das älteste erhaltene Epos der griechischen Antike. Im Zentrum steht aber nicht der Trojanische Krieg. Vielmehr bietet die Schlacht um Troja nur den Hintergrund für das eigentliche Kernstück des Epos: den Zorn des Achill. Achill, der beste Kämpfer der Griechen, zerstreitet sich bei der Belagerung Trojas mit dem griechischen Heerführer Agamemnon und nimmt nicht mehr an der Schlacht teil. Erst als Achills bester Freund Patroklos vom trojanischen Helden Hektor getötet wird, greift Achill wieder ein. Er tötet Hektor und schändet ihn. Nach der schändlichen Tat überfallen Achill jedoch tiefes Mitleid und Schamgefühl.

Agamemnon tötet seine Tochter Iphigenie

Agamemnon ist ohne Frage der Unsympath schlechthin beim Krieg um Troja. Der König von Mykene ist der Anführer der Griechen im Krieg gegen Troja. Diesen Krieg möchte er unbedingt gewinnen – koste es, was es wolle. Als aber die griechische Flotte in See stechen will, bleibt der Wind aus. Die einzige Lösung: Agamemnon soll seine Tochter Iphigenie der erzürnten Göttin Artemis opfern – für den König kein Problem. Doch Iphigenie wird gerade noch rechtzeitig entführt und nach Tauris gebracht. Agamemnons Frau Klytaimnestra geht fest davon aus, dass Iphigenie tot ist. Und so ermordet sie zusammen mit ihrem Geliebten ihren Gatten Agamemnon.

Paris tötet den unbesiegbaren Achill

Paris war ein Frauenheld und Angsthase. Achill war Sohn einer Göttin und der stärkste Held seiner Zeit. Und er soll von Paris getötet worden sein? Die bekannteste Version vom Tod Achills schafft Klarheit: Apoll soll den Pfeil des Paris gelenkt haben. So gelang es, Achill an der Ferse zu treffen, seiner einzigen verwundbaren Stelle. Daraufhin starb Achill.

Die »Götterdämmerung« stammt aus der Nibelungensage

Nein, Richard Wagner hat das Thema der Götterdämmerung für seine Nibelungensage aus der Edda entliehen. Während bei Wagner alle Helden sterben und der Göttersitz in Flammen aufgeht, nimmt das altisländische Heldenepos aus dem 13. Jahrhundert ein anderes Ende. Dort kennt man auch den Begriff »Götterdämmerung« nicht. »Ragnarök« bedeutet vielmehr »Schicksal der Götter«. Zwar geht auch im Original die Welt in Flammen auf, allerdings entsteht danach eine neue, paradiesische Welt. Auf die Dämmerung folgt also nicht die Dunkelheit, sondern das Licht.

Zentauren sind böse Fabelwesen

Im Märchen werden Zentauren (oder richtiger: Kentauren) als böse Gesellen dargestellt. Die Wesen, die aus Pferdeunterleib und menschlichem Oberkörper und Gesicht bestehen, gelten als schlimme Lustmolche. Dabei kennt die griechische Mythologie durchaus auch sehr edle und tugendhafte Pferdemenschen. Der Vorzeige-Kentaur ist dabei sicherlich Cheiron. Er war der weise Erzieher und Lehrer Achills und half Herakles auf der Flucht vor bösen Artgenossen.

Es gab nie einen Zauberer Merlin

Einen echten Zauberer gab es natürlich nicht. Wohl aber eine historische Vorlage für diese Gestalt. So kannten die Kelten einen walisischen Barden namens Myrdin, der Mitte des 6. Jahrhunderts in England lebte. Dieser Myrdin soll bei der Schlacht von Arfderydd den Verstand verloren haben und in einen Wald geflüchtet sein. Hier soll er die Fähigkeit erlangt haben, in die Zukunft zu sehen. Verschiedene Quellen erzählen noch von anderen Myrdins; erwähnt wird auch ein Dichter namens Myrddin.

Artus war ein bedeutender König

In einer der berühmtesten Sagen überhaupt geht es um König Artus und seine Tafelrunde. Besonders bemerkenswert daran ist die Verknüpfung mit anderen Erzählungen und Personen, wie beispielsweise der Sage vom »Heiligen Gral«. Inzwischen geht die überwiegende Mehrheit der Forscher tatsächlich von einem historischen Artus aus. Ob der allerdings tatsächlich so hieß, ist ungeklärt. »Artus« könnte auch ein Titel sein. Ziemlich sicher jedoch war Artus kein König, englische Chroniken aus dieser Zeit erwähnen ihn jedenfalls nicht. Eher sorgte er wohl als Kriegsfürst um das 6. Jahrhundert herum für Furore. Die Schwertsage scheint ebenfalls sehr weit hergeholt zu sein, und Artus' angebliches Weiterleben in Avalon regt auch heute noch die Fantasie an. So erheben zum Beispiel die Mönche im englischen Glastonbury Anspruch auf Artus' Grab. Warum? Das sogenannte »Glastonbury Tor« ist ein hoher Hügel bei Glastonbury, mitten in einer Ebene gelegen. Früher allerdings war der Hügel eine Halbinsel, und er wird daher oft mit der legendären Insel Avalon in Verbindung gebracht. Doch hier soll auch schon Joseph von Arimathäa, der Mann, der Jesu Leichnam nach der Kreuzigung in das Grab legen ließ, eine Kirche gebaut haben. Und schließlich soll genau hier auch noch der legendäre Heilige Gral in einem Brunnen versteckt worden sein – ziemlich viel Glück für so einen kleinen Ort, nicht wahr?

Die versunkene Stadt Atlantis hat einen wahren Hintergrund

Die untergegangene Stadt Atlantis hat unzählige Glücksritter und Historiker über Jahrhunderte hinweg fasziniert. Doch alle Versuche, die sagenumwobene Stadt zu finden, scheiterten. Das ist kein Wunder: Denn der griechische Philosoph Platon hat die Geschichte wohl nur erfunden. Sein Ziel: Platon skizzierte Atlantis als blühenden Staat mit einer großen und starken Armee. Mit ihrer Flotte galten die Bewohner als unbesiegbar. Doch wurden die Bewohner hochmütig und daher von den Athenern – nicht ohne die Hilfe der Götter – besiegt. Der Mythos sollte Platons attischen Zeitgenossen eine Warnung sein – Athen wollte nämlich damals selbst zu einer aggressiven Seemacht werden. Beweisen lässt sich das jedoch nicht. Und so sind nach wie vor Forscher auf der Suche nach Atlantis.

Die Gebrüder Grimm haben die alte Form der Volksmärchen bewahrt

Die Verdienste von Jakob und Wilhelm Grimm um die deutsche Sprache und Märchenkultur sind unbestritten. Aber sie waren definitiv keine Archivare, die die Geschichten aus dem Volksmund notiert und haargenau so wiedergegeben haben. Vielmehr haben die Gebrüder Grimm kräftig redigiert und umstrukturiert. Meistens bereiteten sie die Märchen publikumsgerecht auf, brutale oder diskriminierende Stellen wurden auf diese Weise entfernt. Das beste Beispiel ist Rotkäppchen. Bei dem deutschen Romantik-Dichter Johann Ludwig Tieck zum Beispiel wird das Rotkäppchen zerrissen und zum Teil aufgefressen. Bei Grimm aber handelt es sich nur um ein »Verschlingen« – später kann Rotkäppchen deshalb lebend aus dem Bauch des Wolfs geholt und so gerettet werden.

Atlas muss ganz alleine die Welt tragen

Die Überlieferung sagt nur, dass Atlas das Himmelsgewölbe tragen muss. Noch »mildere« Quellen lassen ihn sogar nur die Säulen stützen, die den Himmel tragen.

Der Rattenfänger hat Kinder aus Hameln entführt

»Alsbald kamen diesmal nicht Ratten und Mäuse, sondern Kinder, Knaben und Mägdlein vom vierten Jahr an in großer Anzahl gelaufen, worunter auch die schon erwachsene Tochter des Bürgermeisters war. Der ganze Schwarm folgte ihm nach, und er führte sie hinaus in einen Berg, wo er mit ihnen verschwand.« Gemeint ist der Rattenfänger aus Hameln, eine der wohl bekanntesten Gestalten der deutschen Sagenlandschaft. Dabei ist über die genaueren Hintergründe dieser berühmten Geschichte gar nicht so viel bekannt. Sicher weiß man nur Folgendes: Der Rattenfänger hat auf keinen Fall kleine Kinder entführt, wie viele meinen. Stattdessen besagt die anerkannteste Interpretation, dass mit der Sage eine große Ausbürgerungswelle aus Hameln gemeint ist. Dabei verließen vor allem junge Bürger die Stadt, um anderswo ihr Glück zu suchen. Der »Rattenfänger« könnte dabei ein Anwerber einer Nachbarstadt oder eines Nachbarstaates gewesen sein. Eine andere Interpretation hingegen bringt den »Kinderauszug« mit den »Kinderkreuzzügen« in Übereinstimmung, allerdings ist hier der zeitliche Abstand vermutlich zu groß.

Bei den Festspielen in Hameln dreht sich alles um den bekannten Rattenfänger. Manche halten ihn für einen Kindesentführer.

Ödipus heiratet seine Mutter und wird dafür bestraft

Zum einen bestrafte sich Ödipus selber: Er sticht sich die Augen aus. Für den Fluch, der auf ihm lag, konnte er natürlich nichts. Denn eigentlich sollte damit sein Vater, König Laios, für eine Entführung bestraft werden. Die Bestrafung bestand darin, dass Laios von seinem eigenen Sohn Ödipus erschlagen wurde. Der allerdings kannte seinen Vater nicht, denn Laios ließ ihn als kleines Kind aus Angst vor dem Fluch aussetzen. Die Heirat mit seiner Mutter Iokaste war Ödipus ebenfalls nicht anzurechnen – beide hatten keine Ahnung, in welchem Verhältnis sie zueinander standen.

Wilhelm Tell war ein Schweizer Revoluzzer

Nein. Den tapferen Armbrustschützen Wilhelm Tell, der sich mutig gegen den bösen Vogt Gessler stellt, gab es gar nicht. Die Geschichte wurde aus mehreren sagenhaften und überlieferten Elementen zusammengefügt, ehe Friedrich Schiller sie mit seinem großartigen Drama weltberühmt machte. Trotzdem schaffte es Wilhelm Tell zum Nationalhelden der Schweiz.

Medea war eine Kindsmörderin

Nur in der Fantasie des Euripides. Der griechische Dramatiker lässt Medea aus Eifersucht erst die neue Frau ihres Exmannes Jason mit einem magisch vergifteten Hochzeitskleid töten. Daraufhin bringt sie ihre Söhne um und flieht mit einem Drachenwagen. Vor der literarischen Bearbeitung durch Euripides war Medea jedoch keine Kindsmörderin. Das erste Mal taucht sie nämlich in der Erzählung über die Heldentaten Jasons, der Argonautensage, auf. Dort ermordete Medea zwar die neue Frau Jasons, ihre Kinder indes blieben verschont.

Don Carlos war ein echter Held

Nein. Don Carlos war ein echtes Ekel. Und noch dazu hässlich. Er hatte einen Buckel, war klein und auch noch geistig zurückgeblieben. Man nimmt an, die unterentwickelten intellektuellen Fähigkeiten waren auf die damals in der spanischen Monarchie verbreitete Inzucht zurückzuführen. Denn Don Carlos war der einzige Sohn des spanischen Königs Philipp II. und damit Thronfolger. Für diese Aufgabe war er aber denkbar ungeeignet: Weder konnte er eine Verwaltung beherrschen noch mit Menschen umgehen. Seine Untertanen quälte er gerne, seinen Vater wollte er umbringen. Der wiederum klagte ihn wegen Hochverrats an und ließ ihn verhaften. Don Carlos starb danach unter bis heute ungeklärten Umständen. Die wahrscheinlichste Todesursache ist rasend schnelles Trinken von Eiswasser – für die Literaten ein gefundenes Fressen. Warum genau sie Don Carlos so positiv beurteilten, bleibt aber unklar. Manche tippen auf eine gezielte Propaganda gegen die Monarchie – Schiller war ja ein bekennender Anhänger des »Sturm und Drang«.

Die Originalschriften Karl Mays findet man im Karl-May-Verlag

Karl Mays Witwe Klara gründete, unterstützt vom langjährigen Verleger Friedrich Ernst Fehsenfeld, ein Jahr nach dem Tod ihres Gatten den Karl-May-Verlag. Aus diesem Verlagshaus stammen die weltberühmten grünen »Gesammelten Werke«. Allerdings wurden im Laufe der verlegerischen Tätigkeiten viele von Mays Romanen stark verfremdet oder völlig auseinandergerissen. Von »Originalen« kann dabei nicht mehr die Rede sein.

Karl May hat Amerika nie gesehen

Doch, hat er. Bloß war das lange, nachdem er seine berühmten Wildwestromane geschrieben hatte. Die Bände Winnetou I bis III wurden beispielsweise 1893 veröffentlicht. Seine einzige Reise in die Vereinigten Staaten unternahm Karl May dagegen erst 1908. Wobei sich der Schriftsteller damals eher an der Ostküste aufhielt, und nicht im »Wilden Westen«.

Das Phantom der Oper spielt in einer fiktiven Umgebung

Gaston Leroux legte mit seinem »Le fantôme de l'opéra« 1911 eine wahrhaft surreale Geschichte vor. Erik lebte dort in den Kellern der Pariser Oper. Der entstellte Menschenhasser hat sich dort mit Geheimgängen, einer Folterkammer und sogar einem echten See sein eigenes Reich aufgebaut. Das klingt zwar völlig unrealistisch – ist es aber nicht. Das Palais Garnier, die alte Pariser Oper, hatte tatsächlich unzählige verschiedene Räume – und einen See. Der war im untersten Geschoss des Operngebäudes entstanden und diente als Vorlage für Leroux' Fantasie.

Molière hieß ein großer französischer Dichter

Es müsste anders heißen: Ein Franzose nannte sich Molière. Und wurde dann ein berühmter Dichter. Aber Molière war nur ein Künstlername. Denn geboren wurde der Dramatiker als Jean-Baptiste Poquelin. Allerdings wählte er seinen Künstlernamen Molière schon recht früh, wohl ab 1643. Unter diesem Namen wurde er Hofschreiber des Sonnenkönigs Ludwig XIV. und stieg zu einem französischen Dichterhelden auf.

Joseph Pulitzer war ein herausragender Journalist

Joseph Pulitzer (1847 bis 1911) war zwar auch Journalist, berühmt wurde der gebürtige Ungar aber in erster Linie als Herausgeber und Verleger von amerikanischen Zeitungen. Vor allem die tiefschürfenden und hervorragend recherchierten Reportagen wurden zum Markenzeichen seiner Blätter. Der nach ihm benannte und heute sehr bekannte Pulitzerpreis wurde erstmals sechs Jahre nach dem Tod des Stifters vergeben und gilt seit diesem Zeitpunkt als weltweit bedeutendste Auszeichnung für Journalisten.

Casanova hatte nur Frauen im Kopf

Wenn es einen Namen gibt, der für Skandale, Verführung und Sex steht, dann ist es wohl der des Giacomo Girolamo Casanova (1725 bis 1798). Der italienische Lebemann verdrehte den Frauen im 18. Jahrhundert den Kopf. Hilfreich war ihm dabei seine glänzende Bildung: Schon mit 17 Jahren promovierte Casanova in Jura an der Universität zu Padua. Daneben studierte er Theologie und schlug zunächst die Priesterlaufbahn ein. 1745 brach er jedoch die Ausbildung ab und begann sein Wanderleben. Mehrmals wurde er wegen Erbstreitigkeiten oder auch Konflikten mit der Kirche eingekerkert. Casanova war überaus produktiv, nicht nur was die Zahl seiner Frauengeschichten betrifft. Literarische, philosophische oder auch naturwissenschaftliche Abhandlungen sind von ihm erhalten. Sein wichtigstes Werk allerdings: die »Histoire de ma vie«, Casanovas weltberühmte Memoiren.

Die Gallier waren große Fans von Wildschweinbraten

Niemals. Den Galliern waren Wildschweine heilig!

Die Gallier trugen immer Gürtel

Die Gallier sind die realen Vorbilder für Goscinnys Comic-Helden. Und die trugen keine Gürtel, sondern vielmehr Hosenträger. Und selbst diese trugen sie nicht immer: Es gibt etliche Schriften, die überliefern, dass die Gallier auf eine ganz besondere Weise in die Schlacht zogen – nackt!

Asterix schaut zu Recht fragend: So einen prächtigen Gürtel hätte ein echter Gallier nie getragen. Meistens waren sie sogar nackt.

Der Lieblingssatz von Sherlock Holmes lautete: »Elementary, my dear Watson!«

Sir Arthur Conan Doyle (1859 bis 1930), der Erfinder der legendären englischen Detektivfigur Sherlock Holmes, hat diesen Satz in seinen Büchern kein einziges Mal verwendet. Er taucht erst in den späteren Verfilmungen auf.

Der »Zauberberg« entsprang allein Thomas Manns Fantasie

Der Zauberberg ist im Roman ein Sanatorium. Und genau in so einer Einrichtung war Manns Frau Katia im Jahre 1912 auf Kur. Das Sanatorium lag im schönen Davos – die bergige Landschaft ist hier ja auf jeden Fall schon einmal gegeben. Thomas Mann selbst bekam durch die regelmäßigen Briefe seiner Frau einen genauen Einblick in das alltägliche Leben im Sanatorium. Außerdem verbrachte er drei Wochen dort, als er Katia besuchte. Als er ein Jahr später mit dem Schreiben begann, waren die Erlebnisse noch sehr frisch und haben seine Arbeit sicherlich sehr geprägt.

Heinrich Mann erfand die Figur »Der Blaue Engel«

Die legendäre deutsche Filmdiva Marlene Dietrich wurde als »Blauer Engel« weltberühmt. In der Verfilmung von Heinrich Manns Roman »Professor Unrat« spielt sie die Lola. Dabei heißt die Hauptfigur in der Romanvorlage Rosa, und »Der blaue Engel« ist auch nicht der Name der Protagonistin, sondern der Name der Kneipe, in der sie auftritt.

In der Verfilmung von Umberto Ecos »Der Name der Rose« spielte F. Murray Abraham den Inquisitor Bernardo Gui.

Umberto Ecos Bernardo Gui ist eine fiktive Gestalt

Bernardo Gui ist der fanatische Inquisitor in Umberto Ecos Meisterwerk »Der Name der Rose« – es gab ihn wirklich. Bernard Guis war, wie bei Eco auch, ein Dominikaner und Inquisitor. Guis muss zwar sehr akribisch gewesen sein, doch den Fanatismus, mit dem er im Roman Ketzer jagt, hat Eco wohl übertrieben.

Der Schinderhannes war eine Art Robin Hood

Johannes Bückler, alias Schinderhannes, war erfolgreich und vielleicht auch schlau. Aber trotzdem blieb er immer eines: ein skrupelloser Verbrecher. Denn er war ein Antisemit, ermordete Entführungsopfer trotz Zahlung des Lösegeldes und beraubte arme Landsleute. Dennoch wurde er als »Robin Hood vom Hunsrück« berühmt – dabei waren ihm die Armen herzlich egal. Aber er probte den Aufstand gegen die französische Obrigkeit, und dies reichte seinen nationalistisch aufgehetzten Landsleuten, um über seine Brutalität hinwegzusehen. Endgültige Berühmtheit als »edler« Räuber erlangte Bückler, der 1803 hingerichtet wurde, durch den Schriftsteller Carl Zuckmayer. Zuckmayer veröffentlichte 1927 sein Werk »Schinderhannes«, ein Jahr später folgte der entsprechende Stummfilm.

Der Autor von »Huckleberry Finn« heißt Mark Twain

Der Autor von »Huckleberry Finn« heißt in Wirklichkeit Samuel Langhorne Clemens. »Mark Twain« ist nur ein Pseudonym.

Der Hauptmann von Köpenick ist ein ewiger Verlierer

Geldgeschenke, massenhaft Heiratsanträge, Fanpost und euphorische Zeitungsberichte – so ein Mensch soll ein Verlierer sein? Wohl kaum. Wilhelm Voigt war am Anfang seiner »Karriere« sicherlich nicht vom Glück verfolgt. Der Schuster versuchte sich immer wieder als Kleinkrimineller, wurde aber fast immer gefasst. So auch bei seinem größten Coup am 16. Oktober 1906. Der Unterschied: Nach der Besetzung des Rathauses in Köpenick und der anschließenden Inhaftierung wird Schuster zum Star. Am Ende wird er sogar vom Kaiser begnadigt – für den »Hauptmann von Köpenick« hat sich der dreiste Streich gelohnt.

Heinrich von Kleist hat den Prinzen von Homburg genau abgebildet

Heinrich von Kleists Prinz von Homburg ist jung und ein echter Draufgänger. Er missachtet im Überschwang der Gefühle einen Befehl, greift in die Schlacht bei Fehrbellin ein und erringt dabei gegen die Schweden einen großen Sieg. Doch er soll wegen der Befehlsmissachtung hingerichtet werden. Der »echte« Prinz von Homburg hieß Friedrich II. und war gar kein Prinz, sondern »nur« Landgraf von Hessen-Homburg. Außerdem war er damals schon 42 Jahre alt und durch zahlreiche Verletzungen fast ein Krüppel. Und eines war Friedrich II. ganz sicher nicht: ein glühender Patriot. Er war vielmehr ein waschechter Dissident. Zunächst kämpfte der Landgraf für die Schweden. Erst nachdem er eine Nichte des Kurfürsten von Brandenburg geheiratet hatte, wechselte er die Seiten. Nur eines stimmt: Am Sieg der Brandenburger über die Schweden hatte Friedrich II. tatsächlich großen Anteil.

»Die drei Musketiere« stammen von Alexandre Dumas

»Die drei Musketiere« ist der berühmteste Mantel-und-Degen-Roman. Doch die Urheberschaft ist nicht klar. Denn Alexandre Dumas beschäftigte mehrere Autoren, die für ihn schrieben. Sein engster Mitarbeiter war der Historiker Auguste Macquet (1813 bis 1888). Viele Literaturwissenschaftler nehmen heute an, dass wohl eher Macquet den Abenteuerroman schrieb – und Dumas dafür den Lohn einheimste.

Der Dichterfürst

Hat er den Faust erfunden? War er tatsächlich der meistgespielte Dichter? Waren seine letzten Worte wirklich »Mehr Licht«? Johann Wolfgang von Goethe ist Deutschlands bekanntester Dichter. Genügend Irrtümer gibt es trotzdem noch über ihn.

Von keinem Dichter wurden mehr Stücke gespielt als von Goethe

Zu Lebzeiten war Goethe bezüglich der »Inszenierungsrate« ein kleiner Fisch – zumindest im Verhältnis zu August von Kotzebue. Der gebürtige Weimarer beherrschte mit über 200 Dramen die Bühnen des 18. und 19. Jahrhunderts.

Goethes Werke beschränken sich auf Dichtungen

Keineswegs! Goethe war ein Allroundtalent. Zum Beispiel war er ein hervorragender Übersetzer. Oder auch ein sehr interessierter Naturwissenschaftler. So entwickelte Goethe beispielsweise eine Theorie über die »Urpflanze«. Sein liebstes Kind allerdings war ein richtiger Fehlschlag: Goethes Farblehre ist nach heutigen physikalischen Erkenntnissen falsch.

Goethe hat die Figur des Doktor Faust erfunden

Für Goethes »Faust« gab es in der Tat eine reale Vorlage. 1480 wurde in Knittlingen ein Gelehrter namens Faust geboren, er galt bald als rätselhafter Schwarzmagier. Um 1536 starb er in Staufen, sein Tod warf einige Rätsel auf. Kein Wunder, dass viele den Teufel dahinter vermuteten. 1587 erschien in Frankfurt am Main die Schrift: »Historia von D. Johann Fausten, dem weitbeschreyten Zauberer und Schwartzkünstler«. Goethe schrieb dazu über 200 Jahre später folgende Zeilen: »Habe nun, ach! Philosophie, / Juristerei und Medizin, / Und leider auch Theologie / Durchaus studiert, mit heißem Bemühn. / Da steh ich nun, ich armer Tor! / Und bin so klug als wie zuvor.« Tatsächlich studierte der »echte« Faust Theologie, praktizierte als Arzt und galt als Kenner der Naturphilosophie. Nur Jurist war er nicht.

Goethes letzte Worte waren »Mehr Licht!«

Ach ja, die letzten Worte. Mit ihnen lässt sich selbst das unspektakulärste Dahinscheiden zu einem bedeutungsschwangeren Ereignis überhöhen. Johann Wolfgang von Goethe soll am 22. März 1832 gesagt haben: »Mehr Licht!« Goethes guter Freund Friedrich von Müller bestätigte die Worte, der Sterbende wollte einen Fensterladen aufgeklappt haben. Andere sagen, der Dichter habe um den »Botschamper«, den Nachttopf gebeten. Eine weitere Anekdote besagt, Goethe wäre in seine hessische Mundart verfallen und hätte gemurmelt: »Mer lischt des Kisse schief.« Nach Thomas Bernhard war Goethe lebensmüde und habe deshalb gerufen: »Mehr nicht!« Die tatsächlichen Worte wird man nicht mehr rekapitulieren können – Goethe hat sie mit ins Grab genommen!

Goethes letzte Ruhestätte ist nicht neben Friedrich Schiller

Es war Goethes Wunsch, neben Friedrich Schiller in der Weimarer Fürstengruft bestattet zu werden. So geschah es dann auch. Doch zu Beginn des letzten Jahrhunderts begann man daran zu zweifeln, weil die Echtheit von Schillers Schädel infrage gestellt wurde. Erst vor wenigen Jahren haben aktuelle Untersuchungen aber ergeben, dass der fragliche Schädel wahrscheinlich doch zu Friedrich Schiller gehört.

Die beiden Dichterikonen Goethe und Schiller sind hier friedlich vereint. Ob das in der Fürstengruft auch so ist, war oft Teil von Spekulationen.

Thomas Mann war ein überzeugter Kommunist

Zumindest behaupten dies viele Altkommunisten. Sie stützen sich dabei immer wieder auf das gleiche Zitat: »Antikommunismus ist die Grundtorheit unseres Jahrhunderts.« Dabei ist dieses Zitat nicht nur verkürzt, sondern auch sinnverändert. Denn Mann kritisiert allein den Umgang der Nationalsozialisten mit dem Kommunismus. Dagegen bekennt sich Mann nirgends tatsächlich dazu, vielmehr schreibt er: »Sie sehen, dass ich in dem Sozialismus, in dem die Idee der Gleichheit die der Freiheit vollkommen überwiegt, nicht das menschliche Ideal erblicke ...«

»Zar und Zimmermann« ist eine reine Erfindung

»Zar« ist ein Titel, den römische und byzantinische Herrscher ursprünglich in den slawischen Gebieten trugen. Die waren alles andere als Leute aus dem Volk. Und ausgerechnet Peter der Große, einer der bedeutendsten Herrscher Russlands, soll als Zimmermann gearbeitet haben? Ja, das hat er: Peter der Große reiste 1697 nach Westeuropa. Der Zar war ein Reformer in Sachen Wirtschaft und Militär und wollte wertvolle Neuerungen mit nach Russland nehmen. Besonders der Schiffsbau interessierte ihn. Auf einer Werft in Amsterdam lernte Peter neue, ausgereiftere Techniken kennen.

Die »Dreigroschenoper« ist von Brecht

Das erfolgreichste deutsche Theaterstück des 20. Jahrhunderts, Bertolt Brechts »Dreigroschenoper«, ist in weiten Teilen eine Übersetzung des englischen Singspiels »The Beggar's Opera« von John Gay. Die Musik stammt auch nicht von Brecht, sondern von Kurt Weill. Und die Übersetzung nahm Brechts Mitarbeiterin Elisabeth Hauptmann vor.

»Stell dir vor, es ist Krieg, und keiner geht hin« ist von Bertolt Brecht

Hier wurde ein Zitat stark verändert. Eigentlich heißt es: »Wer zu Hause bleibt, wenn der Kampf beginnt, und läßt andere kämpfen für seine Sache, der muß sich vorsehen: Denn wer den Kampf nicht geteilt hat, der wird teilen die Niederlage. Nicht einmal Kampf vermeidet, wer den Kampf vermeiden will, denn er wird kämpfen für die Sache des Feindes, wer für seine eigene Sache nicht gekämpft hat.« An dem Zitat der »Koloman Wallisch Kantate« ist nichts pazifistisch. Im Gegenteil. »Stell dir vor, es ist Krieg, und keiner geht hin« stammt vom US-Literaten Carl Sandburg. Ein anonymer Autor machte daraus »Stell dir vor, es ist Krieg, und keiner geht hin – dann kommt der Krieg zu euch« und verknüpfte es mit Brechts Kantate.

Bertolt Brecht starb als deutscher Staatsbürger

Bertolt Brecht wurde am 10. Februar 1898 in Augsburg geboren und starb am 14. August 1956 in Berlin. Also war der große Dramatiker doch ein Deutscher, oder? Bis 1935 trifft diese Aussage tatsächlich zu. In diesem Jahr erkannten die Nazis Brecht die deutsche Staatsbürgerschaft ab. 1951 nahm er dann die österreichische an – Brecht war also über fünfzehn Jahre nirgendwo Staatsbürger.

Brechts Mutter Courage war eine Vorzeigemami

Mutter Courage war in erster Linie eine berechnende Geschäftsfrau. Nicht umsonst wird sie gleich zu Beginn von einem Prediger als »Hyäne des Schlachtfeldes« bezeichnet. Im Krieg verliert sie ihre drei Kinder und ändert sich doch nicht. Mutter Courage ist wirklich eine »Hyäne«.

Den Literaturnobelpreis gibt es nur für gute Romane

Natürlich sind Romane oder Dramen unter den ausgezeichneten Werken in der Überzahl. Dennoch: Der erste deutschsprachige Preisträger war Theodor Mommsen im Jahr 1902. Die Jury erkannte ihm die Auszeichnung in erster Linie für seine »Römische Geschichte« zu – ein Meisterwerk der Geschichtswissenschaft!

Den Nobelpreis für Literatur erhielt Günther Grass 1999 für sein Lebenswerk.

»Wehe den Besiegten« war ein Klageruf

»Wehe den Besiegten« polterte der Keltenführer Brennus um 390 v. Chr. nach der Überlieferung römischer Geschichtsschreiber wie Plautus und Plutarch. Doch hatte Brennus keinesfalls eine schmerzliche Niederlage erlitten. Im Gegenteil: Die Kelten hatten Rom gründlich geplündert und wurden nun für ihren Abzug auch noch bezahlt. Als die Römer aber gegen falsche Gewichte protestieren wollten, warf Brennus sein Schwert auf die Waage und kommentierte das mit den höhnischen Worten »Vae victis«, also: »Wehe den Besiegten!« Seitdem ist Brennus' Spruch Ausdruck für die völlige Willkür des Siegers gegenüber der absoluten Hilflosigkeit der Verlierer.

Schillers Fiesco sagt: »Der Mohr hat seine Schuldigkeit getan ...«

Diesen berühmten Satz sagt nicht Fiesco. Die Passage stammt aus dem Stück »Die Verschwörung des Fiesco zu Genua« von Friedrich Schiller. Der Originaltext im 3. Aufzug lautet: »Der Mohr hat seine Arbeit gethan, der Mohr kann gehen.« Und der Sprecher ist: der Mohr selber.

Die »Hanni und Nanni«-Geschichten sind von Enid Blyton

Enid Blyton hat nur sechs Bände geschrieben, die außerdem »St. Clare's« hießen. Trotzdem wurde die Serie nach Blytons Tod fortgeführt, sie hatte dies in ihrem Testament erlaubt.

Nur durch den Kuss wird der Frosch zum Prinzen

Bei der Originalfassung des »Froschkönigs« der Gebrüder Grimm wurde der Frosch anders verwandelt: Die Prinzessin klatschte ihn an die Wand! Nur für Kinder entwickelte man dann später die friedlichere Geschichte von dem Kuss.

Richard III. war ein ziemlich garstiger Mensch

Natürlich hat Richard III. auf dem Weg zur Macht etliche Konkurrenten aus dem Weg geräumt. Doch die Morde, die ihm der Dichter William Shakespeare anhängte, hat Richard wohl nicht begangen. Und noch etwas war dichterische Freiheit: der Buckel.

William Shakespeare setzte Richard III. ein literarisches Denkmal.

Die Mona Lisa –
das berühmteste
und rätselhafteste
Gemälde der Welt.

Kunst

Kunst kann ziemlich beeindruckend sein. Dabei sollte man sich nicht blenden lassen. Auch nicht vom »Mann mit dem Goldhelm«: Den hat nämlich nicht Rembrandt zum Funkeln gebracht. Oder die Cheopspyramide: Niemals werkelten daran 100.000 Sklaven. Lesen Sie weiter – auch wenn danach so manches Gemälde einfach nur noch ein tolles Bild ist.

Die »Mona Lisa« im Louvre zeigt die Mona Lisa del Giocondo

Die berühmte Mona Lisa hat gar nichts mit der Mona Lisa del Giocondo zu tun. Zwar behauptete das der italienische Kunsthistoriker Giorgio Vasari (1511 bis 1574), und das Gerücht hält sich bis heute. Aber seine Beschreibung der echten Mona Lisa passt so gar nicht mit dem Werk von Leonardo da Vinci zusammen. Denn die markanten Augenbrauen, wie sie Vasari erwähnt, fehlen auf dem Gemälde komplett. Viele Kunsthistoriker nehmen an, dass das Porträt eher die Herzogin Isabella von Aragonien zeigt. Leonardo da Vinci verbrachte viel Zeit in ihrer Nähe; außerdem gleichen andere Porträts von Isabella der Mona Lisa auf verblüffende Weise.

Leonardo da Vincis Mona Lisa lächelt

Wenn sie mag. Sie kann aber auch böse oder traurig schauen – es kommt auf die Perspektive des Betrachters an. Leonardo da Vinci malte das Bild mit einer speziellen Technik, der Sfumato-Technik. Dabei werden die Übergänge von Hell und Dunkel sehr fließend und damit sehr weich dargestellt. Da Vinci verwendete dazu mehrere dünne Farbschichten, die er übereinanderlegte. Betrachtet man nun also die Gesichtshälften der Mona Lisa, so fällt eines auf: Der linke Mundwinkel lächelt tatsächlich. Der rechte dagegen bleibt neutral – es kommt also wirklich darauf an, welche Seite des Gemäldes der Betrachter gerade anschaut.

Rembrandt malte eine Nachtwache

Die »Nachtwache« ist eines der wichtigsten Gemälde im Amsterdamer Rijksmuseum. Es zeigt eine Truppe von Männern mit Waffen und anderem Kriegsgerät. In der Mitte steht der prächtig gekleidete Anführer. Aber das Bild zeigt keine Nachtwache, sondern eigentlich eine Bürgerwehr. Der offizielle Name des Gemäldes, ins Deutsche übersetzt, lautet »Die Kompanie des Frans Banning Cocq«. Und sie versammelten sich auch nicht bei Nacht, sondern im hellen Sonnenschein. Wie aber wurde das Bild so dunkel? Ganz einfach: durch Rauch. Denn die »Nachtwache« hing lange am Kamin des Amsterdamer Rathauses.

Rembrandt malte den »Mann mit dem Goldhelm«

Wahrscheinlich nicht. Das berühmte Gemälde, das in der Berliner Gemäldegalerie am Kulturforum Potsdamer Platz ausgestellt ist, wird einem Schüler Rembrandts zugeschrieben. Der Einfluss des großen Niederländers ist indes vor allem an dem Wechsel von Hell und Dunkel – dem Markenzeichen Rembrandts – zu erkennen.

Rembrandt ist ein Familienname

Nein. Rembrandt ist ein Vorname. Eigentlich heißt der niederländische Maler nämlich Rembrandt Harmenszoon van Rijn.

Paul Klee war einer der berühmtesten deutschen Maler

Paul Klee war ein berühmter Maler. Aber kein Deutscher, sondern ein Schweizer. Geboren wurde er 1879 in Münchenbuchsee bei Bern. Er zog allerdings 1906 nach München und nahm dort schließlich auch die deutsche Staatsbürgerschaft an. 1914 begann Klee, Mitglied der berühmten Malergruppe »Der Blaue Reiter«, seine eigene Karriere. 1933 vertrieben ihn die Nazis, da er in ihren Augen »entartete« Kunst produzierte. Klee zog es daraufhin in die Schweiz zurück, er siedelte nach Bern über. 1939 beantragte er die Schweizer Staatsbürgerschaft, die ihm erst 1942 zuerkannt wurde. Also erst posthum – Klee starb 1940. Als »Ausgleich« wurde in Bern später das »Zentrum Paul Klee« gegründet. Der Berner Stadtpräsident Dr. Klaus Baumgartner meinte dazu 1997: »Bern hat an Paul Klee etwas gutzumachen.«

Salvador Dalí war ein echter Surrealist

Von Salvador Felipe Jacinto Dalí kennt man die »Weiche Konstruktion mit gekochten Bohnen« und »Die Beständigkeit der Erinnerung«. Beide sind Glanzpunkte der surrealistischen Kunst. Aber am Anfang war das Schaffen Dalís weitaus breiter gefächert. Vor allem der »Kubismus« – dabei wird viel mit geometrischen Formen experimentiert – hatte ihn beeindruckt. Später, nachdem er wegen faschistischer Tendenzen aus der Gruppe der Surrealisten ausgeschlossen worden war, nahm Dalí immer wieder Anleihen aus dem Klassizismus auf. Dennoch gilt er aus der Sicht der Kunstexperten als einer der bedeutendsten Vertreter des Surrealismus.

Die Schwarze Madonna von Altötting zeigt eine Schwarze

Tut sie nicht. Das Altöttinger »Gnadenbild«, so heißt die 65 Zentimeter hohe Marienfigur mit Kind offiziell, war nicht immer schwarz. Sie wurde es erst durch den Kerzenrauch in der kleinen Gnadenkapelle. Allerdings sind nicht alle Schwarzen Madonnen auf diese Weise zu ihrem dunklen Teint gekommen. Es gibt durchaus Mariendarstellungen mit dunkler Bemalung oder aus schwarzem Ebenholz – die Altöttinger Madonna allerdings ist aus Lindenholz.

Kunst ist die rentabelste Geldanlage

Bei einem Gemälde wie Picassos »Junge mit der Pfeife« mag das stimmen. Das Ehepaar John und Betsey Whitney zahlte dafür 1950 30.000 Dollar – fünfzig Jahre später wurden 104 Millionen Dollar bezahlt. Auch Chinesisches Porzellan aus der Ming-Dynastie (1368 bis 1644) war bisher eine tolle Anlage. Zwischen 1994 und 2000 erbrachte es eine jährliche Rendite von 27 Prozent. Doch bei Spekulationen am Kunstmarkt gibt es ein Problem. Das Geschäft ist unberechenbar. Und manchmal kann ein Geschäft ganz schnell platzen: So wurde Picassos »Le Rêve« 1997 für 48,4 Millionen Dollar ersteigert. Im Oktober 2006 sollte es dann für 139 Millionen Dollar weiterverkauft werden – doch Besitzer Steve Wynn verhinderte das Geschäft: Er stieß unabsichtlich mit seinem Ellenbogen durch die Leinwand – das Bild war kaputt, die Transaktion wurde abgesagt.

Die Berliner Gedächtniskirche soll an den Krieg erinnern

Die Kirche heißt genau »Kaiser-Wilhelm-Gedächtniskirche«. Und genau das soll sie sein – eine Erinnerung an Kaiser Wilhelm I. (1797 bis 1888). Der Erbauer war nämlich dessen Enkel, Kaiser Wilhelm II. Im Zweiten Weltkrieg wurde sie fast vollständig zerstört und erst 1961 wieder eingeweiht – die Ruine allerdings blieb bestehen. Damit wurde die Kirche tatsächlich zu einem Mahnmal gegen Zerstörung und Krieg.

Wahrzeichen des alten Berlin – die Gedächtniskirche

Der Jerusalemer Tempel war die Hauptsynagoge der Juden

Der berühmte Tempel zu Jerusalem war nicht die Hauptsynagoge der Juden. Er war gar keine Synagoge. In Synagogen wird in erster Linie gebetet, oder es finden Versammlungen statt. Im Jerusalemer Tempel dagegen wurden vor allem Opfer vollzogen. Dennoch war er das zentrale Heiligtum der Juden, denn hier stand die Bundeslade. Nicht umsonst markiert die Zerstörung des Tempels 70 n. Chr. einen wichtigen Punkt in der jüdischen Geschichte – damit brach ihre Gegenwehr gegen die Römer. Übrigens: Einen Überrest des alten Tempels gibt es heute noch – die Klagemauer.

Die Westminster Abbey in London ist eine Abtei

Das ist sie schon lange nicht mehr. Im 8. Jahrhundert stand an dem Platz, an dem heute die Westminster Abbey ihre Mauern hat, die Kirche einer Benediktinerabtei. Heute ist die Kirche der Krönungsort der englischen Könige, Stiftskirche des Kollegiatstifts St. Peter und heißt eigentlich: The Collegiate Church of St. Peter in Westminster.

Der Petersdom ist die größte christliche Kirche der Welt

Das kommt darauf an, wie man »groß« definiert. Was Umfang und Außenmaße angeht, steht die größte Kirche nämlich in Yamoussoukro an der Elfenbeinküste. 1986 wurde hier die Basilika Notre-Dame de la Paix gebaut – eine Kopie des Petersdoms. Die Basilika hat 30.000 Quadratmeter Grundfläche, der Petersdom dagegen »nur« 15.000. In der Liste der höchsten Kirchtürme belegt die Hauskirche des Papstes mit 133 Metern gar nur den neunten Platz. Es führt das Ulmer Münster (161,53 Meter) vor Notre-Dame de la Paix (158 Meter) und dem Kölner Dom (157,4 Meter). In einer Kategorie allerdings hat der Petersdom den Spitzenplatz inne: Er bietet bis zu 60.000 Menschen Platz. Die Kopie an der Elfenbeinküste fasst dagegen nur 18.000 Gläubige.

Über 100.000 Arbeiter waren für den Bau der Cheopspyramide nötig

Die Cheopspyramide ist die älteste der Pyramiden von Gizeh. Und die größte. Aber sie ist nicht so groß, dass 100.000 Arbeitskräfte dafür nötig gewesen wären. Diese Zahl überliefert der griechische Geschichtsschreiber Herodot. Allerdings tippen heutige Forscher höchstens auf ein Drittel, viele sogar auf noch weniger benötigte Arbeitskräfte. Es gibt allerdings noch einen Grund, Herodots Angabe zu misstrauen: Die 100.000 Arbeiter hätten ja auch irgendwo wohnen müssen. Aber für so viele Menschen Unterkünfte zu bauen hätte viel zu lange gedauert. Und dann erst die Verpflegung – der Aufwand wäre fast größer als der eigentliche Pyramidenbau gewesen.

Die Pyramiden konnten nur durch Sklaven erbaut werden

An den Pyramiden arbeitete die einfache Bevölkerung. Herodot sprach zwar immer von Sklaven, allerdings haben zahlreiche Experten diese Deutung widerlegt. Demnach waren an den Bauwerken eine kleinere Zahl von gut bezahlten Fachkräften sowie eine große Menge von Wanderarbeitern beschäftigt. Außerdem musste wohl die Bevölkerung für einige Monate im Jahr regelmäßig an den monumentalen Bauwerken mitarbeiten – in der Zeit, in der die Überschwemmung des Nils die Beschäftigung auf den Feldern unmöglich machte.

Der Schatz des Priamos wurde von Schliemann entdeckt

Heinrich Schliemann hat 1873 in Troja eine ganze Reihe von Kostbarkeiten und Kunstwerken ausgegraben, man nennt sie fälschlicherweise »Schatz des Priamos«. Denn Schliemann entdeckte seinen Fund in der zweiten Ausgrabungsschicht – es gibt insgesamt zehn Schichten. Die Überreste der Stadt, die im Trojanischen Krieg zerstört wurde, sind allerdings viel jünger und stecken in der siebten Schicht. Das heißt: Die Goldgefäße und Halsketten sind viel älter, als es Schliemann damals annahm. Wahrscheinlich um mehr als 1000 Jahre.

Schliemann entdeckte Agamemnons Totenmaske

1876 grub der deutsche Archäologe Heinrich Schliemann in der Ebene von Argos. Der Gegenstand seiner Forschung: die berühmte griechische Stadt Mykene. Beim legendären Löwentor stieß Schliemann auf drei Skelette. Zwei trugen eine goldene Totenmaske, eines davon außerdem eine verzierte Rüstung. Für Schliemann war klar, dass er Agamemnons Grab und seine Totenmaske gefunden hatte. Doch schon zu seinen Lebzeiten widersprachen Schliemann viele Kritiker, manche warfen ihm sogar Betrug vor. In jedem Fall haben auch neue Forschungen Schliemanns Enthusiasmus widerlegt – die Goldmaske und die Grabstätte sind lange vor Agamemnons Todesjahr entstanden. Der griechische Heerführer im Trojanischen Krieg soll nämlich nach seiner Rückkehr von der eigenen Gattin Klytaimnestra ermordet worden sein. Sollte diese Geschichte stimmen, dann hat sie sich allerdings um 1180 v. Chr. ereignet. Schliemanns Fund dagegen stammt etwa aus dem Jahre 1500 v. Chr.

Die Kelten bauten die Kultstätte Stonehenge

Nein. Stonehenge wurde gebaut, da hatten die Kelten noch gar keinen Fuß auf die Insel gesetzt. Man nimmt an, dass die Kultstätte in der Nähe von Amesbury schon in der Jungsteinzeit errichtet wurde, etwa 2000 Jahre vor Christus. Die Anfänge von Stonehenge erstrecken sich sogar bis in das 3. Jahrtausend v. Chr. Die Kelten dagegen besiedelten erst um 600 v. Chr. die Insel – da waren in Stonehenge schon zahlreiche Opfer gebracht und Menschen begraben worden.

Semiramis ließ die Hängenden Gärten erbauen

Die »Hängenden Gärten der Semiramis« gelten als erste große botanische Sammlung, als der ultimative Liebesbeweis, und sie zählten zu den sieben Weltwundern der Antike. Das Problem dabei ist nur: Es hat sie vielleicht nie gegeben. Mehrere Autoren bezweifeln ihre Existenz. Die von Robert Koldewey im 20. Jahrhundert entdeckte Anlage in Babylon wird als nicht authentisch angesehen. Doch selbst wenn es die Gärten tatsächlich gegeben haben soll: Von Semiramis waren sie sicherlich nicht, denn die Königin von Babylon ist nichts weiter als eine griechische Sagengestalt. Ob sie wirklich existierte, ist völlig ungewiss. Allerdings scheint die assyrische Königin Schamuramat ihr reales Vorbild gewesen zu sein. Doch selbst sie lebte deutlich vor der angegebenen Errichtung der Gärten. Die Anlage, die Koldewey damals ausgrub, wird eindeutig König Nebukadnezar II. zugeschrieben. Und der lebte gut zwei Jahrhunderte vor Schamuramat.

Die Anfänge von Stonehenge reichen bis 3000 v. Chr. zurück.

Michelangelo

Michelangelo Buonarrotti (1475 bis 1564) ist einer der berühmtesten Maler der Welt. Aber war Malerei auch die Lieblingsdisziplin des großen Meisters? Nein, war sie nicht. Michelangelo war am liebsten Bildhauer.

Die Sixtinische Kapelle ist von Michelangelo

Michelangelo hat in seinem Künstlerleben so viel geschaffen, da wäre ihm sogar die komplette Gestaltung der berümten Sixtinischen Kapelle im Vatikan zuzutrauen. Tatsächlich allerdings haben sehr viele andere Künstler an dem aufwendigen Bau mitgewirkt. Der Architekt war Baccio Pontelli, der die Pläne für den Baumeister Giovanni de' Dolci schuf. Unter den Malern waren dann absolute Koryphäen ihrer Zeit: So stammt die Szene »Christus übergibt Petrus die Schlüssel« von Sandro Botticelli. Pietro Perugino schuf die »Geburt und die Auffindung von Moses«. Dieses Fresko musste allerdings Michelangelos »Jüngstem Gericht« weichen – also genau dem Gemälde, dessen Berühmtheit der Grund dafür ist, dass immer wieder Michelangelo als der Schöpfer der gesamten Kapelle angesehen wird.

Papst Sixtus IV. beauftragte Michelangelo

Papst Sixtus IV. ist der Namensgeber der Sixtinischen Kapelle. Der italienische Pontifex erteilte 1475 den Auftrag zum Bau und zur Gestaltung der Kapelle – in dem Jahr, in dem Michelangelo Buonarrotti geboren wurde. Das berühmte Deckengemälde Michelangelos mit der Erschaffung Adams entstand also erst etliche Jahre später: Von 1508 bis 1512 arbeitete der große Meister an den Szenen aus dem Buch Genesis, der Schöpfungsgeschichte. Papst Sixtus war damals aber schon längst verstorben. Sein Neffe Julius II. war es, der Michelangelo mit der Gestaltung der Kapelle beauftragte. Und wiederum einige Jahre später, 1532, trat Papst Clemens VII. an Michelangelo heran – auf seine Weisung hin entstand dann das heute wohl berühmteste Fresko der Kapelle: das »Jüngste Gericht«.

Michelangelos David weist einige Unterschiede zum biblischen Hirtenjungen auf.

Die Pietà steht im Petersdom

Stimmt. Außerdem auch in Mailand, Florenz, Berlin – und sogar in Eschweiler. »Pietà« bezeichnet nämlich prinzipiell eine bestimmte Szene aus dem Kreuzweg. So zeigt die vorletzte Station die Schmerzen Marias, die Gottesmutter hält ihren toten Sohn Jesus im Arm. Allerdings ist die Pietà von Michelangelo Buonarrotti im Petersdom die mit Abstand bekannteste Darstellung der »Mater dolorosa« und daher den meisten Menschen als »die Pietà« im Gedächtnis geblieben.

Michelangelos David ist der David aus der Bibel

Das nimmt man allgemein an. Es mag auch sein, dass Michelangelo den biblischen David im Sinne hatte. Aber es gibt doch deutliche Unterschiede. Zum einen ist Michelangelos David ein kräftiger, muskulöser Mann. Der David aus dem Alten Testament wird jedoch meistens als kleiner, schmächtiger Hirtenjunge beschrieben. Vor allem aber: Der David des großen italienischen Künstlers ist nicht beschnitten, was im Judentum hingegen fester Brauch und Ritual ist.

Die Mailänder Scala ist eine berühmte Treppe

Das würde Sinn ergeben. Denn »scala« heißt Treppe. Im Lateran in Rom gibt es beispielsweise die »Scala Santa«, die »Heilige Treppe«. Das berühmte Opernhaus »Teatro alla Scala« in der norditalienischen Metropole Mailand allerdings hat nichts mit einer Treppe zu tun. Der Name rührt von dem Vorgängergebäude her, der Kirche »Santa Maria della Scala«. Aber auch die hatte keine besonders berühmte Treppe. Sie war stattdessen schlicht und einfach der Fürstengattin Beatrice Regina della Scala, der Gattin des berüchtigten Bernabò Visconti, gewidmet.

Der Kreml steht in der russischen Hauptstadt Moskau

»Kreml« bedeutet zunächst nichts anderes als eine Burg oder Festung, die meist der Kern russischer Städte war. Dort war von der Administration bis zu religiösen Stätten alles untergebracht. Der Kreml in Moskau ist zwar der bekannteste, aber es gibt solche Gebäude auch in anderen russischen Städten: zum Beispiel in Nischni Nowgorod, in Tula oder Pskow.

Der Koloss von Rhodos stand über der Hafeneinfahrt

Da der Koloss von Rhodos ein Geschenk an den Sonnengott Helios war, ist es unwahrscheinlich, dass ihn der Künstler Chares von Lindos am Hafen errichtete. Viel eher wird er wohl beim Heiligtum des Helios erbaut worden sein, innerhalb der Stadt. Dass der Koloss die Hafeneinfahrt breitbeinig überspannt, wäre zudem auch architektonisch kaum machbar gewesen. Der Koloss war wohl an die 35 Meter hoch, die Hafeneinfahrt aber mehr als 50 Meter breit – statisch wäre diese Herausforderung kaum zu meistern gewesen.

Die längste Brücke führt über eine Schlucht

Mit 55 Kilometern Länge und einer Gesamtfläche von 1,9 Millionen Quadratmetern ist der »Bang Na Expressway« die längste Brücke der Welt. Der Expressway ist eine sechsspurige Autobahn in Bangkok. Aber er führt weder über Wasser, noch überbrückt er eine Schlucht: Der »Bang Na Expressway« ist die zweite Etage einer »Stockbett-Autobahn« – er führt also über eine schon bestehende Autobahn hinweg.

Die Himmelsscheibe von Nebra zeigt Sonne, Mond und Sterne

Bis 2002 war die Stadt Nebra in Sachsen-Anhalt mäßig berühmt. Dann allerdings beschlagnahmte die Polizei in der Schweiz bei zwei Grabräubern ein altes Kunstwerk, das in der Nähe von Nebra gestohlen wurde: die älteste Himmelsdarstellung der Welt. Über den Wert der gut 32 Zentimeter breiten Bronzescheibe gibt es wenig Zweifel. Über die Abbildung auf ihr dagegen schon. Zunächst nahm man an, dass die Scheibe den Himmel mit Sonne, Mond und Sternen zeige. Allerdings geht der Großteil der Historiker inzwischen davon aus, dass das Goldplättchen, das erst als Sonne interpretiert wurde, wohl eher den Vollmond darstellen soll – es wäre dann allenfalls ein Himmel bei Nacht.

Gustave Eiffel war der Architekt des Eiffelturms

Der Architekt des Pariser Wahrzeichens ist Charles Léon Stephen Sauvestre, der federführende Ingenieur Maurice Koechlin. Sauvestre war bei »Gustave Eiffel & Cie« tätig, der Firma des Ingenieurs Alexandre Gustave Eiffel.

Miniaturen sind sehr kleine Gemälde

»Miniatur« kommt nicht von »mini«, sondern vom lateinischen »minium«. Das ist ein zinnoberroter Farbstoff, der im Deutschen Mennige genannt wird. Im Italienischen bedeutet »miniatura« auch heute noch eine bestimmte Art zu malen. So gemalte Gegenstände sind dann eben Miniaturen – auch wenn sich mit der Zeit die Bezeichnung für kleine Gemälde ebenfalls durchgesetzt hat.

Die Terrakottaarmee besteht aus individuellen Figuren

Für viele ist sie das achte Weltwunder. Weltkulturerbe ist sie in jedem Fall. Die Terrakottaarmee des großen chinesischen Kaisers Shi Huang Di ist einzigartig. Weit über 6000 Soldaten sind in der riesigen Grabanlage aufgestellt. Pferdewagen, echte Waffen und realistische Rüstungen – die Armee ist ein Grabgeschenk der Superlative. Bloß ein Mythos stimmt nicht: Die Soldaten der Terrakottaarmee sind nicht unterschiedlich gestaltet, nur ihre Gesichter wurden im Nachhinein individuell modelliert. Für die Körper gab es allerdings feste, standardisierte Formen.

Die »Sixtinische Madonna« findet man in der »Sixtinischen Kapelle«

Die »Sixtinische Madonna« ist ein Meisterwerk von Raffael. Der Dichter Friedrich Hebbel sagte dazu: »Das hätt' ein Mensch gemacht? Wir sind betrogen. Das rührt nicht her von einer ird'schen Hand!« Aber woher stammt der Name? Denn das Ölgemälde hängt weder in der Sixtinischen Kapelle, noch ist es nach einem Papst Sixtus benannt. Papst Julius II. gab es in Auftrag, es sollte für die Klosterkirche San Sisto in Piacenza angefertigt werden. Heute hängt es in der Galerie »Alte Meister« in Dresden. Die Lösung: Die Figur links zeigt Papst Sixtus II, der die Gesichtszüge Julius II. trägt.

Es gibt nur eine Freiheitsstatue

Die »Statue of Liberty« gilt als das Wahrzeichen New Yorks. Aber sie ist keinesfalls die einzige ihrer Art, es gibt sogar gleich mehrere Kopien und Pendants: in Tokio, Colmar und vor allem in Paris. Dort stehen nämlich gleich vier Freiheitsstatuen. Im »Musée des arts et métiers« kann man den Prototyp für die berühmteste Version der Statue in New York bestaunen.

Der Escorial ist ein Königspalast

El Escorial ist ein kleines, etwa 12.000 Einwohner zählendes Städtchen, 60 Kilometer nordwestlich der spanischen Hauptstadt Madrid gelegen. Nahe dieses Ortes hat König Philipp II. von Spanien (1527 bis 1589) den »Real Sitio de San Lorenzo de El Escorial« erbauen lassen, nachdem er am Gedenktag des heiligen Laurentius im Jahre 1557 den französischen König Heinrich II. besiegt hatte. Konzipiert war das Bauwerk als Kloster. Erst im Laufe der Bauzeit – von 1563 bis 1584 – veränderten sich die Anforderungen. Heute zählen zu dem Komplex eine Kirche, ein Kloster, der Königspalast, eine Schule und eine Bibliothek. Mit einer Grundfläche von 33.000 Quadratmetern ist der »Real Sitio de San Lorenzo de El Escorial« der größte Renaissancebau der Welt.

Die Römer haben alles von den Griechen abgeschaut

Das stimmt nur für den Anfang. In der Kaiserzeit entwickelten sie jedoch, hauptsächlich durch ihre Meisterschaft im Bogen- und Gewölbebau, ihren eigenen Stil.

Der Tod in Venedig führte über diese Brücke.

Die Seufzerbrücke verdankt ihren Namen einer Liebesgeschichte

Ganz im Gegenteil. Die Seufzerbrücke verbindet den Dogenpalast mit dem alten Gefängnis. Über diese Kalksteinbrücke mussten Gefangene entweder vom Dogenpalast, in dem sie verurteilt wurden, ihren Weg ins Gefängnis antreten oder – schlimmer noch – wieder zurück. Dieser Weg war tödlich, denn er führte zur Hinrichtungsstätte. Der letzte Blick auf die Lagune, der ja schon glückliche Menschen tief beeindruckt, soll den Delinquenten dann ihren berühmten letzten Seufzer entlockt haben.

Die Quadriga sah ursprünglich nach Westen

1807 raubte Napoleon die Quadriga, das große Standbild auf dem Brandenburger Tor. Erst sieben Jahre später wurde sie Deutschland zurückgegeben. Nach der Rückgabe soll das Standbild umgedreht worden sein. Es sollte Frankreich als Strafe für die Entführung die kalte Schulter zeigen. Doch das stimmt nicht: Die Quadriga blickte immer nach Osten, Richtung Kaiserschloss.

Die Vatikanischen Museen sind die größte Kunstsammlung der Welt

Tatsächlich gibt es weitaus größere Sammlungen: Ganz vorne rangieren dabei das British Museum in London, der Louvre in Paris und das Metropolitan Museum of Art in New York. Je nach Kategorie gibt es nun unterschiedliche Spitzenreiter: Der Louvre hat mit neun Millionen jährlich die meisten Besucher, das British Museum mit über sieben Millionen die meisten Ausstellungs- und Archivstücke, während sich das Metropolitan Museum of Art über eine Fläche von 130.000 Quadratmeter erstreckt. Größer als der New Yorker Kunsttempel ist kein Museum.

Die größte Band der Welt, die Beatles:
George Harrison und John Lennon, Ringo Starr
und Paul McCartney (v. l. im Uhrzeigersinn)

Musik

»Für Elise« ist für Elise, die Beatles und die Stones haben sich nicht leiden können und das Woodstock-Festival fand in Woodstock statt: Klingt alles wirklich bekannt, stimmt aber leider nicht. Wenn Sie also in einer Diskussion über Mozart, Beethoven und The Eagles stets den richtigen Ton treffen wollen, lesen Sie weiter – Ihnen werden die Ohren klingen!

Die Beatles und die Rolling Stones haben sich gehasst

Die Feindschaft der Beatles und der Rolling Stones war ein Marketing-Gag. Stones-Manager Andrew Loog Oldham wusste, dass eine andere Band es sehr schwer haben würde, den Beatles ihren Ruhm streitig zu machen. So etablierte er die Rolling Stones als »böse« Version der Beatles. Abseits des Showgeschäfts entbehrte diese »Feindschaft« aber jeglicher Grundlage. Die beiden Bands verstanden sich richtig gut. Beim ersten Treffen überließen Paul McCartney und John Lennon den Kollegen um Mick Jagger und Keith Richards sogar ihre Komposition »I Wanna Be Your Man«, die als zweite Single der Rolling Stones Platz 12 der britischen Charts erreichte.

George Harrison und Ringo Starr schrieben keine Lieder

Tatsächlich dominierten Paul McCartney und John Lennon die Musik der Beatles und die Band insgesamt. Dennoch stammen auch einige sehr erfolgreiche Songs von den anderen beiden Bandmitgliedern. George Harrison zum Beispiel schrieb »Here Comes The Sun« und »While My Guitar Gently Weeps«, von Ringo Starr stammen »Octopus's Garden« und »Don't Pass Me By«. Obwohl Harrison in der Beatles-Ära hinter McCartney und Lennon zurückblieb, startete er am besten in die Solokarriere: Sein Album »All Things Must Pass« von 1970 ist bis heute das erfolgreichste Album eines Ex-Beatles, »My Sweet Lord« war die erste Nr.-1-Single eines Ex-Beatles.

Die mittelalterlichen Sänger hießen »Minnesänger«

Nicht alle. »Minne« heißt im mittelhochdeutschen »Liebe«, meint aber unterschiedliche Arten von Beziehungen. In der Musik wurde schon bald der Begriff »Minnesänger« für einen Mann geprägt, der seine besondere Hingezogenheit zu einer Frau musikalisch unter Beweis stellt. Meistens waren dies Adelige, der Minnesang spielte sich vorwiegend an den Höfen ab. Doch selbst dort gab es Sänger, die nichts mit »Minne« zu tun hatten – doch auch sie spielten nur für eine: eine schöne Bezahlung.

Wagner war der beste Freund von Friedrich Nietzsche

Am Anfang schon. Friedrich Nietzsche bewunderte den Komponisten, er ging bei ihm ein und aus. Später jedoch schmähte Nietzsche sein früheres Vorbild in der Schrift »Der Fall Wagner«: »Mein größtes Erlebnis war eine Genesung. Wagner gehört bloß zu meinen Krankheiten.« Der wahrscheinliche Grund: Nietzsche fühlte sich vom alten Freund im Stich gelassen. Wagners »Parsifal« war für ihn das Schlimmste überhaupt: eine Hinwendung zum Christentum.

Richard Wagner komponierte den »Ring der Nibelungen«

Richard Wagners Opernzyklus heißt »Der Ring des Nibelungen«. Der Nibelunge ist Zwergenkönig Alberich. Die Nibelungen sind sein Volk: Zwerge, die unter der Erde arbeiten. Alberich raubt das »Rheingold« der »Rheintöchter« und schmiedet daraus einen Ring. Der Schatz wird ihm schon bald von Wotan geraubt, der ihn an die Drachen Fafner und Fasolt weitergibt. Fafner erschlägt Fasolt aus Habgier. Siegfried seinerseits erschlägt den Fafner und nimmt Ring und Schatz an sich. Später wird er von Hagen ermordet, einem Gefolgsmann des Wormser Königs Gunther. Gunther und seine Brüder rauben daraufhin den Schatz.

Johann Sebastian Bach hat den Leipziger Thomanerchor gegründet

Hat er nicht. Der Leipziger Thomanerchor ist viel älter. Schon im 13. Jahrhundert etablierte sich der Chor am Augustiner-Chorherrenstift zu St. Thomas. Johann Sebastian Bach (1685 bis 1750) kam erst sehr viel später hinzu. Er übernahm 1723 das Amt des Thomaskantors, also des Leiters des Thomanerchors.

Ludwig van Beethoven schrieb »Für Therese«.

»Für Elise« komponierte Beethoven für Elise

»Für Elise« war wohl für Therese von Malfatti. Für sie schwärmte Ludwig van Beethoven derart, dass er ihr ein Klavierstück widmete. Beethoven war zwar ein begnadeter Musiker, hatte aber leider eine unleserliche Handschrift. Für die Verwirrung sorgte ein Kopist, der die Widmung abgeschrieben hatte.

Alt und Sopran sind weibliche Stimmlagen

Auch Jungen vor dem Stimmbruch können diese Lagen singen.

Schuberts »Unvollendete« war seine letzte Komposition

Man könnte meinen, der Tod habe Franz Schubert (1797 bis 1828) am Fertigstellen seiner Symphonie gehindert. Hat er aber nicht. Es ist bis heute hochumstritten, warum Franz Schubert sein Werk nicht vollendet hat. Begonnen hat er mit der »Sinfonie in h-Moll« nämlich schon 1822. Gestorben ist er allerdings erst sechs Jahre später. Vielleicht hat er auch einfach die Lust verloren, denn in der Zwischenzeit vollendete er einige andere Werke: die »Große Sinfonie Nr. 8 in C-Dur« oder den Liederzyklus »Winterreise«.

»O du fröhliche« ist ein Weihnachtslied

Inzwischen schon. Als es aber der Weimarer Schriftsteller Johannes Daniel Falk im Jahre 1816 schrieb, sollte es als »universales Festlied«, als »Allerdreifeiertagslied« dienen. Jede Strophe kennzeichnet ein wichtiges christliches Fest: Weihnachten, Ostern und Pfingsten. 1829 dichtete Heinrich Holzschuher zwei weihnachtliche Strophen hinzu, und das Lied wird seitdem nur noch in der Weihnachtszeit gesungen.

Chopin schrieb den »Minutenwalzer«

Frédéric Chopin (1810 bis 1849) schrieb das Stück, das man heute als »Minutenwalzer« kennt. Aber er nannte es »Petit chien« (»kleiner Hund«). Man nimmt an, er wurde beim Komponieren durch die verspielte und schwunghafte Melodie an einen jungen Hund erinnert.

Der »Minutenwalzer« dauert eine Minute

Nein. Frédéric Chopin schrieb das Stück für eine Länge um die zwei Minuten. Und selbst damit ist der Walzer enorm schnell und für einen Hobbytänzer eine Herausforderung. In einer Minute allerdings wäre es ganz und gar untanzbar.

Duke Ellington hieß mit Vornamen Duke

Die Jazzlegende Duke Ellington (1899 bis 1974) hieß bei der Geburt Edward Kennedy Ellington. Der »Duke« war denn auch eher ein Titel als ein Name – »Duke« bedeutet zu Deutsch »Herzog«, Ellington wurde

Duke Ellington hieß eigentlich Edward.

wegen seines würdevollen Auftretens so genannt. Das hatte ihm sein Vater beigebracht, der als Butler arbeitete.

Der Jazz ist aus dem Blues entstanden

Richtig ist: Der Jazz hat sich viele Elemente des Blues angeeignet. Beide Musikrichtungen entstanden gleichzeitig am Ende des 19. Jahrhunderts. Der Jazz entwickelte sich dabei aus der Marschmusik. Vor allem New Orleans gilt als Wiege dieser Musikrichtung. Der Blues entstand ebenfalls im Süden der USA und kombinierte viele musikalische Elemente aus Europa, der Karibik und Afrika.

Bob Marley hat den Reggae entwickelt

Bob Marley (1945 bis 1981) war der »Geburtshelfer« des Reggae – sein Erfinder war er aber nicht. Die Musikrichtung kam eher zufällig durch die Mischung sehr vieler verschiedener Einflüsse zustande: Als große Stilrichtung prägten auf der einen Seite die jamaikanische Musik, auf der anderen Seite die Popmusik den Reggae. Auch der erste große Reggae-Hit stammt nicht von Marley, sondern von Desmond Dekker mit »Israelites« 1969. Marley wurde aber mit seiner Band »The Wailers« erst Mitte der 70er-Jahre weltbekannt.

Bob Marley meinte, dass es ohne Frauen kein Geschrei gäbe

Kann sein. Aber der dazu viel zitierte Liedtitel »No Woman No Cry« ist dafür kein Beweis. Denn auf Deutsch heißt dieses Lied: »Nein Frau, weine nicht«. Die zugrunde liegende Sprache ist Jamaikanisch-Kreolisch und basiert damit auf dem klassischen Englisch. Allerdings gibt es Abweichungen. So entfällt oft das »don't«, was bei Marleys Song fatale Folgen für das Verständnis haben könnte.

Freddy Quinn kommt aus Hamburg

Freddy Quinn wurde 1931 im österreichischen Niederfladnitz geboren. Auch hieß er da noch nicht »Freddy Quinn«, sondern Franz Eugen Niedl-Petz. Die einzige Verbindung zu Hamburg: Die Stadt wurde sein Karrieresprungbrett. Talentscouts entdeckten den jungen Musiker nämlich in einer Bar in St. Pauli.

In »Hotel California« von The Eagles steckt der Satan

Mit »Hotel California« landeten The Eagles 1976 einen absoluten Welthit. Doch schon bald nach dem Erscheinen kamen Gerüchte auf, dass in den Liedzeilen eine satanische Botschaft versteckt sei. Spiele man das Band nämlich rückwärts ab, so könne man folgenden Text hören: »Yeah Satan (...) organised his own religion«. Gönnt man sich das zweifelhafte Vergnügen, »Hotel California« rückwärts zu hören, bleibt viel Raum für Spekulation. Das Prinzip der »backmasking messages« – also dem Rückwärtshören normaler Texte – basiert in erster Linie auf der Einbildungskraft und Fantasie der Hörer.

Drafi Deutscher schrieb »Marmor, Stein und Eisen bricht«

»Marmor, Stein und Eisen bricht« wurde 1965 zum Top-Hit. 21 Wochen lang lag Drafi Deutscher (1946 bis 2006) damit auf Platz 1 in der deutschen Hitparade. Bedanken konnte er sich für diesen Erfolg besonders bei Christian Bruhn, denn der hatte zusammen mit Rudolf-Günter Loose das Lied geschrieben. Das Einzige, was Deutscher veränderte: Er fügte das Motiv »dam-dam« hinzu.

Das Englisch Horn ist ein englisches Horn

Nein. Das Englisch Horn gehört zu der Familie der Oboen. Damit ist es ein Holzblasinstrument, während die Hörner allgemein Blechblasinstrumente sind. Über den Namen kann man nur Vermutungen anstellen, aber eines gilt als ziemlich ausgeschlossen: dass das Englisch Horn in England erfunden wurde. Wahrscheinlicher stammt es nämlich aus Frankreich. Dort hieß es »Cor anglé«. Daraus, so lautet die gängigste Erklärung für den Namen, wurde mit der Zeit »Cor anglais« – Englisch Horn.

Der »Moonwalk« ist von Michael Jackson

Beim »Moonwalk« geht der Tänzer rückwärts, obwohl es so aussieht, als würde er sich nach vorne bewegen. Er geht sozusagen vorwärts nach hinten. Diese Kunst beherrschte ohne Frage kaum ein Zweiter so wie der »King of Pop« Michael Jackson – erfunden hat er den »Moonwalk« dennoch nicht. Unterschiedliche Künstler vor ihm haben den Gang schon benutzt, richtig berühmt machte diesen Tanz der Pantomime Jean-Louis Barrault: In dem Film »Die Kinder des Olymp« täuscht er diesen illusorischen Gang an, blieb aber noch auf der Stelle stehen. Doch auch das wird schon als »Moonwalk« bezeichnet, Michael Jackson erweiterte diese Kunst demnach nur noch.

Marilyn Manson ist der schlimmste Schock-Rocker

Viele haben es ja schon immer gewusst: Marilyn Manson ist kein normaler Mensch. Und tatsächlich: Marilyn Manson ist eine Band. Der Schock-Rocker und Exmann von Dita von Teese heißt Brian Hugh Warner und ist nur der Frontmann der Band Marilyn Manson.

Michael Jackson im Film »Moonwalker« 1988

Mozarts »Zauberflöte«

»Die Zauberflöte« gab es schon vor Mozart. Den Text nämlich schrieb Emanuel Schikaneder, der eigentlich Johann Joseph Schickeneder hieß. Er war mit Mozarts Vater Leopold befreundet und kannte daher das Wunderkind.

Wolfang Amadeus Mozart, der größte Musiker aller Zeiten

Mozart wurde als Wolfgang Amadeus geboren

Mitnichten. Sein Geburtsname ist Johannes Chrysostomos Wolfgangus Theophilus Mozart. Das Wunderkind ließ die ersten beiden Namen später weg und benutzte statt des griechischen »Theophilus« das lateinische »Amadeus«. Am liebsten unterschrieb er mit »Wolfgang Amadé«.

Mozart und Salieri waren verfeindet

Wirklich gute Freunde waren sie sicherlich nicht. Der Wiener Kapellmeister Antonio Salieri soll chronisch eifersüchtig auf Mozart gewesen sein. Ohne Frage waren viele zeitgenössische Musiker neidisch auf Mozart, sei es wegen seines Talentes oder wegen seines Erfolges. Aber zum einen war Salieri durchaus kein Versager. Zum anderen verfassten die beiden Komponisten sogar zusammen ein Stück. Es wird sich bei den beiden daher wohl um eine spannungsreiche Beziehung zwischen zwei schwierigen Charakteren gehandelt haben. Todfeinde waren sie aber wohl eher nicht, Salieri wurde nach Mozarts Tod sogar der Musiklehrer des jüngsten Mozart-Sohnes.

Mozart wurde arm und verlassen begraben

Das Begräbnis, das Mozart erhielt, war absolut üblich. Richtig ist zwar, dass die Beerdigung nicht zum Ruhm und dem Lebensstil Mozarts passte. Arm und völlig einsam kann man sie aber auch nicht nennen. Der Kreis der engsten Freunde war bei der Messe im Stephansdom anwesend, das unscheinbare Grab entsprach der gängigen Norm.

Mozart schrieb die Melodie der österreichischen Nationalhymne

Ursprünglich verwendete man – wie die Deutschen auch – die Melodie von Franz Joseph Haydn. Nach Ende des Zweiten Weltkrieges suchte man allerdings 1946 eine neue Melodie. Und was lag da näher, als ein Werk des berühmtesten österreichischen Musikers zu nehmen? Allerdings unterlief den Österreichern ein Fehler: Man wählte nämlich die Melodie von »Brüder reicht die Hand zum Bunde« aus der sogenannten »Freimaurerkantate« – und genau diese Melodie stammt wohl nicht von Wolfgang Amadeus Mozart, sondern von seinem Freimaurerbruder Johann Holzer.

Brian Hugh Warner spielte in »Wunderbare Jahre« mit

Es ist eines der lustigsten Gerüchte überhaupt: Marilyn-Manson-Sänger Brian Hugh Warner, der Vorzeige-Schock-Rocker der neueren Musikgeneration, soll als kleiner Junge in der Heile-Welt-Serie »Wunderbare Jahre« mitgespielt haben. Angeblich stellte er Paul Pfeiffer dar, den bebrillten, schüchternen und tollpatschigen Freund der Hauptfigur Kevin Arnold alias Fred Savage. Doch das kann man mit Sicherheit ausschließen: Paul Pfeiffer wurde nämlich von Josh Saviano gespielt.

John Denver wurde als John Denver geboren

John Denver wurde 1943 als »Henry John Deutschendorf jr.« geboren. Dieser Name war allerdings nur sehr schwer auszusprechen für Amerikaner, und Deutschendorf merkte dies deutlich. Deshalb beschloss er, seinen Namen zu ändern: Er wählte den Namen der Hauptstadt des US-Bundesstaates Colorado, Denver. Zu den bekanntesten Songs des Folksängers zählen »Take Me Home, Country Roads«, »Annie's Song« und »Rocky Mountain High«.

Die Mitglieder von The White Stripes sind Geschwister

The White Stripes ist eine berühmte Band aus Detroit. Das Besondere: Sie besteht aus nur zwei Mitgliedern, Jack White und Meg White. Die beiden sind Geschwister – zumindest nach ihren eigenen Aussagen. Doch dies ist mehr als nur unwahrscheinlich. Inzwischen sind nämlich Dokumente aufgetaucht, die relativ sicher belegen, dass die beiden zwar zusammengehören – aber als Mann und Frau.

Das legendäre Woodstock-Festival fand in Woodstock statt

Das Woodstock-Festival vom 15. bis 17. August 1969 war der Höhepunkt der Hippie- und Flower-Power-Ära. Drei Tage lang machten über 400.000 Besucher das Mammutkonzert mit 32 Bands und Solisten (unter anderem Joan Baez, Grateful Dead, Santana, Janis Joplin, Ten Years After, Joe Cocker, Jimi Hendrix und The Who) zu einem verregneten und verschlammten Happening. Nur: Es fand gar nicht in Woodstock statt, sondern in Bethel, einem 4000-Einwohner-Dorf, 150 Kilometer von New York entfernt.

Ob als Geschwister- oder Ehepaar: Jack und Meg White machen Musik.

Wie alle Nationalhymnen ist auch die britische einzigartig

Normalerweise ist es ja so, dass sich Länder mit ihren Nationalhymnen ein unverwechselbares musikalisches Erkennungszeichen geben möchten. Eine Ausnahme bildet da die weltberühmte Hymne Großbritanniens und des Commonwealth, die je nach aktuellem Royal-Ranking als »God Save The Queen« oder »God Save The King« gesungen wird. Denn die Melodie eines unbekannten Komponisten bildete mit dem Text »Heil dir im Siegerkranz« auch die Hymne des Deutschen Kaiserreiches von 1871 bis 1918. Bis 1931 war sie unter dem Titel »My Country, T'is Of Thee« zweite Hymne der USA neben dem »Star-Spangled Banner«. In der Schweiz war sie als »Heil Helvetia« Hymne bis 1961. In Liechtenstein ist sie es immer noch. Da beginnt sie mit der Zeile: »Oben am jungen Rhein«. Und als wäre das den Briten ein bisschen unangenehm, singen sie ohnehin lieber »Rule Britannia«.

1962 gab Sean Connery sein Debüt als James Bond und jagte Dr. No. Aber war er damit auch der erste Darsteller des britischen Geheimagenten 007?

Film

Um die faszinierende Welt des Kinos ranken sich seit jeher zahllose Gerüchte. Manche von ihnen haben sich so hartnäckig gehalten, dass man sie tatsächlich für wahr hält. Wenn Sie immer noch glauben, dass Sean Connery der erste James-Bond-Darsteller war und Sirtaki ein traditioneller griechischer Tanz ist, dann sind Sie hier genau richtig.

Sean Connery war der erste James-Bond-Darsteller

Der erste Schauspieler, der den Geheimagenten im Dienste Ihrer Majestät verkörperte, war der Amerikaner Barry Nelson. Er spielte James Bond in der Verfilmung von Ian Flemings erstem 007-Roman »Casino Royale«, die 1954 im englischen Fernsehen zu sehen war. Der Film floppte, und Barry Nelson geriet in Vergessenheit. Acht Jahre später startete dann Sean Connery seine 007-Karriere mit »James Bond jagt Dr. No«. Die Originalkassette von »Casino Royale« war nach der Ausstrahlung jahrelang verschwunden und tauchte erst in den 80er-Jahren wieder auf. Heute ist das 007-Erstlingswerk, das noch nicht vom späteren Bond-Produzenten Albert R. Broccoli verantwortet wurde, sogar auf DVD erhältlich. Zudem gibt es zwei weitere Filme, die den Titel »Casino Royale« tragen: die von fünf Regisseuren inszenierte Bond-Parodie aus dem Jahr 1967 und das Actionspektakel, in dem Daniel Craig 2006 erstmals den berühmten Helden spielte. Der aktuelle Film zeigt die Anfänge von James Bond als Geheimagent.

Meg Ryan heißt seit ihrer Geburt so

Nein. Meg Ryan ist ein Künstlername. Der Hollywoodstar mit der berühmten blonden Strubbelfrisur heißt eigentlich Margaret Mary Emily Anne Hyra.

Fritz Lang war einer der bedeutendsten deutschen Regisseure

Fritz Lang, der mit seinem futuristischen Drama »Metropolis« 1927 in die Kinogeschichte einging, war Österreicher. Er wurde am 5. Dezember 1890 in Wien geboren.

Marlene Dietrich spielte den »Blauen Engel«

Die deutsche Diva verkörperte zwar im Drama »Der Blaue Engel« die Hauptrolle, doch der Filmtitel bezeichnet nicht Marlenes Figur im Film, sondern eine Bar. Im »Blauen Engel« arbeitet die kühle Blondine als Varietésängerin Lola Fröhlich und trifft dort auf den von Emil Jannings gespielten Professor Rath. Durch ihre frivolen Songs »Ich bin die fesche Lola« und »Ich bin von Kopf bis Fuß auf Liebe eingestellt« ist die Dietrich so eng mit dem »Blauen Engel« verbunden, dass bald Verwirrung über den Filmtitel entstand. »Der Blaue Engel« basiert auf dem Roman »Professor Unrat« von Heinrich Mann. Er erzählt die Geschichte eines tugendhaften Lehrers, der dem Charme einer lasziven Sängerin verfällt.

Eines der bekanntesten Monster der Filmgeschichte heißt »Frankenstein«

In dem Roman von Mary Shelley aus dem Jahr 1818 ist der Arzt Victor Frankenstein der Schöpfer des »Unholds«, wie er in der Vorlage bezeichnet wird. Einen Namen hat das aus Leichenteilen zusammengesetzte Wesen aber nicht, üblich ist die Bezeichnung »Frankensteins Monster«. Es wurde zum Sinnbild des künstlichen Wesens, das sich gegen seinen Erschaffer wendet. Bereits 1910 wurde der Roman zum ersten Mal verfilmt. 1931 war dann der erste »Frankenstein«-Tonfilm zu sehen, in dem Boris Karloff das Monster verkörperte. Es folgten fünf weitere Adaptionen des klassischen Horrorstoffs, zuletzt 1994 mit Kenneth Branagh als Dr. Frankenstein und Robert de Niro als die »Kreatur«.

Walt Disney hat das »Bambi« erfunden

Der Zeichentrickfilm von Walt Disney hat das kleine Tierkind 1942 weltberühmt gemacht. Dieser basiert aber nicht auf einem Originaldrehbuch, sondern auf einer Erzählung des österreichischen Schriftstellers Felix

Salten, wie im Abspann des Films auch korrekt vermerkt ist. Allerdings fehlt dieser Hinweis auf vielen Büchern und Videos zum Film, sodass sich heute kaum jemand an Bambis echten Vater erinnert. Stattdessen ist oft nur von »Disneys Bambi« die Rede. 1923 revolutionierte der passionierte Jäger Felix Salten mit seinem Kinderbuch »Bambi – Ein Leben im Walde« die moderne Tiererzählung. Salten wird auch der unter Pseudonym verfasste Erotikroman »Josefine Mutzenbacher. Die Geschichte einer Wienerischen Dirne. Von ihr selbst erzählt« zugeschrieben.

Das berühmte »Bambi« ist im Film ein Reh

In Walt Disneys Zeichentrickfilm ist das kleine Bambi ein junger Weißwedelhirsch. Da es in Amerika keine Rehe gibt, wich man hier von Felix Saltens Romanvorlage ab, in der Bambi tatsächlich ein Rehkitz ist. In der deutschen Filmfassung ist aber trotzdem von Rehen die Rede, was auf einigen Übersetzungsfehlern basiert. Der Satz »We're not the only deer in the forest« lautet auf Deutsch beispielsweise »Wir sind nicht die einzigen Rehe im Wald« – obwohl »deer« im Englischen ganz allgemein auch ein Oberbegriff für Rot- und Rehwild ist. Da Bambi bis heute als Sinnbild des Rehs gilt, halten viele Kinder den Hirsch mit seinem imposanten Geweih für ein erwachsenes männliches Reh. Rehe und Hirsche sind allerdings unterschiedliche Wildtiergattungen. Männliche Rehe werden als Rehböcke bezeichnet, sind wesentlich kleiner und tragen ein zierlicheres Geweih als Hirsche.

Adolf Hitler hat Charlie Chaplins Satire »Der große Diktator« nie gesehen

Obwohl Adolf Hitler selbst die Aufführung von »Der große Diktator« in Deutschland verbieten ließ, besaß er eine Kopie der Satire, die er auch zweimal angesehen haben soll. Ob ihm allerdings gefiel, wie sich Chaplin als Adenoid Hynkel über das Naziregime lustig machte, ist nicht überliefert. Chaplin hält darin als Hitler-Parodie seine Reden in der Fantasiesprache »Tormanisch«, einem deutsch-englischen Kauderwelsch. Dabei imitierte der Komiker perfekt Hitlers Drohgebärden und die abgehackte Sprechweise. Chaplin lieferte mit dem Film 1940 einen wichtigen Beitrag zur Diskussion um einen Kriegsbeitritt der USA.

Marilyn Monroe wurde als Norma Jeane Baker geboren

Zur Welt kam die spätere Filmdiva am 1. Juni 1926 als Norma Jeane Mortensen. Getauft wurde sie allerdings auf Norma Jeane Baker. Zu Beginn ihrer Modelkarriere war sie auch als Norma Jeane Dougherty, unter dem Namen ihres ersten Ehemannes James Dougherty, bekannt. Daneben trat sie auch als Jeane Norman auf. Als sie ihren ersten Filmvertrag unterschrieb, wollten sie die Studiobosse unter dem Namen Carol Lind zum Star machen. Die Blondine lehnte ab und entschied sich für »Monroe«, den Mädchennamen ihrer Mutter. Der Vorname »Marilyn« rührt von der Bühnendarstellerin Marilyn Miller. Aufgrund der vielen Namenswechsel musste sie, wenn sie Autogramme gab, immer wieder nachfragen, an welcher Stelle das »i« und das »y« in »Marilyn« stehen.

Marilyn Monroe war eine naturblonde Schönheit

Kinderfotos zeigen das spätere Sexsymbol mit blonden Haaren, die aber im Laufe der Zeit nachdunkelten. Zu Anfang ihrer Model- und Schauspielkarriere begann Monroe, ihre Haare platinblond zu färben. Auch an anderen Stellen half sie kräftig nach: Die Diva ließ Kinn, Nase und Haaransatz kosmetisch verändern und trug eine Gummisilhouette über ihrem BH.

Schauspieler waren schon in der Schule beliebt und erfolgreich

Nicht alle. So wurden Tom Cruise und Robin Williams von ihren Mitschülern zu »den Schülern mit der geringsten Karrierechance« gewählt.

Der Abspann nach einem Film enthält nur Angaben über die am Film beteiligten Personen

Der Abspann, auch Credits genannt, nennt Schauspieler, Regisseur und viele weitere Mitglieder der Filmcrew. Bei einigen Filmen finden sich aber auch kleine (Scherz-)Botschaften an die Zuschauer. So kann man beispielsweise im Abspann der Komödie »Hot Shots – Die Mutter aller Filme« (1991) ein Rezept für Kuchenbelag lesen:

TOPPING FOR BROWNIES

½ cup butter; 3 squares butter chocolate, melted; 2 ½ cups confectioners sugar; 1 or 2 teaspoons cinnamon (optional); 2 egg yolks, beaten. Cream butter until light and lemon coloured. Gradually add sugar and egg yolks. Add chocolate.

(½ Tasse Butter; 3 geschmolzene Stücke Schokolade; 2 ½ Tassen Zucker; 1 bis 2 TL Zimt (nach Geschmack); 2 geschlagene Eigelbe. Butter aufschlagen, bis sie hell und zitronenfarben ist. Langsam Zucker, Eigelb und Schokolade zufügen.)

Weiter unten heißt es dann augenzwinkernd: »If you had left this theatre when these credits began, you'd be home now.«

(»Hätten Sie das Kino mit Beginn dieses Abspanns verlassen, könnten Sie jetzt schon zu Hause sein.«)

John Wayne ist der Inbegriff eines Cowboys

Der Westernstar John Wayne (1907 bis 1979) prägte den Mythos des Cowboys als einsamen Helden maßgeblich mit. In seiner über 50-jährigen Karriere als Westernheld personifizierte John Wayne die traditionellen Wertvorstellungen der Pionierzeit und wurde so zur überlebensgroßen Ikone des amerikanischen Films. Doch die von ihm gespielten Figuren, beispielsweise in »Ringo« oder »Red River«, entsprechen keineswegs dem üblichen Berufsbild des Cowboys. Diese waren meist arme Viehhüter ohne eigene Farm. Zudem trugen sie keine Pistolen bei sich, um nicht durch Schüsse ihre Rinder oder Pferde zu erschrecken.

Die meisten Ehen in Hollywood hat Elizabeth Taylor geschlossen

Liz Taylor trat insgesamt acht Mal vor den Traualtar, davon zwei Mal mit Richard Burton, mit dem sie 1963 für »Cleopatra« vor der Kamera stand. Rekordhalter im Ja-Sagen ist allerdings der B-Movie-Star Al »Lash« La Rue (1917 bis 1996). Er war zehn Mal verheiratet – und wurde zehn Mal geschieden.

Der Sirtaki aus »Alexis Sorbas« hat eine lange Tradition in Griechenland

Der Tanz wurde eigens für den Film choreografiert. 1964 wurde die relativ einfache Choreografie des Sirtaki zur Filmmusik von Mikis Theodorakis entworfen, um dem tänzerisch angeblich wenig begabten Anthony Quinn die Darstellung zu erleichtern. Der im Tempo ansteigende Volkstanz, bei dem sich die Tänzer im Kreis aufstellen und an den Schultern fassen, wurde so beliebt, dass bald in Vergessenheit geriet, dass er ursprünglich aus dem Film »Alexis Sorbas« stammt. Der Name »Sirtaki« kommt vom griechischen Wort »Sirtos«, einem geschliffenen, gesteppten Tanz. Die langsamen Schritte des Sirtaki leiten sich vom »Chasapiko« (»Tanz der Schlachter aus Konstantinopel«) ab, die schnellere Schrittfolge am Ende des Sirtaki stammt vom sogenannten »Chasaposervikos«.

Schauspieler haben eine perfekte Aussprache

Einige Hollywoodstars mussten berufsbedingt ihr Stottern überwinden. Zu ihnen zählen Bruce Willis, Harvey Keitel und Marilyn Monroe.

Bevor ein Film gedreht wird, existiert immer zuerst die Buchversion

Der Aufkleber »Buch zum Film«, wie er manchmal auf Romanen zu finden ist, ist irreführend. Er bedeutet nicht automatisch, dass das Buch Vorlage für den Film war. Es kann auch nachträglich anhand des Drehbuchs verfasst worden sein – meist nicht einmal vom Skriptautor selbst, sondern von einem anderen Schriftsteller.

Der Science-Fiction-Thriller »Independence Day« basiert auf dem Buch von Richard Ford

Der mit dem Pulitzerpreis ausgezeichnete Roman »Independence Day« aus dem Jahr 1995 hat mit dem gleichnamigen Film von Roland Emmerich nichts zu tun. Das Buch handelt von einem Immobilienmakler in der Midlife-Crisis. Trotzdem stieg nach Erscheinen des SciFi-Spektakels, in dem unter anderem das Weiße Haus gesprengt wird, der Verkauf des Buches allein in den USA um 300.000 Stück an. Der Film »Independence Day« mit Will Smith wurde nach einem Originaldrehbuch von Regisseur Roland Emmerich und Dean Devlin gedreht.

Der berühmte Schriftzug in den Hügeln über Los Angeles lautete schon immer »Hollywood«

1923 zimmerte eine Immobilienfirma in Riesenbuchstaben aus Telefonmasten und Stoffresten »Hollywoodland« auf den Mount Lee, um die Grundstücksverkäufe in dem Gebiet anzukurbeln. 4000 Glühbirnen ließen abwechselnd die Einzelteile »Holly«, »Wood« und »Land« erstrahlen. Auch nach der Pleite der Immobilienfirma blieb der als kurzfristiger Marketinggag gedachte Schriftzug als Symbol der mondänen Filmindustrie bestehen. Für deren Erhalt fühlte sich aber niemand zuständig, so begannen die Buchstaben langsam zu verfallen. 1949 kippte der Teil »Land« ganz weg und wurde nicht mehr erneuert, der Rest notdürftig restauriert. Erst 1978 wurde der alte Schriftzug dann durch einen neuen ersetzt. Noch heute ranken sich zahlreiche Legenden um dieses Wahrzeichen der Traumfabrik.

Der »Best Boy« ist am Filmset das »Mädchen für alles«

Nicht wirklich: Der Best Boy ist der Assistent des »Gaffers«, des Chefbeleuchters.

»Geburt einer Nation« war 1915 der erste Langfilm der Kinogeschichte

Als erster abendfüllender Film gilt »Story of the Kelly Gang«, den Charles Tati 1906 in Australien drehte. Danach folgten Langfilme aus Deutschland, Serbien, Frankreich und Russland. Nur in den Vereinigten Staaten waren die Filmproduzenten lange der Meinung, das Publikum sei unfähig, sich eineinhalb Stunden am Stück zu konzentrieren. Deshalb dauerten hier die Kinofilme nie länger als eine Spule, also etwa 20 Minuten. Erst als sich der Langfilm im Ausland erfolgreich durchgesetzt hatte, begann man mit »Geburt einer Nation« auch in Hollywood, abendfüllende Spielfilme zu drehen.

Ein »Executive producer« ist der ausführende Produzent

Nein, ist er nicht. Dieser Irrglaube ist durch einen Übersetzungsfehler entstanden. »Executive« (eigentlich »Manager«) wurde mit »ausführend« übersetzt. Der Executive Producer führt nichts aus, sondern er kümmert sich um die Finanzierung des Films. Mit der Entstehung des Endprodukts hat er nichts zu tun.

»Outtakes« sind Szenen, in denen die Schauspieler zufällig patzen

Unter »Outtakes« versteht man Sequenzen, die im fertigen Film nicht zu sehen sind. Meist enthalten sie Versprecher der Schauspieler oder anderweitige lustige Missgeschicke vom Set. Mittlerweile sind Outtakes ein solch wichtiges Nebenprodukt des Filmdrehs geworden, vor allem für das Bonusmaterial der DVDs, dass manche Szenen absichtlich produziert werden – was man ihnen allerdings oft auch ansieht.

Die Filmstudios rissen sich darum, »Der Weiße Hai« zu verfilmen

Ein Redakteur des Filmstudios Fox bekam das Skript von Autor Peter Benchley auf den Schreibtisch, las es durch und lehnte es ab. Er begründete seine Entscheidung damit, der Stoff sei allenfalls für einen Fernsehfilm geeignet. Später realisierte der Konkurrent Universal Pictures das Projekt und heuerte Steven Spielberg als Regisseur an. Eine gute Wahl, wie sich bekanntermaßen herausstellte: Bis heute ist »Der Weiße Hai«, dem drei Fortsetzungen folgten, einer der kommerziell erfolgreichsten Filme aller Zeiten.

Ein »Blockbuster« ist ein kommerziell sehr erfolgreicher Film

Nicht nur. Der Begriff »Blockbuster« bezeichnet auch einen Film, der in der Produktion so kostspielig war, dass er enorme Summen durch Eintrittsgelder einspielen muss, um Gewinn zu machen.

Szenen, die nachts spielen sollen, muss man im Dunkeln drehen

Nicht zwangsläufig. Dank moderner Aufnahme- und Beleuchtungstechnik kann mittels Filtern oder Unterbelichtung auch am helllichten Tag eine künstliche Nacht erzeugt werden. Dieses Verfahren nennt man »Amerikanische Nacht«.

Clark Gable bekam seine Rollen häufig nur aufgrund seines guten Aussehens

Auch der schöne Clark Gable hatte zu Beginn seiner Karriere Probleme, Rollenangebote zu bekommen. Bei einem Casting wurde er von Produzent Jack Warner abgelehnt – Warner bezeichnete Gable aufgrund seiner großen Ohren als »Affe«.

Obermafioso Marlon Brando in »Der Pate I«. In dem Film kommt die »Mafia« allerdings kaum vor.

»Der Pate« handelt von den dubiosen Geschäften der Mafia in New York

Das Wort »Mafia« kommt in der englischsprachigen Originalfassung von Francis Ford Coppolas Klassiker kaum vor. Als bekannt wurde, dass Mario Puzos Romanvorlage verfilmt werden sollte, erhielt Produzent Albert S. Ruddy anonyme Drohungen, sein »persönliches Wohlbefinden« sei in Gefahr. Daraufhin verhandelte Ruddy mit Joseph Colombo, dem Vorsitzenden der italienisch-amerikanischen Bürgerrechtsliga – einem waschechten Mafioso. Colombo versicherte ihm, dass es so etwas wie eine »Mafia« in den USA nicht gäbe und dass derartige Behauptungen »hysterisch« seien. Produzent Ruddy versprach dem Vorsitzenden, er wolle dem »tadellosen Ruf der Liga« auf keinen Fall schaden, und ließ die Vokabel »Mafia« bis auf wenige Ausnahmen aus dem Skript streichen.

Anthony Hopkins und Jodie Foster waren die erste Wahl für »Das Schweigen der Lämmer«

Auch wenn die beiden als Kannibale Hannibal Lecter und FBI-Agentin Clarice Starling in die Kinogeschichte eingingen – ursprünglich waren für ihre Rollen andere Hollywoodstars vorgesehen. Gene Hackman sollte die Romanvorlage von Thomas Harris für die große Leinwand adaptieren, den Thriller inszenieren und die männliche Hauptrolle spielen. Doch er schied aus. Mit ihm verließ auch Michelle Pfeiffer das Set. Ihr war das Thema des Films zu düster. Glück für Hopkins und Foster: Beide erhielten 1992 für ihre herausragenden Leistungen in »Das Schweigen der Lämmer« einen Oscar.

William Shatner alias James T. Kirk war der erste Captain der »Enterprise«

Bis auf Leonard Nimoy als Mr. Spock wurde die gesamte Crew des »Enterprise«-Pilotfilms »The Cage« aus dem Jahr 1964 ausgetauscht. Ursprünglich sollte Jeffrey Hunter Captain Christopher Pike spielen. Erst 1988 wurde »The Cage« zum ersten Mal im US-Fernsehen ausgestrahlt.

Der Regisseur bestimmt, wie der fertige Film aussieht

Natürlich inszeniert der Regisseur den Film nach seinen Vorstellungen. Das Publikum kann allerdings den Verlauf der Handlung mitbestimmen. Einige Monate vor Kinostart werden Testscreenings veranstaltet, nach denen die ausgewählten Teilnehmer befragt werden. »Spiderman 3« (Hauptrolle: Tobey Maguire) etwa musste daraufhin umgeschnitten werden. Es wurden sogar Szenen nachgedreht, weil den Testzuschauern einige Sequenzen nicht gefielen.

Ein Film floppt, wenn er schlechte PR bekommt

Nicht unbedingt. »Die Sünderin« mit Hildegard Knef bekam 1950 eher durchschnittliche Kritiken. Die Feuilletonisten hielten den Film für schlecht inszeniert und schlichtweg langweilig. Sie waren der Meinung, »Die Sünderin« würde bald in den Filmarchiven verschwinden. Doch dann bemängelte die katholische Kirche die Nacktszenen als »Unmoral und Nihilismus«. Daraufhin wurde das Publikum neugierig, und der Skandalstreifen entwickelte sich zum Kassenschlager.

Nachdem Testzuschauern einige Szenen nicht gefallen hatten, musste Tobey Maguire nochmal ins Spiderman-Kostüm schlüpfen.

Peter Jackson war der Erste, der das Fantasyepos »Der Herr der Ringe« verfilmte

Nein. Bereits 1978 kam ein »Herr der Ringe«-Zeichentrickfilm in die Kinos, der allerdings nicht sehr erfolgreich war und vielen Anhängern des Fantasyautors J. R. R. Tolkien nicht gefiel.

Beamen funktioniert nicht einmal theoretisch

Gene Roddenberry, der Schöpfer des »Enterprise«-Universums, stützte seine Idee des Beamens nicht auf wissenschaftliche Erkenntnisse. Er suchte lediglich nach einer wirtschaftlichen Möglichkeit, Crewmitglieder auf einen fremden Planeten zu transportieren, ohne jedes Mal eine aufwendige Raumschifflandung inszenieren zu müssen. Deshalb erfand er das Beamen, bei dem Menschen erst entmaterialisiert und an einem anderen Ort wieder zusammengesetzt werden. Heute ist das Beamen, das in der Wissenschaft Teleportation genannt wird, theoretisch tatsächlich denkbar. Die ersten Erfolge konnten allerdings bisher nur in der Quantenphysik – mit Atomen – erzielt werden.

Im Drama »Seabiscuit« wirkten 7000 Statisten mit

So viele Personen wären nötig gewesen, um die Ränge der Arena zu füllen, in der Tobey Maguire als Jockey mit seinem Hengst »Seabiscuit« antritt. Da ein Statist etwa 50 Dollar am Tag kostet, suchte man eine Alternative. Die rettende Idee: Aufblasbare Puppen, deren Bewegungen am Computer animiert wurden, kamen bei den Szenen zum Einsatz.

Regisseur Peter Jackson hat ein Faible für fantastische Stoffe: Nach der »Herr der Ringe«-Trilogie verfilmte der Australier »King Kong«.

Deutsche Stars haben in Hollywood keinen Erfolg

Viele Superstars der Traumfabrik haben deutsche Wurzeln. Bruce Willis und Sandra Bullock etwa sind in Deutschland geboren und als Kinder mit ihren Familien in die USA ausgewandert. Deutsche Regisseure wie Roland Emmerich (»Godzilla«) und Wolfgang Petersen (»Troja«) werden in Hollywood hoch geschätzt, nicht zuletzt wegen deutscher Tugenden wie Pünktlichkeit und Perfektionismus. Aber auch deutsche Schauspieler treten immer wieder in amerikanischen Produktionen auf, zum Beispiel Armin Müller-Stahl, Franka Potente oder Daniel Brühl.

Schauspielerinnen können auf Knopfdruck weinen

Szenen, die dramatische Gefühlsausbrüche verlangen, sind für viele Darsteller äußerst anstrengend und schwierig zu spielen. Daher helfen die Regisseure hinter der Kamera manchmal ein wenig nach, damit die Tränen auch wirklich lebensnah über die Wangen kullern. George Cukor, der 1935 die Charles-Dickens-Verfilmung »David Copperfield« inszenierte, setzte seiner Darstellerin Maureen O'Sullivan richtig zu. Er verdrehte ihr außerhalb des Bildrandes die Füße, damit sie in ihrer Sterbeszene fürchterlich gequält wirkte. Regisseur Gregory LaCava benutzte dagegen verbale Gewalt. Er erzählte Ginger Rogers, die in einer Szene des Dramas »Bühneneingang« mit Katharine Hepburn streiten sollte, ihr Haus sei bis auf die Grundmauern niedergebrannt. Rogers war so schockiert, dass ihr das Weinen nicht mehr schwerfiel.

Alan Smithee ist ein viel beschäftigter Mann, weil sein Name häufig in den Filmcredits zu lesen ist

»Alan Smithee« ist das Pseudonym, das Autoren und Regisseure verwenden, wenn sie mit ihrem Werk lieber nicht in Verbindung gebracht werden wollen. Der Name ist ein Anagramm aus »The Alias Man« und kommt zum Beispiel dann zum Einsatz, wenn ein Film in der Postproduktion so stark verändert wurde, dass der Regisseur oder der Autor mit dem Ergebnis nicht mehr einverstanden ist. Die Regisseure David Lynch und Dennis Hopper gehören zu den prominentesten Filmemachern, die das Pseudonym Alan Smithee benutzten.

Filmstars sterben früher als »normale« Menschen

Die Aussage, dass Stars durchschnittlich im Alter von 63 Jahren und damit 13 Jahre früher als Otto Normalverbraucher sterben, ist unhaltbar. Auch wenn viele Schauspieler Drogen- oder Alkoholprobleme haben, sterben viele erst im hohen Alter, sind dann aber oft keine Stars mehr. Andere, wie etwa James Dean, wurden erst durch frühen Tod zu Stars.

Ein berühmtes Zitat aus »Casablanca« lautet: »Ich schau dir in die Augen, Kleines«

Im englischen Original lautet der Satz »Here's looking at you, Kid!«. Diesen Satz sagt Rick alias Humphrey Bogart jedes Mal, wenn er Ilsa (Ingrid Bergman) mit einem Drink zuprostet und ausdrücken will, dass er auf ihr Wohl trinkt. Die deutsche Fassung »Ich schau dir in die Augen, Kleines« ist eine wörtliche Übersetzung des englischen Satzes und entstellt seinen Sinn völlig. Man vermutete deshalb, dass das Manuskript in zwei Stufen übersetzt worden ist: zunächst wörtlich. Und erst danach wurde wohl versucht, dem deutschen Satz einen Sinn zu geben.

Humphrey Bogart und Ingrid Bergman waren ein Traumpaar

Auf der Leinwand mag das zutreffen. Hinter den Kulissen hat das berühmte »Casablanca«-Gespann Humphrey Bogart und Ingrid Bergman allerdings kaum miteinander gesprochen.

»Casablanca« war von Anfang an als Blockbuster geplant

»Casablanca« war als B-Movie geplant, als Verfilmung eines Theaterstücks, mit einem Budget von unter einer Million Dollar. Humphrey Bogart und Ingrid Bergman waren damals, im Jahr 1942, auch noch relativ unbekannt, sodass ihre Gagenforderungen eher niedrig ausfielen.

Ein berühmtes Zitat aus Casablanca lautet: »Play it again, Sam!«

Das Zitat kommt so im Film nicht vor. Ingrid Bergman sagt an einer Stelle zu dem Barpianisten Sam: »Play it once, Sam. For old times' sake.« Später greift Bogart die Aussage auf: »You played it for her, you can play it for me. Play it.«

Sieht so ein Traumpaar aus? Abseits des Sets hatten sich Ingrid Bergman und Humphrey Bogart nicht so viel zu sagen.

»And the Oscar goes to ...«

Der »Academy Award of Merit« ist die berühmteste Auszeichnung der Welt. Sie wird seit 1928 verliehen und hält inzwischen jedes Jahr Millionen Menschen auf der ganzen Welt in Atem. Gerüchte, Legenden, Mythen rund um den Oscar.

Der berühmteste Filmpreis der Welt heißt »Oscar«

Der seit 1928 von der Academy of Motion Picture Arts and Sciences (AMPAS) verliehene Preis heißt offiziell »Academy Award of Merit«. »Oscar« ist nur ein Spitzname für die goldene Statue, um dessen Herkunft sich einige Mythen ranken. Eine Erklärung stammt von Bette Davis, die sich durch die Figur an ihren ersten Mann Harmon »Oscar« Nelson erinnert fühlte. Eine andere Geschichte besagt, dass die Statuette die Archivarin und spätere Direktorin der Academy, Margaret Herrick, an ihren Onkel Oscar erinnerte. Der Kolumnist Sidney Skolsky verwendete den Namen »Oscar« erstmals 1934 in einem Artikel über die Auszeichnung Katharine Hepburns als »Beste Hauptdarstellerin« in »Morgenrot des Ruhmes«. Erst seit 1939 verwendet die Academy selbst den Namen »Oscar«.

Shirley Temple ist die jüngste Oscargewinnerin aller Zeiten

Temple erhielt 1934 mit 6 Jahren einen »Kinderoscar«, eine spezielle Minitrophäe, die heute nicht mehr verliehen wird. Jüngste Gewinnerin eines »regulären« Oscars war 1974 Tatum O'Neal (»Paper Moon«) mit zehn Jahren.

Alle Regiegrößen werden früher oder später mit dem Oscar ausgezeichnet

George Lucas (»Star Wars«) wartet bis heute auf diese Ehre. Auch Robert Altman (»M.A.S.H.«) und Alfred Hitchcock (»Die Vögel«) erhielten nie einen Regieoscar, obwohl sie mehrmals nominiert waren. Martin Scorsese brauchte sieben Anläufe, bis er 2007 für »The Departed – Unter Feinden« ausgezeichnet wurde.

Der Oscar wird mit den Worten »And the Winner is ...« verliehen

Bis 1989 riefen die Laudatoren den oder die Preisträger tatsächlich mit den Worten »And the Winner is ...« auf. Da es aber keine Verlierer und somit keine wirklichen »Gewinner« gibt, entschied man sich dann anders. Nun werden die legendären Kuverts mit den Worten »And the Oscar goes to ...« geöffnet.

Welche Filme gute Chancen bei der Oscarverleihung haben, lässt sich nicht sagen

Häufig werden Helden- oder Liebesgeschichten, die einen historischen Hintergrund haben und opulent inszeniert sind, als »Bester Film« ausgezeichnet. Ein »Rezept« für einen Oscarerfolg gibt es natürlich nicht.

Der Oscar war schon immer aus Gold

Während des Zweiten Weltkriegs wurden wegen des Rohstoffmangels kurzzeitig Statuen aus Plastik verliehen. Danach kamen wieder die berühmten »Goldjungen« zum Einsatz.

Danny DeVito ist mit 1,52 Metern der kleinste erfolgreiche Schauspieler

DeVito ist zwar kein Riese, trotzdem gibt es noch kleinere Superstars in Hollywood. Verne Troyer, der zum Beispiel den Mini-Me in den »Austin Powers«-Filmen an der Seite von Mike Myers gespielt hat, ist nur 81 Zentimeter groß. Der kleinwüchsige Star ist der kleinste erfolgreiche Schauspieler in Hollywood und einer der kleinsten Männer der Welt.

In Filmen sind manipulative Werbebotschaften versteckt

1957 verbreitete der Werbefachmann James Vicary das Gerücht, die versteckte Botschaft »Trink Cola« in jedem 25. Filmbild hätte den Getränkeumsatz der Kinos um 20 Prozent gesteigert. Der Schriftzug sei für das Auge nicht zu erkennen und wirke nur auf das Unterbewusstsein. Später stellte sich die Geschichte als PR-Gag heraus. Der Gedanke, durch versteckte Werbebotschaften manipuliert zu werden, hat das Publikum dennoch irritiert. Wissenschaftler konnten die unterbewusste Wirkung versteckter Werbebotschaften jedoch nie nachweisen.

Das Kino wurde von den Brüdern Lumière erfunden

Das Kino, wie wir es heute kennen, hat viele Väter. Ein Vorläufer, der Kinematograf, stammt von Erfinder Thomas Edison. Die erste öffentliche Vorführung veranstalteten die Brüder Max und Emil Skladanowsky am 1. November 1895 in einem Berliner Varieté. Kurz darauf traten auch die Gebrüder Lumière mit ihrer Weiterentwicklung des Kinematografen an die Öffentlichkeit. 1903 stellten sie den Apparat bei der Weltausstellung in Paris vor – der Siegeszug des Kinos begann.

Das Drama »Titanic« ist der kommerziell erfolgreichste Film aller Zeiten

Mit einem Ergebnis von über einer Milliarde Dollar ist »Titanic« tatsächlich der erfolgreichste Film aller Zeiten. Allerdings kostete die Produktion auch über 250 Millionen Dollar. Der Horrorthriller »Blair Witch Project« erzielte in Relation zu seinen Produktionskosten den höchsten Gewinn aller Zeiten: Mit einem Budget von 35.000 Dollar gedreht, konnte »Blair Witch Project« weltweit 250 Millionen Dollar einspielen.

Das Liebesdrama »Titanic« handelt vom schlimmsten Schiffsunglück der Geschichte

Der Untergang des deutschen Dampfers »Wilhelm Gustloff« nach einem alliierten Angriff am 31. Januar 1945 kostete über 9000 Menschenleben, vier Mal so viele wie das »Titanic«-Unglück.

Der Super-Computer HAL aus »2001 – Odyssee im Weltraum« ist eine Anspielung auf IBM

Dem Gerücht, der Name H-A-L sei als die Vorgängerbuchstabenkombination von I-B-M gewählt worden, widerspricht der Autor Arthur C. Clarke in seinem Nachfolgeroman »2010 – Das Jahr, in dem wir Kontakt aufnahmen«: HAL bedeute nichts anderes als »hermeneutischer Algorithmus«.

Walt Disney hat Micky Maus und Donald Duck erfunden

Die Zeichner Alfred Taliaferro, Carl Barks und Ub Iwerks sind die Väter. Walt Disney trat lediglich als Herausgeber der Comicbücher auf.

James Dean drehte nur drei Filme, bevor er starb

James Dean war zwar nur in drei Kinofilmen in der Hauptrolle zu sehen (»Denn sie wissen nicht, was sie tun«, »Giganten« und »Jenseits von Eden«). Zuvor spielte er jedoch in zahlreichen TV-Serien (»Danger«, »Crossroads«) mit. Auch in Nebenrollen, wie in »Sailor beware« und »Hat jemand meine Braut gesehen?«, war Dean zu sehen. Am 30. September 1955 starb der erst 24-Jährige bei einem Verkehrsunfall mit seinem Porsche 356 und stieg damit endgültig zum Idol für die damalige Jugend auf. Sein Status als »jugendlicher Rebell« ist bis heute erhalten geblieben.

In den USA ist die größte Filmindustrie der Welt angesiedelt

Die meisten Filme mit dem größten Umsatz werden in Indien gedreht. Während in Hollywood jährlich etwa 800 Spielfilme entstehen, für die weltweit 2,6 Milliarden Tickets gelöst werden, produziert die indische Filmindustrie »Bollywood« (der Name setzt sich aus »Bombay« und »Hollywood« zusammen) pro Jahr über 1000 Filme mit 3,6 Milliarden verkauften Karten.

Ian McKellen als Gandalf in »Herr der Ringe«

Ian McKellen war die erste Wahl für den Gandalf in »Der Herr der Ringe«

Erst sollte Sean Connery die Rolle spielen. Er lehnte ab, weil er den Stoff nicht kannte und nicht so lange in Neuseeland drehen wollte.

Vivien Leigh war erste Wahl für die Rolle der Scarlett O'Hara

Erst sollte Bette Davis die Südstaatenschönheit in »Vom Winde verweht« spielen. Sie lehnte ab, weil sie dachte, Errol Flynn würde Rhett Butler spielen. Mit ihm wollte sie nicht arbeiten.

Kate Winslet und Leonardo DiCaprio waren die erste Wahl für die Hauptrollen in »Titanic«

Ursprünglich sollte Matthew McConaughey den mittellosen Jack und Gwyneth Paltrow die wohlhabende Rose spielen. Paltrow lehnte aber ab, Regisseur James Cameron bestand auf DiCaprio.

Die »Star Wars«-Laserschwerter lassen sich mit einem Laserpointer nachbauen

Hier wurde die Physik für den Film außer Kraft gesetzt: Bei Laserpointern ist lediglich dort ein Punkt zu sehen, wo der Strahl auf eine Oberfläche trifft. Die beschriebene Lichtbahn selbst bleibt unsichtbar.

Christopher Reeve war der erste »Superman«

Bevor Reeve 1978 mit »Superman« ins Kino kam, spielte der Schauspieler George Reeves in den 50er-Jahren Superman in einer TV-Serie. Die mysteriösen Umstände seines frühen Todes behandelt der Kinofilm »Die Hollywood-Verschwörung«.

Wie in »Die Vögel« zu sehen ist, lässt sich ausgelaufenes Benzin mit einer Zigarettenkippe anzünden

In der Realität lassen sich lediglich die Benzindämpfe anzünden, die aber sofort verwehen und mit dem Luftzug den Zigarettenstummel löschen würden.

Promi-Doppelgänger können niemals so echt aussehen wie das Original

Gegen manche Doubles haben nicht einmal die echten Stars eine Chance. So nahmen beispielsweise Charlie Chaplin, Dolly Parton und Elvis Presley an ihren eigenen Ähnlichkeitswettbewerben teil und verloren tatsächlich gegen ihre »unechten« Konkurrenten.

Für eine einzige Rolle können nicht mehrere Oscars vergeben werden

Bisher gab es eine Rolle, die mit zwei Auszeichnungen bedacht wurde – die des Don Vito Corleone. Marlon Brando erhielt den Oscar für seine Darstellung des Mafiabosses in »Der Pate« (1972). Robert De Niro wurde für »Der Pate II« 1974 für die gleiche Rolle ausgezeichnet. Darüber hinaus ist »Der Pate II« bis heute die einzige Fortsetzung, die einen Oscar als »Bester Film« erhielt.

Captain Kirk sagt immer: »Beam me up, Scottie!«

Obwohl dieser Satz häufig zitiert wird, ist er weder in der »Star Trek«-Fernsehserie noch in den zugehörigen Kinofilmen jemals so gefallen. James T. Kirk, Kapitän der »Enterprise«, sagte entweder: »Beam me up, Mr. Scott!« (»Beamen Sie mich hoch, Mr. Scott!«) oder »Two to beam up, Mr. Scott!« (»Zwei Mann hochbeamen, Mr. Scott!«) – aber niemals das so oft verwendete Zitat.

Alle erfolgreichen Romane werden früher oder später verfilmt

Tatsächlich wurden die meisten Klassiker der Literaturgeschichte bereits auf Zelluloid gebannt. An manche Bücher hat sich allerdings bis heute kein Regisseur herangewagt. Prominentestes Beispiel ist »Der Fänger im Roggen« von J. D. Salinger aus dem Jahr 1951.

Der jüdische Regisseur Ernst Lubitsch floh vor den Nazis in die USA

Lubitsch emigrierte bereits 1922 und arbeitete seither als amerikanischer Filmemacher. Er drehte dort unter anderem die Nazi-Parodie »Sein oder Nichtsein« (1942).

Die Abkürzung UFA steht für »Union der Film-Ateliers«

Die Abkürzung bedeutet Universum Film AG. Das größte deutsche Filmunternehmen unterhielt im Gründungsjahr 1917 Ateliers in Potsdam-Babelsberg und Berlin-Tempelhof. Deswegen glauben viele, dass das im Namen zum Ausdruck kommt.

Der berühmte Urwaldschrei stammt von »Tarzan«-Darsteller Johnny Weissmuller selbst

Der bekannte Schrei aus den »Tarzan«-Filmen mit Ex-Schwimmstar Johnny Weissmuller wurde im Tonstudio nachträglich eingefügt. Angeblich ist das Gebrüll eine Mischung aus Kamel- und Hyänenlauten und einer gerissenen Geigensaite.

Fernsehwerbung ist lauter als das restliche Programm

Für alle Sendungen, auch die Werbespots, gelten in Deutschland die gleichen Spitzenpegel, was die Lautstärke betrifft. Allerdings greifen manche TV-Sender auf einen Trick zurück, um die »gefühlte Lautstärke« anzuheben. Durch das sogenannte Kompressionsverfahren werden die lauten Passagen eines Spots gedämpft und die leisen angehoben. So wirkt der Werbeclip insgesamt lauter als das restliche TV-Programm, vor allem, wenn zuvor eine eher ruhige Sendung gezeigt wurde.

Der Silvesterklassiker »Dinner for One« stammt aus England

In den 50er-Jahren feierte der Schauspieler Freddie Frinton als tollpatschiger Butler Erfolge in britischen Kabaretts. Das Stück hieß »Dinner for One«. Die berühmte Verfilmung mit May Warden als Miss Sophie wurde allerdings 1963 vom NDR produziert. »Dinner for One oder der 90. Geburtstag« ist bis heute die am häufigsten in Deutschland wiederholte Sendung und läuft auch in Dänemark, Norwegen, Südafrika und der Schweiz.

Zelluloid wurde als Material für die Filmindustrie erfunden

John Wesley Hyatt suchte 1869 einen Ersatz für das teure Elfenbein, aus dem beispielsweise Billardkugeln gefertigt wurden. Er entwickelte einen synthetischen Plastikstoff, der heute noch für Tischtennisbälle verwendet wird. Die wahre Bedeutung des Materials entdeckte später jedoch George Eastman, der als Vater der Amateurfotografie gilt: Er benutzte das Zelluloid als Ersatz für die Glasplatten, um seine Bilder festzuhalten. 1889 kam der erste Zelluloidfilm auf den Markt.

Zeichentrickfilme sind nur etwas für Kinder

Es gibt Trickfilme, die ausschließlich für erwachsenes Publikum produziert werden und gesellschaftskritischen, gewalthaltigen oder gar erotischen Inhalt haben. Dazu zählen viele japanische Produktionen, die sogenannten Mangas. Aktuelle amerikanische Animationsfilme wie »Shrek« enthalten häufig Gags, die vordergründig zwar für Kinder gedacht sind, auf einer zweiten Ebene aber auch die Erwachsenen zum Lachen bringen.

Robert De Niro stammt aus Italien

Obwohl er häufig Mafiosi mit italienischem Einschlag spielt, stammt De Niro selbst nicht aus Italien. Er wurde 1943 in New York geboren und hat italienische, dänische, französische und deutsche Vorfahren.

Prominente kennen kein Lampenfieber

Auch berühmte Schauspieler sind nicht vor Nervosität gefeit. Uma Thurman vermeidet beispielsweise Bühnenengagements, seit sie 1996 vor einem Auftritt aus Lampenfieber in Tränen ausbrach. Ihre Kollegin Minnie Driver erbricht sich regelmäßig vor ihren Auftritten. Tim Roth hat aus diesem Grund vom Theater- zum Filmschauspieler umgesattelt.

Julia Roberts' erste große Rolle war in »Pretty Woman«

Als rot gelockte »Pretty Woman« wurde Julia Roberts 1989 über Nacht berühmt. Aber auch vorher hatte sie schon größere Rollen, beispielsweise in »Pizza, Pizza«.

Wembley-Stadion, WM-Finale 1966. Uwe Seeler schleicht vom Platz. Sven Simon schoss damals das »Sportfoto des Jahrhunderts«.

Sport

Auf wenigen Gebieten wissen wir so gut Bescheid wie im Sport. An den Stammtischen sitzen lauter Fußballnationaltrainer. Vermeintliche Weisheiten wie »Der gefoulte Spieler soll den Elfmeter nicht selber schießen« werden von Generation zu Generation weitergegeben und gehören ins Standardrepertoire jeder Fußballreportage. Es ist Zeit für eine kleine Korrektur.

Das berühmte Uwe Seeler-Bild wurde in der Halbzeitpause des Wembley-Finales aufgenommen

Fast jeder kennt das Bild: Uwe Seeler trottete beim WM-Endspiel 1966 mit hängendem Kopf und hängenden Schultern vom Rasen des Wembley-Stadions. Er ging aber nicht, wie oft behauptet wurde, in die Halbzeitpause: Im Januar 2006 stellte Seeler selbst klar, dass das Bild nach dem Spiel aufgenommen wurde.

Uwe Seeler spielte nur für den Hamburger SV

Uwe Seeler ist der bekannteste Fußballer des Hamburger Sportvereins (HSV). Doch nicht nur in der Hansestadt schätzte man »Uns Uwe«: 1961, Seeler war gerade Kapitän der Nationalmannschaft geworden, bot der italienische Spitzenklub Inter Mailand 1,2 Millionen Mark für den Mittelstürmer (umgerechnet etwa 600.000 Euro). Damals war das ein irrwitziges Angebot. Doch Seeler lehnte ab und festigte so seinen Ruf als bodenständiger Fußballer ohne Starallüren. Einmal allerdings wurde der Ehrenspielführer der Nationalmannschaft »seinem« HSV doch untreu – ohne eigenes Wissen allerdings. Bei einem Spiel des irischen Erstligisten Cork Celtic gegen die Shamrock Rovers am 23. April 1978 erzielte der 41-Jährige zwei Tore. Sein Team verlor trotzdem, und Seeler erfuhr erst später, dass der vermeintliche Freundschaftskick, zu dem er eingeladen wurde, ein Punktspiel war.

Ein gesunder Geist benötigt einen gesunden Körper

Oder im lateinischen Original: »Mens sana in corpore sano.« Wie lange diente dieser Spruch besorgten Eltern und übermotivierten Sportlehrern als Universalargument für Sport und Bewegung. So mancher eher etwas gemütliche Zeitgenosse mag den so zitierten Autor und römischen Dichter Juvenal verflucht haben – dabei kann der nun wirklich gar nichts dafür. Der Satiredichter aus dem ersten Jahrhundert hat nämlich keineswegs für eine Verbindung von Sport und Geist plädiert. Im Gegenteil. Der Spruch stammt aus den Satiren X, 356 und lautet eigentlich: »Es ist wünschenswert, dass in einem gesunden Körper auch ein gesunder Geist ist.« Zuvor hatte Juvenal über dumme Bitten seiner Zeitgenossen an die Götter hergezogen. An dieser Stelle sagt er nur, dass allein Bitten um einen gesunden Körper und einen gesunden Verstand legitim seien. So kann man Juvenals Vers auch als Kritik am Fitnesswahn interpretieren, ganz nach dem Tenor: »Wäre doch in diesen gesunden Körpern auch ein gesunder Geist!« Und da der Römer Juvenal ein bekannter Satiriker seiner Zeit war, ist das sicherlich eine passende und naheliegende Interpretation.

Radfahren ist schlecht für den Rücken

Nur wenn man es nicht richtig macht. Wer ständig mit einem Katzenbuckel herumradelt, bekommt natürlich Probleme. Wenn allerdings Sattel und Lenker – und das ist unabdingbare Voraussetzung – richtig eingestellt sind, stärkt das Radfahren den Rücken sogar.

Der Fünf-Meter-Raum im Fußball ist fünf Meter tief

Der Fünf-Meter-Raum ist das alleinige Territorium des Torwartes. Hier werden in der Regel alle Attacken und jeder härtere Körpereinsatz gegen den Keeper abgepfiffen. Dabei heißt diese Schutzzone korrekt »Torraum«, und sie ist auch größer, als man meint. So schreibt der DFB: »Rechtwinklig zu jeder Torlinie sind im Abstand von 5,50 Metern von der Innenkante der Torpfosten zwei Linien zu ziehen. Diese Linien müssen sich 5,50 Meter in das Spielfeld hinein erstrecken und durch eine zur Torlinie parallele Linie miteinander verbunden werden.« Übrigens: 5,5 Meter sind in England sechs Yards. Deshalb heißt der Raum auf der Insel: 6-yard-box.

Bei einem Derby treten immer zwei Nachbarn gegeneinander an

Kann sein. Muss aber nicht. Ein »Derby« findet statt, wenn zwei Rivalen aufeinandertreffen. Wie sich diese Rivalität entwickelt hat, ist egal: Das kann eine über Jahre hinweg gewachsene Feindschaft sein wie bei Bayern München und Werder Bremen. Oder der Kampf zweier Teams um die Vorrangstellung. In England sind auch Vergleiche zwischen Nationalmannschaften Derbys. Im Pferdesport sind es Rennen für dreijährige Hengste und Stuten. Derby bezeichnet auch eine englische Grafenwürde. Die Inhaber dieses Titels waren große Pferdeliebhaber und erfolgreiche Pferdezüchter.

Radfahren: gesund, wenn die Haltung stimmt.

Pelé war der beste Fußballer aller Zeiten

Wer nun der beste Athlet in der jeweiligen Sportart ist, kann wohl selten eindeutig bestimmt werden. Im Fußball ist das genauso. Zwar gibt es den geflügelten Satz: »Es gab Menschen, die spielten Fußball, und es gab Pelé.« Und Franz Beckenbauer sagte: »Pelé war der Größte, und er ist es auch immer noch.« Tatsächlich erzielte Pelé, der eigentlich Edson Arantes do Nascimento heißt, in 1363 Spielen unglaubliche 1281 Tore. Von der FIFA wurde er zum Weltfußballer des 20. Jahrhunderts ernannt. So weit, so gut. Doch die FIFA hatte wenig später eine Internetabstimmung lanciert, die der Argentinier Diego Armando Maradona, legendärer Spielmacher in den 80er-Jahren, für sich entschied. Bei der offiziellen Wahl war Maradona allerdings nur auf Platz fünf gelandet – es gibt also eigentlich zwei Weltfußballer des Jahrhunderts. Nimmt man übrigens den erfolgreichsten Torschützen, so liegen weder Pelé noch Maradona vorne: Arthur Friedenreich erzielte 1329 Tore und prägte Fußball zu Beginn des 20. Jahrhunderts wie kaum ein anderer. Zumindest eines aber hat er mit Pelé gemeinsam: Friedenreich war auch Brasilianer.

Fußballfelder müssen alle gleich groß sein

Müssen sie nicht. Die FIFA hat in den Vorgaben einen relativ großen Spielraum gelassen: So muss die Länge der beiden kurzen Seiten zwischen 45 und 90 Meter, die der langen Seiten 90 bis 120 Meter betragen.

Fußball wurde in England erfunden

»Football's coming home« war die offizielle Hymne zur Fußball-Europameisterschaft 1996 in England. Und tatsächlich: Den direkten Vorgänger unseres modernen Fußballs mit einem Großteil der bis heute gültigen Regeln hat tatsächlich das selbstbetitelte »Mutterland des Fußballs« erfunden. Doch »Football's coming home« könnten mit einiger Berechtigung auch die Chinesen singen, wenn sie bei den Olympischen Sommerspielen 2008 Fußballer aus der ganzen Welt begrüßen. Denn der erste Vorläufer der beliebten Mannschaftssportart stammt aus China. Die Soldaten des chinesischen Herrschers Xeng-Ti spielten bereits gut 2400 Jahre v. Chr. »Tsu-Chu«. Bei diesem Mannschaftsspiel kämpften zwei Teams um einen Ball aus geknotetem Haar.

Aborigines haben den Bumerang erfunden

Bumerangs sind keine Erfindung der australischen Ureinwohner. Auch einige Indianerstämme und Bewohner aus dem alten Ägypten haben diese Wurfgeräte verwendet.

Die Marathondistanz ist die Entfernung Athen–Marathon

Die Legende vom Läufer Pheidippides, der von Marathon nach Athen läuft, die Nachricht vom Sieg der Griechen überbringt und dann tot zusammenbricht, ist weltberühmt. Marathon ist knapp über 40 Kilometer von Athen entfernt. Die Distanz des modernen Marathonlaufs beträgt aber exakt 42,195 Kilometer. Beim Marathonlauf 1908 in London wurde diese Strecke (eigentlich 26 Meilen und 385 Yards) das erste Mal gelaufen. Man wollte unbedingt, dass die Läufer an der königlichen Loge beim Windsor Castle das Ziel erreichten. Und die lag eben genau 26 Meilen und 385 Yards entfernt vom Start im Olympiastadion. Danach dauerte es allerdings noch bis 1921, ehe der Internationale Leichtathletikverband IAAF eben jene 42,195 Kilometer als offizielle Streckenlänge festlegte.

Die »World Series« im Baseball ist die Weltmeisterschaft

Nein, das ist nur das Finale der US-Baseballmeisterschaft.

Der Fußball wird auf nassem Rasen schneller

Um schneller zu werden, müsste der Ball beim Aufprall auf den Rasen an Bewegungsenergie gewinnen. Doch natürlich bekommt er keine zusätzliche Energie. Manchmal scheint es uns (und vor allem vielen Sportreportern!) jedoch so, als würde ein Fußball auf nassem Untergrund beschleunigen. Tatsächlich jedoch bremst er lediglich nicht so schnell ab wie auf trockenem Rasen.

Tennis ist ein ziemlich neumodischer Sport

Wer heute Tennisspieler über die richtige Bespannung, den besten Grip und die neuesten Druckbälle diskutieren hört, hält Tennis für einen modernen Hightechsport. Dabei existiert Tennis schon seit dem 13. Jahrhundert. Französische Mönche sollen einen Vorgänger erfunden haben. Beim sogenannten »Jeu de Paume« wird der Ball mit den Händen geschlagen, ein Schläger kam erst später dazu. Dafür zeichneten die Engländer verantwortlich. Das Tennis mit seinen heutigen Regeln wurde das erste Mal als richtiges Turnier 1877 in der Nähe von London ausgetragen. Die All England Lawn Tennis Championships von Wimbledon sind bis heute das berühmteste Tennisturnier der Welt. Das französische »Jeu de Paume« brachte es dennoch sogar zu olympischen Ehren: Im Jahr 1908 war das Spiel das erste und einzige Mal olympische Disziplin.

Bumerangs kommen immer zu ihrem Ursprungsort zurück

Nur wenn man auch wirklich damit werfen kann. Die meisten Autoren führen allerdings an, dass früher Holzgeräte verwendet wurden, die ebenfalls gekrümmt waren. Sie sollten jedoch nur das Tier erlegen, die Krümmung diente dabei allein der höheren Zielgenauigkeit und keinesfalls der Wiederkehr. Vereinzelte Experten bezeichnen deshalb diese Konstruktionen als »Wurfhölzer« oder »Kylies« und grenzen sie ganz bewusst aus der Familie der Bumerangs aus.

Nur junge Frauen können Cheerleader sein

Das hätten wohl viele Sportfans gerne so. In Wahrheit allerdings haben Männer um die Jahrhundertwende das Cheerleading erfunden. Der erste Cheerleader soll der Student Johnny Campbell gewesen sein. Er verfolgte an der Universität von Minnesota ein Footballspiel. Als seine Mannschaft am Rande einer Niederlage war, begann er zu »cheerleaden«. In der Folgezeit entwickelten sich immer mehr solcher Einheizerformationen, die am Anfang ausschließlich aus Männern bestanden. Erst in den 20er-Jahren übernahmen dann auch Frauen Mikrofon und Puschel (im Fachjargon »Pompons« genannt).

Sex vor dem Spiel schadet

Nicht erst seit der Ausstrahlung der RTL-Serie »Das geheime Leben der Spielerfrauen« geistert das Vorurteil »Sex vor dem Sport schadet« durch unsere Hirne. Dabei ist das einfach nur Blödsinn. Natürlich kommt es ganz darauf an, wie lange der Sex vor dem Sport dauert. Dauert er die ganze Nacht, wird natürlich die Leistung gemindert. Aber auch nur wegen des Schlafentzugs und nicht wegen der körperlichen Verausgabung. Manche Experten behaupten sogar, dass das Gegenteil der Fall ist. Nach ihren Forschungen nutzt Sex vor dem Sport, da nämlich der Testosteronspiegel dabei erhöht wird. Am besten hält man es also mit Berti Vogts, der zu diesem Thema wusste: »Sex vor dem Spiel? Das können meine Jungs halten, wie sie wollen. Nur in der Halbzeit, da geht nichts!«

Puschel hoch! Früher war das Cheerleading noch reine Männersache.

Das Pokerspiel kommt ursprünglich aus Amerika

Der Begriff »Poker« leitet sich vom französischen »poque« und vom deutschen »Poch« ab. Französische Auswanderer brachten jedenfalls das Spiel nach Amerika. Doch auch ihnen gebührt nicht die Entdeckerehre. Im alten Persien gab es ein Spiel namens »as nas«. Gespielt wurde es mit 25 Karten in fünf verschiedenen Farben. Die heutige Standardvariante, Texas Hold'em, dagegen entstand erst viel später, nämlich im 20. Jahrhundert. Diesmal aber wirklich in den Vereinigten Staaten.

Der Stierkampf ist eine Erfindung der Spanier

Die perfekte und kommerzialisierte Inszenierung dürfen vielleicht die Spanier auf ihre Kappe nehmen – Stiere gejagt und publikumswirksam getötet haben allerdings schon andere Völker lange vor ihnen. So finden sich Zeugnisse für Stierkämpfe bei den Römern, alten Ägyptern und Chinesen. Im ägyptischen Dorf Mair zum Beispiel hat man bei Ausgrabungen Grabszenen solcher Jagden gefunden, die fast 4000 Jahre alt sind.

Bei Abseits wird immer abgepfiffen

Der Klassiker – hier kann jeder Fußballfan zeigen, dass er auch ein echter Experte ist. Ist er das, so weiß er: Steht ein Spieler im Abseits, greift aber nicht ein, dann wird nicht abgepfiffen. Früher nannte man das »passives Abseits«. Diese Regelung ist sehr umstritten, weil der Schiedsrichter blitzschnell entscheiden muss, wann nun ein Spieler in das Geschehen eingreift oder wann eine neue Spielsituation vorliegt. Dann nämlich dürfte der Spieler, wenn er jetzt nicht mehr im Abseits steht, wieder eingreifen. Aber dies muss in Sekundenbruchteilen entschieden werden – viele plädieren daher für die Abschaffung dieser Regel.

Boxhandschuhe schützen den Gegner

Könnte man meinen. Doch die Handschuhe sind überhaupt kein großzügiger Akt der Nächstenliebe, sondern purer Egoismus: Boxhandschuhe sollen nur die Fäuste und die Knöchel schützen. Die werden nämlich bei den eigenen Schlägen arg belastet. Die Handschuhe federn die Wucht des Aufpralls ab.

Je mehr man schwitzt, desto mehr Fett verbrennt man

Bei einer Sportart, die ein hohes Maß an Anstrengung erfordert, verbrennt man zwangsläufig viel Fett und schwitzt auch viel. Doch die Fettverbrennung und das Schwitzen hängen nicht direkt zusammen. Schwitzen ist in erster Linie Flüssigkeitsverlust.

Ein Spiel dauert 90 Minuten

Das hätten sich viele FC-Bayern-Fans im Champions-League-Finale 1999 gewünscht. Doch inzwischen weiß wohl fast jeder, dass so ein Spiel eben auch 92 oder 93 Minuten dauern kann. Die Bemessung dieser Nachspielzeit ist dem Schiedsrichter überlassen. Es gibt zwei Faktoren, die zu einer Nachspielzeit führen können: die »verlorene Zeit« und die »vergeudete Zeit«. Vergeudete Zeit ist das Resultat absichtlicher Spielverzögerungen, verlorene Zeit sammelt sich durch Verletzungen oder Auswechslungen an. Neben dieser Nachspielzeit gibt es dann natürlich noch die Verlängerung und das Elfmeterschießen – das wiederum werden alle Bayern-Fans nach dem Triumph 2001 in guter Erinnerung haben.

Muhammad Ali war der beste Boxer aller Zeiten

Er selber war auf jeden Fall davon überzeugt. »The Greatest« revolutionierte das Boxen tatsächlich mit seiner eleganten und völlig neuen Kampfweise. Er schien in einer ganz anderen Welt zu boxen. Doch auch Boxer wie Roy Jones Jr., Prince Naseem Hamed oder der junge Mike Tyson galten eine Zeit lang als unbesiegbar und wurden als »bester Boxer aller Zeiten« angekündigt. Wirklich ungeschlagen blieb allerdings bisher nur ein einziger: Rocky Marciano (1923 bis 1969). Der Amerikaner, der eigentlich Rocco Francis Marchegiano hieß, verlor keinen seiner 49 Profikämpfe und trat unbesiegt als Weltmeister ab. Für die meisten Experten übertrifft er deshalb sogar noch den großen Ali. Legendär bis heute: Rockys Nehmerqualitäten und seine gefährliche Rechte »Suzie Q«.

Skispringer müssen möglichst leicht sein

Früher hat die Mär vom Hungerhaken auf Skiern sicherlich seine Berechtigung gehabt. Wer etwa Sven Hannawald gesehen hatte, musste wirklich bei jeder Windböe Angst um dessen Wohlergehen haben. Nach teils harscher Kritik der Öffentlichkeit reagierte allerdings der Internationale Skiverband. Die FIS führte den sogenannten Body Mass Index auch für Skispringer ein. Der wird errechnet aus der Größe und dem Gewicht. Die Skispringer müssen nun einen Wert von 20 aufweisen, der Wert für Untergewicht liegt bei 18,5. Ist der Sportler zu leicht, muss er mit verkürzten Skiern springen oder wird gar disqualifiziert. Ein Freibrief für ungehemmte Nahrungsaufnahme ist das jedoch nicht, die FIS betreibt nämlich ein wenig Augenwischerei: Der Athlet wird zumeist mit Anzug und Schuhen gewogen, da kommen schon noch ein paar Kilos dazu.

Die Kampfsportart Judo ist der »sanfte Weg«

Das kann auch nur jemand sagen, der noch nie mit voller Wucht auf den Rücken geklatscht ist. Aber davon einmal abgesehen: Würger und Hebel gehören im Judo zum Standardrepertoire, und das nicht nur im Wettkampfbetrieb. So muss ein Zehnjähriger, der den orangen Gürtel erwerben will, den Prüfern eine Würgetechnik und einen Armhebel zeigen – und das kann sehr wohl wehtun.

Doping war schon immer verboten

Spätestens seit dem Fall der ehemaligen deutschen Vorzeigeradsportler Jan Ullrich und Erik Zabel ist Doping im Bewusstsein der deutschen Sportöffentlichkeit angekommen. Doping scheint die Geißel des modernen Sports zu sein. Kein Land und kaum eine Sportart scheinen davor gefeit. Dabei ist der Begriff »Doping« gar nicht so klar definiert. So schrieb der Deutsche Sportbund 1977, Doping sei »das Verabreichen oder der Gebrauch von verbotenen Substanzen mit dem Ziel einer unphysiologischen Steigerung der Leistungsfähigkeit des Sportlers durch den Sportler selbst oder durch Hilfspersonen«. Das Problem dabei ist die Frage, welches leistungsfördernde Mittel als illegal betrachtet wird. Ebenfalls wichtig ist, um welche Sportart in welchem Land es sich handelt. So standen Anabolika zum Beispiel in den 90er-Jahren nicht auf der Dopingliste der amerikanischen Baseballliga – Athleten wie Mark McGwire bekannten sich offen zu der Einnahme und erzielten großteils deswegen außerordentliche Leistungen. Das heißt: Definiert man Doping nur als die Einnahme von künstlichen Mitteln zur Leistungssteigerung, lässt sich nicht uneingeschränkt sagen, dass es tatsächlich verboten ist.

Der Fußball ist aus Leder

Jeder gute Lokalsportreporter verwendet in seinen Artikeln mindestens einmal den Begriff »das Leder«, wenn er den Fußball meint. Das jedoch stimmt seit geraumer Zeit nicht mehr. Kaum jemand spielt im modernen Fußball noch mit einem Lederball, zumindest nicht in den meisten europäischen Ligen. Nach Vorgaben des Deutschen Fußball-Bundes (DFB) soll der Fußball aus Leder oder aus »einem geeigneten Material« sein – heutzutage meist überwiegend Kunststoff. Bei der Weltmeisterschaft in Mexiko 1986 wurde das erste Mal ein Ball aus synthetischen Materialien bei einer Weltmeisterschaft benutzt. Die Verarbeitungsweise wurde danach immer weiter verfeinert. Bei der Europameisterschaft 2004 in Portugal wurde mit dem »Roteiro« erstmals ein Ball verwendet, der nicht genäht, sondern ausschließlich geklebt war.

Der Boxring ist rund

Natürlich ist ein Boxring nicht rund, sondern viereckig. Das »ring« kommt vom Englischen »to ring« – läuten. Dieses Zeichen läutet die Runden ein.

Über Außenbahnen gewinnt man ein Fußballspiel

Nein. Das Spiel über die beiden Außenbahnen des Fußballfeldes, das meist mit einer langen Flanke in den Strafraum endet, ist nicht der Generalschlüssel zum Erfolg. Statistisch gesehen ist es egal, ob man durch die Mitte oder »über außen« spielt: Tore fallen nach neuesten Erkenntnissen auf beide Arten gleich häufig.

Basketball spielt man ohne Körperkontakt

Spätestens seit der berühmt-berüchtigten »Hack a Shaq«-Taktik – der 150-Kilogramm-Center Shaquille O'Neal wurde als schlechter Freiwurfschütze ständig und bewusst gefoult – kann man sich von dieser Vorstellung verabschieden. Doch auch in den Basketballregeln findet sich kein absolutes Körperkontaktverbot. Das sogenannte Vorteil-Nachteil-Prinzip ähnelt der Regelung im Fußball. Es kann also durchaus ein Kontakt erlaubt sein, allerdings muss der Schiedsrichter über die Auswirkung und damit über die Bewertung des jeweiligen Kontaktes immer im Einzelfall entscheiden.

Der Gefoulte sollte nie selbst den Elfmeter schießen

Das kommt ganz darauf an, wie schwer das Foul war. Laufen sollte der Schütze zumindest schon noch können. Ansonsten entbehrt eine der gängigsten Fußballerweisheiten jeglicher Grundlage. Statistisch gesehen verwandelt der Gefoulte genauso oft wie jeder andere einen Elfmeter in ein Tor. Andere Statistiken sehen sogar den Gefoulten leicht im Vorteil.

Alexander Karelin war der erfolgreichste Ringer aller Zeiten

Elfmal Europameister, neunmal Weltmeister, dreimal Olympiasieger und nur eine einzige Niederlage: Alexander Karelin dominierte mehr als fünfzehn Jahre lang den Ringsport. Der erfolgreichste Sportler in dieser Disziplin war er jedoch nicht: Milon von Kroton soll in der Antike fünf Mal hintereinander bei Olympischen Spielen gewonnen haben.

Ganz ohne Körperkontakt geht es auch beim Basketball nicht.

Olympiade 2008?

Im Sommer 2008 findet die Olympiade in Peking statt. Nein! Das ist falsch, wird aber häufig so erzählt. Genau genommen bezeichnet »Olympiade« die vierjährige Zeitspanne zwischen zwei Olympischen Spielen.

Früher durften nur Amateure an Olympischen Spielen teilnehmen

Nimmt man die Definition von »professional« im Brockhaus als Grundlage, dann waren die antiken Sportler genau das: »Jemand, der eine Tätigkeit als Beruf ausübt.« Die Olympioniken der Antike waren Profis. Ein Olympiasieg brachte ihnen nämlich eine Menge Vergünstigungen ein – so wie heute. Sie wurden von ihren Heimatstädten von der Steuer befreit, empfingen großzügige Geldgeschenke und Luxusgüter. Zum Teil sollen Olympiasieger sogar ebenfalls wie heute hohe Antrittsgelder bei den vielen verschiedenen Sportfesten im antiken Griechenland gefordert haben. Der Unterschied zu modernen Olympioniken: Ein Silbermedaillengewinner wie Zehnkämpfer Frank Busemann 1996 hätte niemals einen solchen Profit herausschlagen können. Denn im antiken Olympia galt früher nur der Sieger etwas.

Frauen durften bei Olympischen Spielen der Antike nicht zusehen

Wir kennen alle die Szene aus »Asterix und Obelix« : Eine Frau schreit Zeter und Mordio, weil sie nicht zu den Wettkämpfen in das Stadion darf. Tatsächlich aber galt das Stadionverbot nur für verheiratete Frauen. So konnten die Mütter der Athleten natürlich nie mit ihren Söhnen mitfiebern.

Frauen konnten in der Antike keine Olympiasieger werden

Doch, bei den Wagenrennen schon. Denn dort wurde stets der Besitzer des siegreichen Gespanns als Olympiasieger ausgezeichnet, die Wagenlenker hatten dabei nichts zu melden. Kyniska aus Sparta wird demnach als erste Olympiasiegerin gehandelt, sie wurde um 440 v. Chr. geboren.

Bei den Olympischen Spielen gab es Lorbeerkränze für die Sieger

Hier würde sich ebenfalls wieder die Asterix-und-Obelix-Lektüre lohnen. Denn dort gibt es den »Goldenen Ölzweig« für den Sieger. Das ist nun natürlich übertrieben, Olympiasieger bekamen einen ganz normalen Kranz, geflochten aus dem Zweig eines heiligen Ölbaums. Der Lorbeerkranz dagegen geht – ebenfalls bei den lustigen Galliern zu sehen – auf die Römer zurück. Bei den Triumphzügen hielt ein Sklave, der hinter dem siegreichen Feldherrn stand, den Kranz über das Haupt des Triumphators. Außerdem flüsterte er unablässig: »Bedenke, dass du sterben musst!« Auf diese Weise sollte verhindert werden, dass die Feldherren übermütig werden. Dass diese Maßnahme bei vielen Feldherrn freilich vergebens war, steht auf einem anderen Blatt.

Antike Olympiasieger waren die Könige des Sports

Wer im alten Griechenland Olympiasieger wurde, hatte praktisch ausgesorgt. Die Verehrung, die ihm dann zuteil wurde, war unglaublich groß. Und doch konnte man den Olympiasieg noch toppen – wenn man »Periodonike« wurde. Das bedeutete, dass man innerhalb von vier Jahren alle panhellenischen Spiele gewann. Dazu zählten: die Olympischen Spiele, die Pythischen Spiele, die Nemeischen Spiele und die Isthmischen Spiele. Unter den Römern kamen dann noch drei weitere Wettbewerbe hinzu.

Die Griechen erfanden das Olympische Feuer

Bei den Olympischen Spielen der Antike gab es nie einen Fackellauf oder ein Olympisches Feuer. Das Feuer ist eine Erfindung der Neuzeit. Das erste Mal brannte es bei den Spielen in Amsterdam 1928. Die große Inszenierung und den Fackellauf erfanden dann die Deutschen 1936 für die Spiele in Berlin.

Bei einem dicken Bauch muss man einfach Rumpfbeugen machen

Das Fett kann nicht einfach lokal abgebaut werden. Man kann sich natürlich Muskeln am Bauch antrainieren, das Fett darüber bleibt aber dennoch größtenteils erhalten. Um das Fett nachhaltig zum Verschwinden zu bringen, muss man ganzheitlich abnehmen. Ein paar Rumpfbeugen helfen da herzlich wenig.

Wer den Ball kontrolliert, kontrolliert den Gegner

Klingt ganz logisch. Wenn der Gegner nicht den Ball hat, kann er kein Tor schießen. Doch wenn sich zwei Mannschaften auf annähernd gleichem Niveau gegenüberstehen, ist eine Überlegenheit, die sich in Toren ausdrückt, undenkbar. Und dann gilt diese einfache Rechnung nicht mehr. Das zum Beispiel hat einer der führenden Fußballanalytiker, Dr. Roland Loy, ausgerechnet. Demnach gewinnt die Mannschaft mit mehr Ballbesitz nur 43 Prozent aller Spiele. Ein gutes Beispiel ist das Achtelfinale zwischen Holland und Portugal bei der WM 2006. Die Niederländer hatten 62 Prozent Ballbesitz – und verloren dennoch mit 0:1.

Ein guter Sportler muss viel Fleisch essen

Ein guter Sportler muss in erster Linie Eiweiß zu sich nehmen. Tierisches Eiweiß ist für sich genommen biologisch wertvoller für den Menschen als pflanzliches Eiweiß. Ergänzen sich allerdings verschiedene pflanzliche Eiweiße, so kann der Nutzen des tierischen sogar noch übertroffen werden. Deshalb sind große Extraportionen Fleisch für Sportler gar nicht immer sinnvoll. Zu viel ist in jedem Fall zu viel – das einzige Resultat ist dann Fettaufbau.

Im Rugby geht es um ungestörtes Raufen

Rugby mag oft wie eine wilde Prügelei ohne Regeln aussehen. Dass es Regeln gibt, dürfte noch verhältnismäßig einleuchtend und wenig überraschend sein. Aber dass diese Regeln auch viele Elemente einer zünftigen Rauferei unterbinden sollen, wissen wohl die wenigsten: So darf beispielsweise nur der balltragende Spieler angegriffen (»getackelt«) werden. Schlagen und Beinstellen sind ebenso verboten wie ein Tackling oberhalb der Schulterlinie – Rugby ist also durchaus keine willkürliche Prügelorgie.

Der Doppelpass ist im Fußball das beste Erfolgsrezept

Ein Doppelpass ist weit weniger effektiv als angenommen. So werden im Schnitt pro Spiel nur etwa vier Doppelpässe ausgeführt. Ein Tor wird ebenfalls nur selten durch einen Doppelpass eingeleitet, nämlich bei nur etwa einem Prozent der in einer Saison erzielten Tore.

Im Fußball sind mit der Hand erzielte Tore ungültig

Nicht immer. Man muss nur Peter Enckelman fragen. Enckelman ist Torwart in der englischen Premier League bei den Blackburn Rovers. Doch er stand auch einmal bei Aston Villa im Tor – und war für einige Zeit die größte Lachnummer Englands: 77. Minute im Derby zwischen Aston Villa und Birmingham. Aston Villas Verteidiger Olof Mellberg gibt bei einem Einwurf den Ball zu Enckelman zurück. Der will den Ball stoppen, doch er hüpft über seinen Fuß – ins Tor. Eigentlich hätte es dafür Eckball geben müssen, aber die Referees trafen folgende Entscheidung: Sie meinten, Enckelman habe den Ball berührt. Damit war das Tor, das mit der Hand »erworfen« wurde, gültig.

Auswärtstore zählen immer doppelt

Auswärtstore sind tatsächlich sehr wichtig. Aber doppelt zählen sie nur bei den K.O.-Spielen. Herrscht hier sowohl bei den Punkten als auch den Toren Gleichstand, zählen Auswärtstore in der Tat doppelt. Ein Beispiel: Bayern München verlor im Achtelfinale der Champions-League-Saison 2006/07 gegen Real Madrid mit 2:3. Trotzdem jubelten sie nach dem späten Tor von Mark van Bommel ohne Ende. Zu Recht: Daheim nämlich gewannen die Bayern mit 2:1. Beide Teams hatten also ein Spiel gewonnen und gleich viele Tore erzielt. Bayern aber traf in Madrid zwei Mal und war durch diese doppelte Wertung eine Runde weiter.

Zucker verhilft zu besseren Leistungen

Kein Sportwettkampf ohne Traubenzucker – für die meisten ist ganz klar: Zucker steigert die Leistung. Dabei muss man allerdings aufpassen. Denn auf einen kurzfristigen Energieschub folgt meist ein richtiges Down. Der Zuckerspiegel sinkt dann unter den normalen Schnitt, die Leistungsfähigkeit nimmt parallel dazu ebenfalls ab.

Für einen Grand Slam muss man die vier wichtigsten Tennisturniere in einem Jahr gewinnen

Man kann auch die vier wichtigsten Turniere im Golf gewinnen. Oder man macht alle 13 Stiche beim Bridge, auch das nennt man Grand Slam. Der Begriff bedeutet nämlich einfach »großer Wurf«. Damit ist das Erzielen eines besonderen sportlichen Erfolges gemeint. Nun ist es sicherlich einfacher, alle 13 Stiche beim Bridge zu machen, als in einem Jahr die vier wichtigsten Tennisturniere (Australian Open, French Open, Wimbledon und US Open) zu gewinnen. Das sieht man unter anderem daran, dass die letzten Grand-Slam-Titel im Tennis schon lange zurückliegen: Bei den Herren gelang dies zuletzt dem Australier Rod Laver im Jahr 1969. Bei den Damen schaffte Steffi Graf den Supertriumph 1988. Weil sie darüber hinaus noch Olympiasiegerin in Seoul wurde, spricht man bei ihrer einzigartigen Siegesserie sogar vom »Golden Slam«. Grand Slams gibt es noch in weiteren Sportarten, zum Beispiel beim Motorsport (Formel-1-GP von Monaco, 24-Stunden-Rennen von Le Mans, 500 Meilen von Indianapolis und der Gewinn entweder der Formel-1-WM oder der Champ-Car-Serie) oder beim Baseball (Homerun, wenn alle vier Bases besetzt sind).

Steffi Graf, Grand-Slam-Gewinnerin 1988

Das beste Mittel gegen Muskelkater ist hartes Training

Im Gegenteil. Fortgesetztes Training ist nur bei Milchsäureüberschuss gut. Bei echtem Muskelkater dagegen hilft nur Ruhe. Der Muskelkater entsteht ja durch kleine Risse in der Muskulatur – und die heilen nur bei Ruhe.

Beim Joggen beginnt die Fettverbrennung nach 30 Minuten

Quatsch! Die Fettverbrennung beginnt ab der ersten Minute.

Muskelkater kommt von der Übersäuerung der Muskeln

Sitzen fällt schwer, Arme heben geht kaum, und jeder Schritt ist eine Qual: Muskelkater kann die Hölle sein. Früher dachte man, diese Schmerzen seien auf eine Übersäuerung der Muskeln zurückzuführen. Heute dagegen weiß man, dass kleine Risse in der Muskulatur dafür verantwortlich sind. Durch diese Risse entstehen Mini-Entzündungen, durch die Wasser eindringt. Das wiederum führt zum Anschwellen des Muskels und damit zum Muskelkater. Am besten hilft eine Wärmebehandlung, die Risse verheilen so schneller.

Trainierte Menschen schwitzen weniger

Nur wenn es wirklich um körperliche Anstrengung geht. Geht es dagegen um den allgemeinen Schwitzvorgang, ist die Intensität genetisch bedingt.

Ein Fußballplatz muss völlig eben sein

Muss er nicht. In den Regeln des Deutschen Fußball-Bundes (DFB) steht nur: »Spiele können in Übereinstimmung mit den Wettbewerbsbestimmungen auf einer natürlichen oder künstlichen Unterlage ausgetragen werden.«

Geld allein schießt noch lange keine Tore

Mit dieser Weisheit trösten sich alle Fußballromantiker. Tatsächlich ist es bemerkenswert, dass zum Beispiel ein Luxuskader wie der von Real Madrid (van Nistelrooy, Beckham, Cannavaro) in der Champions-League-Saison 2006/07 nur bis ins Achtelfinale gekommen ist. Den umgekehrten Fall gibt es auch: Der Außenseiter VfB Stuttgart wurde mit einem Team junger No-Names Deutscher Meister 2007. Grundsätzlich allerdings spielt Geld für den Erfolg schon eine große Rolle. Untersuchungen der Universität Regensburg belegen, dass die Klubs, die langfristig mehr Geld ausgeben können, auch eine weitaus größere Chance auf gute Platzierungen haben. Nur: Der kurzfristige Erfolg lässt sich oft nicht erzwingen.

Fußball ist ein Arbeitersport

Für die Kumpels aus Gelsenkirchen, Fans von Schalke 04, ist ganz klar: Fußball muss harte Maloche sein. Dabei war der Volkssport Nummer 1 lange Zeit gar nicht für das Volk gedacht. Als Fußball um 1870 von England nach Deutschland kam, wurde er zunächst auf den Gymnasien – damals zumeist einem Bildungsort für Söhne reicher Eltern – gespielt. Danach eroberte »König Fußball« die oberen Gesellschaftsschichten, Adelige vielleicht einmal ausgenommen. Erst nach der Jahrhundertwende griff die Begeisterung für Fußball auf die breite Masse über.

Ein offizielles Fußballtor ist immer 2,44 Meter hoch

Sollte es zumindest sein. Die Statuten des Weltfußballverbands FIFA schreiben diese Höhe zwar explizit vor, trotzdem kommt es immer wieder zu Verstößen. Das neueste Beispiel ereignete sich in der Saison 2006/2007 im Raum Hamburg. Dort wurden 23 Toranlagen überprüft – und nur ein einziges Tor war regelkonform. Das extremste Beispiel war das Gehäuse des FC St. Pauli II, dort waren die Pfosten nur 2,31 Meter hoch. Beim SV Reinbek war das Tor gar schief: Der rechte Pfosten maß 2,37 Meter, der linke dagegen 2,44 Meter. Prominentester »Sünder«: der Hamburger SV. Seine Tore waren nur 2,39 Meter bzw. 2,41 Meter hoch.

Magnesium vor dem Wettkampf ist wichtig

Ein gutes Gefühl gibt so eine Dosis wenige Minuten vor dem Wettkampf schon. Viel mehr aber auch nicht. Denn Magnesium ist zwar wichtig für die Muskeln, aber der Aufbau und die Anreicherung müssen schon weit vorher geschehen. Wenn man also wirklich einen Effekt erzielen will, heißt es frühzeitig anfangen. Eine Ausnahme: Wenn es darum geht, eine akute Mangelerscheinung schnell zu beheben, mag Magnesium über das Gröbste hinweghelfen. Doch in dem Fall ist von der Teilnahme an einem Wettkampf ohnehin abzuraten.

Beim Krafttraining ist die letzte Wiederholung am gefährlichsten

Nein. Die erste ist in Wirklichkeit viel gefährlicher.

Schachmatt – nur eine von mehreren Möglichkeiten, das königliche Spiel zu beenden.

Ein Schachspiel endet mit »Schachmatt«

Es gibt im Schach mehrere Arten, das Spiel zu beenden. Zum einen gewinnt man, wenn der Gegner aufgibt, weil er keine Chance mehr für sich sieht. Zum anderen können sich beide Spieler auf ein Remis einigen, die Partie wird dann unentschieden gewertet. Gleiches gilt für das »Patt« – der Fall tritt dann ein, wenn einer der beiden Spieler keinen Zug mehr ausführen kann, aber auch nicht im Schach steht.

Wer die Zweikämpfe gewinnt, gewinnt auch das Spiel

Noch so eine alte Fußballweisheit. Doch es kommt ganz darauf an, wo die Zweikämpfe gewonnen werden. Gewinnt der Stürmer nur vier Zweikämpfe, aber jedes Mal genau vor dem Tor, und trifft, kann die Prozentzahl der insgesamt gewonnenen Zweikämpfe ziemlich egal sein. Dr. Roland Loy hat herausgefunden, dass nur zu etwa 40 Prozent die zweikampfstärkere Mannschaft gewinnt.

Albert Einstein war überhaupt kein schlechter Schüler. Ätsch!

Wissenschaft & Technik

Albert Einstein war ein schlechter Schüler, Thomas Edison hat die Glühlampe erfunden und James Watt die Dampfmaschine. Eine Vielzahl hartnäckiger wissenschaftlicher Irrtümer hat sich in unsere Allgemeinbildung eingeschlichen. Wir korrigieren sie ebenso wie das Gerücht, dass sich Fleisch in einer Nacht in Cola auflöst, und die Legende, dass Buchen vor Blitzen schützen.

Albert Einstein musste eine Schulklasse wiederholen

Diese Rechtfertigung für Generationen schlechter Schüler ist leider ein Irrtum. Albert Einstein (1879 bis 1955) war ein ziemlich guter und interessierter Schüler, vor allem in den Naturwissenschaften. Er galt als aufrührerisch, war aber wohl weit von schlechten Leistungen oder der Gefahr des Sitzenbleibens entfernt.

Albert Einstein bekam den Nobelpreis für die Relativitätstheorie

Albert Einstein formulierte 1905 die spezielle und 1916 die allgemeine Relativitätstheorie. Die Abhandlungen revolutionierten die Vorstellungen von Raum und Zeit und veränderten das physikalische Weltbild. Es war aber nicht die Relativitätstheorie, für die Einstein 1921 den Physik-Nobelpreis bekam. Ausgezeichnet wurde er für seine »Verdienste um die theoretische Physik, besonders für seine Entdeckung des Gesetzes des fotoelektrischen Effektes«, das Einstein 1905 verfasst hatte. Das Jahr 1905 war für das Genie ein besonders spektakuläres: Neben der speziellen Relativitätstheorie und dem Gesetz zum fotoelektrischen Effekt erschienen in diesem Jahr noch die quantentheoretische Erklärung der spezifischen Wärme fester Körper sowie eine Bestätigung für den molekularen Aufbau der Materie. Später meinte der deutsche Physiker Carl-Friedrich von Weizsäcker, alle vier Schriften seien nobelpreiswürdig gewesen.

Der Super-GAU von Tschernobyl war der größte Nuklearunfall

Die Katastrophe von Tschernobyl ereignete sich am 26. April 1986. Sie war die Folge einer Kernschmelze und Explosion im Block IV des Kernkraftwerkes. Große Mengen an radioaktiver Materie wurden in die Luft geschleudert. In den folgenden Tagen kam es zum Fallout in weiten Teilen des heutigen Russlands, der Ukraine sowie in Europa. Auch deutsche Regionen wurden stark kontaminiert. Wie viele Menschen letztlich durch den Super-GAU ums Leben gekommen sind, weiß man nicht. Der Super-GAU von Tschernobyl gilt als zweitgrößte Nuklearkatastrophe nach Majak 1957. In der Anlage wurde zu Sowjetzeiten der Großteil des waffenfähigen Plutoniums für die Kernwaffenproduktion hergestellt. Nach einer Explosion zog eine radioaktive Wolke 400 Kilometer in nordöstlicher Richtung und kontaminierte ein Gebiet von 20.000 Quadratkilometern.

Diamanten können nicht verbrennen

Doch, können sie. Diamanten bestehen aus reinem Kohlenstoff, der bei über 900 Grad Celsius verbrennt.

Bei Diamanten kann der Funke überspringen.

Alfred Nobel stiftete die Nobelpreise

Dynamit-Erfinder Alfred Nobel (1833 bis 1896) hinterließ bei seinem Tod keine Kinder und ein Vermögen von 31,2 Millionen Kronen. In seinem Testament heißt es: »Das Kapital, vom Testamentsvollstrecker in sicheren Wertpapieren realisiert, soll einen Fonds bilden, dessen jährliche Zinsen als Preise denen zuerteilt werden, die im verflossenen Jahr der Menschheit den größten Nutzen geleistet haben. Die Zinsen werden in fünf gleiche Teile geteilt, von denen zufällt: ein Teil dem, der auf dem

Gebiet der Physik die wichtigste Entdeckung oder Verbesserung gemacht hat; ein Teil dem, der die wichtigste chemische Entdeckung oder Verbesserung gemacht hat; ein Teil dem, der die wichtigste Entdeckung auf dem Gebiet der Physiologie oder der Medizin gemacht hat; ein Teil dem, der in der Literatur das Vorzüglichste in idealer Richtung geschaffen hat; und ein Teil dem, der am meisten oder besten für die Verbrüderung der Völker und für die Abschaffung oder Verminderung der stehenden Heere sowie die Bildung und Verbreitung von Friedenskongressen gewirkt hat.« Es fehlt: der Nobelpreis für Wirtschaftswissenschaften. Dieser heißt korrekt »Preis für Ökonomische Wissenschaften in Erinnerung an Alfred Nobel« und wurde 1969 von der Schwedischen Reichsbank anlässlich ihres 300-jährigen Bestehens gestiftet.

Strom fließt immer von Plus nach Minus

Man unterscheidet heute die technische und die physikalische Stromrichtung. Gemeint sind damit unterschiedliche Definitionen für die Richtung des elektrischen Stromes. Die technische Stromrichtung geht von einem Strom positiv angenommener Ladungen aus, die sich vom elektrisch positiven zum negativen Spannungspol bewegen. Zur Zeit dieser Festlegung waren die negativ geladenen Elektronen, die in metallischen Leitern als Ladungsträger vom negativen zum positiven Pol fließen (physikalische Stromrichtung), noch nicht bekannt. Dennoch wurde die Definition für die technische Stromrichtung als einheitliche Konvention beibehalten.

Thomas Edison hat die Glühlampe erfunden

Thomas Alva Edison (1847 bis 1931), der vielleicht größte Erfinder aller Zeiten, entwickelte 1879 die Kohlefadenglühlampe und gilt seither vielen als der Erfinder der Glühlampe. Das liegt vermutlich daran, dass seine Lampe am besten funktionierte. Tatsächlich gab es aber seit etwa 1820 eine ganze Reihe von Forschern, die Glühlampen entwickelten. So führte der Schotte James Bowman Lindsay 1835 konstantes elektrisches Licht vor. Das erste bekannte Patent auf eine Glühlampe erhielt der Engländer Frederick de Moleyns im Jahr 1841. Insgesamt haben vor Edison vier Erfinder Patente auf Glühlampen bekommen.

Es hilft, Münzen am Automaten zu reiben

Jeder kennt dieses Phänomen, dass ein Automat eine bereits einmal durchgefallene Münze akzeptiert, wenn sie zuvor an dem Gerät gerieben worden ist. Dafür gibt es aber keine Garantie. Ein Automat erkennt eine Münze an drei Kriterien: den Abmessungen des Geldstücks, seinem Gewicht und am magnetischen Anteil. Keine dieser Eigenschaften wird durch Reiben beeinflusst. Manchmal ist eine Münze einfach zu schwer, weil Schmutz daran klebt. Vielleicht wird durch Reiben dieser Schmutz abgetragen, sodass der unwillige Automat die Münze schließlich doch noch akzeptiert.

Ein Automat erkennt Münzen an den Maßen, dem Gewicht und dem magnetischen Anteil.

Apple-Computer können nicht von Viren befallen werden

Tatsächlich waren Apple-Computer und Macintosh-Betriebssysteme lange Zeit eine »No-Go-Area« für sogenannte Virenautoren. Vermutlich lag das hauptsächlich daran, dass die weltweite Apple-Dichte viel zu gering ist, um einem Virus zu epidemieartiger Verbreitung und damit zum eigentlichen Erfolg zu verhelfen. Anfang 2006 allerdings wurden Apple-Benutzer vor einem Wurm gewarnt, der über das Instant-Messaging-Programm i-Chat übertragen wurde. Es war der weltweit erste Apple-Schädling. Im Oktober 2006 schließlich wurden etwa 50 Apple-Computer von einem Virus befallen, der das Betriebssystem Mac OS X angriff. Es ist also möglich, Viren für Apple zu programmieren.

Viren können keine Hardware zerstören

In Einzelfällen und rein theoretisch schon. So kann es durch eine softwaregesteuerte Übertaktung von Grafikkarten und Bausteinen auf der Hauptplatine zu Überhitzungen und Überlastungen kommen, die bis zu einer Zerstörung dieser Komponenten führen können. Da bei heutigen PCs die Hardwarekomponentenauswahl sehr heterogen ist, gilt bisher die Meinung, dass es sich für Virenautoren nicht lohnt, solche Angriffe durchzuführen. Ein als Hardwareschaden missinterpretierter Schaden ist das Überschreiben des BIOS (Basic Input Output System), das heute meist in Flash-Speichern gespeichert ist. Wird dieser Flash-Speicher böswillig überschrieben, kann der Rechner nicht mehr starten. Da der Rechner nicht mehr startet, wird oft fälschlicherweise ein Hardwareschaden angenommen.

Die Kühlerfigur von Rolls-Royce-Modellen heißt Emily

Die legendäre Figur, die 1911 erstmals auf den mächtigen Kühlergrill gesetzt wurde, heißt offiziell »Spirit of Ecstasy«.

Bill Gates hat MS-DOS entwickelt

MS-DOS (kurz für »Microsoft Disk Operating System«) wurde von Tim Paterson entwickelt und 1980 an Microsoft verkauft. Der Siegeszug von MS-DOS begann, als Bill Gates das Betriebssystem an IBM verkaufte.

Handy ist die englische Bezeichnung für ein Mobiltelefon

Nein. »Handy« als Bezeichnung für ein Mobiltelefon kennt man nur in Deutschland. In Großbritannien heißt ein Handy »mobile phone« oder kurz »mobile«. In den USA bezeichnet man es als »cellular phone« oder kurz »cell phone«. »Handy« ist aber tatsächlich ein englisches Wort mit verschiedenen Bedeutungen wie »fingerfertig«, »nützlich« oder »in Reichweite«.

Geldscheine sind aus Papier

Nicht überall auf der Welt. Es gibt auch Geldscheine aus Kunststoff oder Polymer – so etwa in Nordirland, Rumänien und Australien.

Die Dampfmaschine ist eine Erfindung von James Watt

Nein, es gab einige Vorläufer. Der Franzose Denis Papin entwickelte bereits 1690 eine Versuchs-Dampfmaschine. Acht Jahre später ließ sich der Engländer Thomas Savery eine Weiterentwicklung patentieren, die zur Wasserversorgung in Landhäusern eingesetzt wurde. 1711 konstruierte Thomas Newcomen eine weitere Dampfmaschine. James Watt (1736 bis 1819) schließlich perfektionierte die Technik und präsentierte 1782 eine Dampfmaschine, die die industrielle Revolution und den späteren Ruhm von James Watt begründete.

Ein Pferd leistet eine Pferdestärke

Als James Watts Dampfmaschine ihren industriellen Siegeszug antrat, suchte man nach einer anschaulichen Leistungseinheit. Historisch gesehen wurde als Pferdestärke die durchschnittliche nutzbare Dauerleistung eines Arbeitspferdes verstanden, etwa beim Antrieb einer Mühle. Die internationale Einheit Pferdestärke (PS) wurde schließlich als Hebeleistung von 75 Kilogramm pro Meter pro Sekunde definiert. Tatsächlich können Pferde aber wesentlich mehr Leistung erbringen. In Extremfällen – wie im Galopp oder beim Springreiten – schaffen sie sogar bis zu 20 PS. Im Durchschnitt beträgt die Leistung eines Pferdes zwei bis drei PS. Die Einheit PS ist bei uns durch die Leistungsangabe bei Fahrzeugen immer noch geläufig, obwohl sie seit mehr als 30 Jahren offiziell abgeschafft und durch Kilowatt ersetzt worden ist. Ein PS entspricht 0,735 Kilowatt. Ab 1. Januar 2010 ist die PS-Angabe in der EU dann nicht mehr zulässig.

Fliegen ist sicherer als Bahnfahren

Wie so oft im Leben: Es kommt ganz darauf an. Vergleicht man die Zahl der Todesopfer je Reisekilometer, ist das Flugzeug tatsächlich etwa doppelt so sicher wie die Bahn. Vergleicht man dagegen Todesopfer je Transportstunde, dann ist Bahnfahren ungefähr drei Mal so sicher wie Fliegen. Um es noch komplizierter zu machen: Die meisten Flugunfälle ereignen sich bei Start und Landung. Das bedeutet: Zehn Inlandsflüge in der winterlichen Schweiz mit insgesamt acht Flugstunden sind deutlich gefährlicher als ein achtstündiger Interkontinentalflug nach New York im Sommer.

In Cola löst sich ein Stück Fleisch über Nacht auf

Seit über 50 Jahren eine höchst interessante Behauptung. So wie sie in diesem Fall formuliert ist, stimmt sie jedoch nicht. Nach einem Tag ist das Stück Fleisch durchaus noch da, zeigt aber schon deutliche Zersetzungsspuren. Nach einigen Tagen hat es sich dann tatsächlich aufgelöst. Interessant dabei: Ursächlich für die Auflösung ist die Kohlensäure. Das bedeutet, dass das Fleisch auch in Mineralwasser, Fanta oder Sprite verschwinden würde.

Kaltes Wasser gefriert schneller als heißes

Nein, es ist genau andersherum. Das liegt an der unterschiedlichen Verdunstung von heißem und kaltem Wasser. Heißem Wasser wird aufgrund der höheren Verdunstungsrate mehr Wärmeenergie entzogen, wodurch es das kalte Wasser im Abkühlprozess »einholen« kann. Durch die schnellere Verdunstung muss zudem auch weniger Wasser gefrieren. Deshalb läuft der Gefrierprozess bei heißem Wasser schneller ab als bei kaltem.

Oft heißt es, Reisen mit der Bahn sei nicht so sicher wie Fliegen. Das stimmt so nicht.

Nach jedem Blitz donnert es

Tatsächlich ist es so, dass es in rund 40 Prozent aller Fälle lautlos blitzt.

Wer vom Blitz getroffen wird, stirbt garantiert

Nicht zwangsläufig. 35 bis 40 Prozent sterben, das sind etwa drei bis sieben Menschen pro Jahr. Wer einen Blitzschlag überlebt, muss allerdings häufig mit schweren Schädigungen an Herz, Hirn, Augen oder Ohren rechnen.

Mit der Energie eines Blitzes könnte man eine Kleinstadt eine Stunde lang mit Strom versorgen

Ein Blitz setzt gewaltige Energie frei. Es können Spannungen bis 100 Millionen Volt und Stromstärken bis 100.000 Ampere auftreten. Diese Energie wird jedoch im Wortsinne blitzartig, in weniger als 0,01 Sekunden, entladen. Die Entladung eines Blitzes entspricht im Schnitt 40 Kilowattstunden, also etwa vier Litern Heizöl. Für eine Kleinstadt ist das eindeutig zu wenig.

Ein Blitz schlägt nirgends zweimal ein

Das ist ein völlig haltloser Irrglaube. Die Wahrscheinlichkeit, dass ein Blitz in einen bereits getroffenen Baum oder ein bereits getroffenes Haus einschlägt, ist genauso groß wie an jedem anderen Punkt.

Eichen sollst du weichen, Buchen sollst du suchen

Das ist eine jener Bauernregeln, die sich zwar schön reimen, aber einfach nicht stimmen. Fakt ist einfach: Je höher ein Baum ist, umso leichter kann er von einem Blitz getroffen werden. Die Weisheit kommt wohl von den Schäden, die beide Baumarten nach einem Blitzschlag davontragen: Eichen werden von Blitzen immer deutlich sichtbar zerstört, während sie an den glatten Rinden von Buchen oft ohne sichtbaren Schaden einfach abgleiten.

Blitze gehen vom Himmel auf die Erde

… und wieder zurück. Bei der Entladung sucht sich zunächst ein sogenannter Vorblitz den Weg zum Boden. Kommt die Spitze des Vorblitzes in die Nähe eines Baumes, Kirchturmes oder Antennenmastes, kommt ihm von dort ein kleiner Blitz entgegen. Sobald sich beide treffen, ist die Leitung zwischen Wolke und Erde verbunden, und es kommt zur Entladung des Hauptblitzes – mit bis zu 100.000 Kilometern pro Sekunde. Diese sichtbare Hauptentladung geht tatsächlich von unten nach oben.

Gummireifen am Auto schützen vor Blitzen

Im Inneren eines Autos ist man tatsächlich relativ sicher vor Blitzen. Das liegt jedoch nicht an den Gummireifen, sondern an dem sogenannten Faradaykäfig. Der englische Physiker Michael Faraday (1791 bis 1867) fand heraus, dass sich Ladung nur auf der Außenseite eines geladenen Leiters konzentriert. Autos sind ein Faradaykäfig, eine Hülle aus leitfähigem Material, der dafür sorgt, dass Insassen eines Autos beispielsweise vor Blitzeinschlägen geschützt sind.

Spannungen bis 100 Millionen Volt, Stromstärken bis 100.000 Ampere, Geschwindigkeiten bis 100.000 Kilometer pro Sekunde, Temperaturen bis 30.000 Grad: Blitze sind ein ebenso faszinierendes wie gefährliches Naturphänomen.

Eine Kompassnadel zeigt nach Norden? Fast.

Pythagoras hat den pythagoreischen Lehrsatz entdeckt

$a^2 + b^2 = c^2$. Generationen von Schülern haben diesen berühmten Lehrsatz der Mathematik schon verflucht und seinen Schöpfer Pythagoras gleich dazu. Dabei hat der griechische Mathematiker (um 570 v. Chr. bis nach 510 v. Chr.) das Gesetz, wonach in allen rechtwinkligen Dreiecken die Summe der Flächeninhalte der Kathetenquadrate gleich dem Flächeninhalt des Hypotenusenquadrates ist, gar nicht entdeckt, sondern »nur« als Erster theoretisch formuliert.
Nach diesem Prinzip haben nämlich schon sehr viel früher als die Griechen indische, babylonische und ägyptische Baumeister Bauten konstruiert.

Eine Kompassnadel zeigt immer nach Norden

Kompassnadeln zeigen zum magnetischen Südpol, der in der Nähe des geografischen Nordpols liegt, aber eben nicht mit ihm identisch ist. Der magnetische Südpol liegt zurzeit bei den Königin-Elisabeth-Inseln in Kanada, etwa 2000 Kilometer vom geografischen Nordpol entfernt. Da sich das Erdmagnetfeld ständig verändert, kann auch die Lage des magnetischen Südpols wandern.

Teflon ist ein Nebenprodukt der Raumfahrtindustrie

Teflon ist ein Handelsname des Unternehmens DuPont für Polytetrafluorethylen (PTFE). Bekannt geworden ist PTFE als Antihaftbeschichtung bei Töpfen und Pfannen, in hauchdünnen Schichten kommt es als Gore-Tex zum Einsatz. Viele glauben, Polytetrafluorethylen sei ein Nebenprodukt der Raumfahrt. Doch die begann erst im Jahre 1957. Der Chemiker Roy Plunkett entdeckte PTFE aus Zufall aber bereits 1938. Und auch noch vor Beginn des Raumfahrtzeitalters wurden die ersten Bratpfannen ab Mitte der 50er-Jahre mit PTFE beschichtet.

Alle Holzarten schwimmen im Wasser

Nein. Als »Eisenhölzer« sind viele, vor allem tropische, Bäume bekannt, die eine höhere Dichte haben als Wasser (1g/cm³). Dichteres Holz geht in Wasser unter – wie beispielsweise der Afrikanische Eisenholzbaum. Er weist eine Dichte von 1,5g/cm³ auf.

Wäsche trocknet besser, wenn es warm ist

Ganz im Gegenteil. Wäsche trocknet bei frostigen Temperaturen besonders gut. Zunächst wird Wäsche, die bei Minusgraden im Freien hängt, hart, und sie gefriert. Nach einiger Zeit jedoch verflüchtigt sich das Eis, und die Kleidung ist kalt, aber trocken. Der Grund liegt in den besonderen Eigenschaften von Wasser. Normalerweise verändert sich Wasser abhängig von Druck oder Temperatur von Eis zu Wasser und schließlich zu Wasserdampf. Unter null Grad dagegen gibt es nur den Übergang von Eis zu Wasserdampf. Diesen Vorgang nennt man Sublimation. Wäsche trocknet also, indem das Wasser zunächst gefriert und dann verdunstet, ohne zuvor nochmals flüssig zu werden. Voraussetzungen für die Sublimation, also den Übergang von einem festen in einen gasförmigen Aggregatzustand, sind besondere Druck- und Temperaturverhältnisse, die eben bei Minusgraden und trockener Luft optimal erfüllt sind.

Salz bringt Eis zum Schmelzen

Korrekt ist, dass das Eis oder vielmehr der hauchdünne Wasserfilm auf der Eisoberfläche das Salz auflöst. Dieser Film bildet sich so lange nach, bis das gesamte Salz aufgelöst oder das Eis verschwunden ist. Übrig bleibt Salzwasser. Schmelzen bedeutet zwar auch den Übergang eines Stoffes vom festen in den flüssigen Aggregatzustand, aber nach dem Schmelzen handelt es sich immer noch um denselben Stoff, und nicht um ein Gemisch wie zum Beispiel Salzwasser.

Die Peitsche knallt durch das Auftreffen des Lederriemens

Der Peitschenknall entsteht dadurch, dass die Peitsche bei einem richtigen Schlag mit reichlich Schwung Schallgeschwindigkeit erreicht und die Schallmauer durchbricht.

Ob Katzen Milch mögen? Egal! Sie vertragen sie nicht!

Tiere

Der Waschbär ist reinlich, das Faultier ist faul, der Koalabär ist ein Bär, Glühwürmchen sind Würmer – was man nicht alles glauben soll im Reich der Tiere. Kommen Sie mit auf eine tierische Expedition – von ihrem eigenen Keller bis in die Tiefen des Meeres. Und wenn Sie »keinen Bock« haben, erfahren Sie gleich, dass das nichts mit Ziegenböcken zu tun hat!

Katzen mögen gerne Milch, deswegen sollte man sie damit füttern

Katzen mögen zwar Milch, aber füttern sollte man sie damit nicht, denn Katzen vertragen keine Milch. Kuhmilch enthält den Milchzucker Laktose, und Katzen fehlt von Natur aus das Enzym Laktase. Laktase wird dazu benötigt, Laktose abzubauen. Gelangt Laktose unverdaut in den Darm, kann es zu Durchfall kommen.

Bücklinge können sich bücken

Bücklinge sind keine besonders gelenkigen Fische, die sich prima bücken könnten. Mit Bücken hat ihr Name rein gar nichts zu tun. Ihr Name kommt vom niederländischen Begriff für Räucherfisch: »boksharing«. »Bok« bezieht den intensiven Geruch des Räucherfisches mit ein, der an einen Bock erinnert.

Zecken zählt man zu den Insekten

Nein, Zecken gehören nicht zu den Insekten, sondern sind Spinnentiere. Sie haben vier Beinpaare, nicht drei wie Insekten.

Faultiere sind die faulsten Tiere der Welt

Faultiere sind in der Tat sehr faul und verschlafen mit 18 Stunden den Großteil ihres Tages. Aber noch fauler sind Koalas, sie schlafen rund 20 Stunden.

Zecken sollte man am besten aus der Haut herausdrehen

Nein! Denn beim Herausdrehen könnte der Kopf der Zecke abgedreht werden. Um eine Zecke zu entfernen, sollte man eine Pinzette mit nicht zu scharfen Kanten möglichst dicht an der Hautoberfläche ansetzen und vorsichtig gerade hochziehen. Die Zecke darf dabei auf keinen Fall verletzt werden, da erst dann die giftigen Stoffe über den Zeckenkopf in die Blutbahn des Menschen gelangen und so Krankheiten auslösen können.

Giraffen haben mehr Halswirbel als Mäuse

Egal, wie lang ein Hals ist, Säugetiere haben immer gleich viele Halswirbel, nämlich sieben!

Der Waschbär ist besonders reinlich

Als der Waschbär entdeckt wurde, wurde er dabei beobachtet, wie er Fische fängt. Dabei hat er immer mit den Pfoten ins Wasser gefasst und dann ins Gesicht. Das sah so aus, als würde er sich waschen!

Schlangen sterben, wenn sie sich auf die Zunge beißen

Nein. Erstens sind Schlangen immun gegen ihr eigenes Gift. Zweitens können sie sich gar nicht auf die Zunge beißen, weil das aufgrund ihres Körperbaus unmöglich ist. Der Kopf der Kobra beispielsweise ist so gebaut, dass ihre Giftzähne erst dann nach unten ausfahren, wenn ihr Kiefer weit aufgesperrt ist. Die Zähne, durch die sie das Gift spritzt, sind durch einen feinen Kanal mit den Giftdrüsen verbunden.

Vogelspinnen sind die gefährlichsten Spinnen der Welt

Nein, sind sie nicht. Der Biss der Vogelspinne ist zwar schmerzhaft, aber harmlos (es sei denn, man ist allergisch). Anders dagegen sieht es bei der australischen Funnel Web (Atrax robustus) aus. Speziell die in Sydney lebende Art gilt als die gefährlichste Spinne der Welt. Bestandteil ihres Giftes ist das Nervengift Atraxotoxin, das die Kontrolle über Muskulatur und Atmung lähmt und tödlich sein kann. Seit 1981 besitzt jeder Arzt in Australien das passende Gegengift. Seither sind keine Todesfälle mehr bekannt geworden.

Acht Beine, zwei Körperteile: Spinnen sind keine Insekten, sondern bilden eine eigene Klasse.

Spinnen gehören zu den Insekten

Nein, Spinnen gehören nicht zur Gattung der Insekten. Die Erklärung ist ganz einfach. Insekten haben sechs Beine und, falls sie Flügel haben, vier davon. Spinnen haben acht Beine und nie Flügel! Außerdem bestehen Insektenkörper aus den drei Teilen Kopf, Brust und Hinterleib, Spinnen hingegen nur aus zwei, dem Vorder- und dem Hinterleib. Zu guter Letzt haben Insekten Facettenaugen, die sich aus unzähligen kleinen Einzelaugen zusammensetzen. Spinnen hingegen haben maximal acht bis zehn Einzelaugen, niemals Facettenaugen.

Bienen sterben immer, wenn sie stechen

Kommt darauf an. Stechen Arbeitsbienen Menschen oder Tiere, bleibt der Widerhaken des Stachels in der Haut stecken. Beim Wegfliegen reißt der Biene der Hinterleib ab, und sie stirbt daran. Sticht eine Biene hingegen andere Insekten oder Vögel, kann sie ihren Stachel wieder herausziehen.

Eine Biene muss nach dem Stechen nicht unbedingt sterben!

Katzen finden Schokolade sehr lecker

Nein, Katzen können Süßes gar nicht schmecken. Katzen fehlen Teile des Gens, das für die Wahrnehmung süßer Geschmacksrichtungen zuständig ist. Das ist nicht nur bei Hauskatzen so, sondern auch bei Tigern und Geparden. Wenn sie doch mal Schokolade fressen, liegt das eher am Fettgehalt, nicht aber am darin enthaltenen Zucker. Die beliebten Schokopralinen heißen also nicht »Katzenzungen«, weil Katzen sie gerne essen, sondern vielmehr ihrer speziellen Form wegen.

Frösche haben keinen einzigen Zahn

Doch. Die meisten Froscharten haben Zähne im Oberkiefer, die allerdings nicht zum Kauen, sondern zum Festhalten der Beute dienen.

Affenschande kommt von Affen

Das Wort »Affenschande« hat nichts mit Affen zu tun, sondern kommt aus dem Niederdeutschen von »aapen schann«, übersetzt »offene Schande«.

Der Feuersalamander hat etwas mit Feuer zu tun

Nein, eigentlich nicht. Doch der Feuersalamander kann eine Flüssigkeit spritzen, die auf der Haut brennt. So schützt er sich vor Feinden.

Hunde dürfen Schokolade essen

Nein, das kann sogar sehr gefährlich für Hunde sein! Schokolade enthält Koffein und Theobromin. Beides kann bei Hunden zu Herzproblemen führen. Besonders viel davon ist in Bitter- und Blockschokolade enthalten. Je nachdem wie groß der Hund ist, verträgt er mehr oder weniger.

Ein Hornissenstich tötet ein Kind, sieben Stiche ein Pferd

Das stimmt nicht! Ein Hornissenstich enthält nicht mehr Gift als ein Bienenstich. Sogar ein Wespenstich hat toxisch gesehen mehr Gift als ein Bienen- oder Hornissenstich. Allerdings ist ein Hornissenstich sehr viel schmerzhafter.

Kellerasseln zählt man zu den Insekten

Kellerasseln gehören nicht zur Klasse der Insekten, sondern sind eine Krebsart. Da ihre Artgenossen also Fluss- oder Meerestiere sind, brauchen sie eine feuchte Umgebung zum Leben. Dass sie nicht zu den Insekten gehören, kann man auch gut daran erkennen, dass Kellerasseln statt sechs Beinen sieben Beinpaare haben.

Hummeln können nicht stechen

Doch, Hummelweibchen haben einen Stachel. Sie sind aber im Grunde friedliche Tiere. Bevor Hummeln stechen, geben sie eindeutige Warnzeichen. Zum Beispiel drehen sie sich auf den Rücken und strecken dem Angreifer ihr Hinterteil mit dem Stachel entgegen. Sie stechen erst dann, wenn sie sich eingeengt fühlen oder ihnen der Ausgang aus dem Nest versperrt wird. Aber keine Sorge: Hummelstiche sind nicht so schlimm wie Stiche von Wespen oder Bienen.

Sardellen sind kleine Sardinen

Nein, das ist falsch. Sardellen und Sardinen sind völlig unterschiedliche Fischarten. Während Sardellen, auch Anchovis genannt, etwa 15 Zentimeter lang werden und ganz gegessen werden können, werden Sardinen bis zu 25 Zentimeter groß und müssen vor dem Verzehr entgrätet werden.

Elefanten vergessen nichts

Elefanten haben den Ruf, ein ganz exzellentes Gedächtnis zu haben. Es heißt, sie vergessen nichts. Aber genau konnte man das nie nachweisen. Wenn sich ein Elefant noch lange später an das Gesicht eines Menschen erinnert, der ihm mal etwas Böses getan hat, unterscheidet ihn das nicht von einem Hund!

Elfenbein besteht ausschließlich aus den Stoßzähnen von Elefanten

Nein, zum einen wird Elfenbein nicht nur aus Stoßzähnen gewonnen, sondern auch aus fossilen Überresten. Und zum anderen kann Elfenbein auch von Stoßzähnen anderer Tiere stammen, wie zum Beispiel von Nilpferden, Walen oder auch Wildschweinen!

Alte Elefanten in der Natur sterben an Altersschwäche

Nein, das stimmt so nicht, denn in den meisten Fällen verhungern sie! Elefanten brauchen täglich etwa 150 Kilogramm Nahrung. Bei alten Elefanten, die in der Natur leben, sind die Backenzähne aber schon so abgenutzt, dass sie nicht mehr kauen können und dann verhungern.

Elefanten haben Angst vor Mäusen

Elefanten sind sehr friedliebende Tiere und haben keine natürlichen Feinde! Deswegen haben sie auch prinzipiell nichts gegen Mäuse. Sie beschnuppern sie sogar neugierig! Und nur weil ein Elefant vielleicht erschrickt, wenn eine Maus im Stroh raschelt, heißt das noch lange nicht, dass er Angst hat.

Elefanten haben eine dicke Haut

Nicht überall! An empfindlichen Körperteilen wie Rüssel und Beinen ist die Haut der Elefanten mit etwa drei Zentimetern in der Tat recht dick. Am Bauch oder hinter den Ohren hingegen ist die Haut der sogenannten »Dickhäuter« dünn wie Papier!

Elefanten werden bis zu 100 Jahre alt

Nein, Elefanten haben eine Lebenserwartung von 60 bis 80 Jahren. Der älteste Elefant der Welt lebte im Zoo von Taipeh und wurde 86 Jahre alt. Der älteste Elefant in Deutschland ist Vilja in der Wilhema in Stuttgart. Am 7. Mai 2007 wurde Viljas 58. Geburtstag gefeiert.

Es gibt weiße Elefanten

Die heute als weiße Elefanten vor allem in Südostasien verehrten Tiere sind hellgrau und rosa gefärbte Albinos. In Thailand sind diese Elefanten heilig und ein Symbol für königliche Macht. Bis zum Anfang des 20. Jahrhunderts schmückte ein weißer Elefant sogar die Flagge Thailands.

Elefanten haben an manchen Stellen auch dünne Haut.

Rote Sachen machen Stiere aggressiv

Wenn ein Stier auf den Torero losstürmt, der ein rotes Tuch hin- und herschwenkt, begehen viele den Irrtum zu glauben, es sei die rote Farbe, die den Stier aggressiv macht. Aber Stiere sind in Wirklichkeit farbenblind und können lediglich verschiedene Grautöne erkennen. Dass sie trotzdem so wild werden, liegt daran, dass sie im Vorfeld so sehr aufgehetzt werden.

Korallen sind Meerespflanzen

Korallen sehen zwar aus wie Pflanzen, sind aber sogenannte Hohlraumtiere. Zu ihrem eigenen Schutz bauen sie aus Kalk einen Schutzmantel um sich auf, in den sie sich bei Gefahr zurückziehen können. Dieser Kalkmantel verwächst mit der Zeit fest mit dem Meeresboden. Korallenriffe sind nichts anderes als viele abgestorbene Korallen, auf denen schließlich wieder neue Korallen festwachsen.

Es ist nicht die rote Farbe, die den Stier wild macht!

Fische schlafen weder am Tag noch in der Nacht

Nur weil Fische ihre Augen nicht schließen können, heißt das nicht, dass sie nicht schlafen. Denn Schlafen bedeutet hauptsächlich zweierlei: Der Körper fährt alle Aktivitäten herunter, tut eine Weile nur das Lebensnotwendige. Und das Gehirn vermindert seine Aufmerksamkeit – man bekommt kaum mehr mit, was rundherum passiert. Dazu müssen die Augen nicht geschlossen sein: Man klappt seine Ohren zum Schlafen ja auch nicht zu, trotzdem hört man nachts nichts außer dem schrillen Wecker am nächsten Morgen. So ist es bei Fischen auch: Sie atmen weniger, das Herz schlägt langsamer. Manche legen sich auf die Seite, manche klemmen eine Flosse zwischen Steine, um nicht davonzutreiben, wieder andere schwimmen langsam mechanisch vor sich hin. Und so, wie Lärm einen aus dem Schlaf reißt, kann ein einziger Lichtstrahl Fische aufwecken.

Libellen können die Menschen stechen

Nein, Libellen sind ungefährlich. Sie können nicht stechen, da sie überhaupt keinen Stachel haben.

Koalas gehören zur Familie der Bären

Koalas werden zwar häufig als Koalabären bezeichnet, aber mit der Familie der Bären haben sie nichts zu tun. Sie gehören zu den Beuteltieren.

Hunde können Farben nicht unterscheiden

So kann man das nicht sagen. Hunde sehen sehr wohl Farben, allerdings anders als Menschen. Hunde können im Gegensatz zum Menschen kein Rot sehen, da ihnen dafür der Rezeptor fehlt.

Bären halten jedes Jahr Winterschlaf

In der Tierwelt versteht man unter Winterschlaf, dass der Stoffwechsel weitgehend heruntergefahren wird und sich das Tier an die Temperatur der Umgebung anpasst. Einen solchen Winterschlaf halten beispielsweise Igel oder Siebenschläfer. Der Bär hingegen schläft zwar im Winter lange Zeit durch, und das auch tief und fest, aber der Stoffwechsel bleibt auf normalem Niveau.

Ohrwürmer krabbeln am liebsten in unsere Ohren

Ohrwürmer heißen so, weil sie am Hinterleib einen Fortsatz haben, der aussieht wie ein Ohr. Sie leben von Blättern und Insekten, deswegen würde es ihnen im menschlichen Ohr kaum gefallen! Außerdem mögen sie sicher kein bitteres Ohrenschmalz.

Fische können absolut gar nichts hören

Nein, Fische haben auch ein Gehörorgan, das sogenannte Labyrinth. Es hat aber keinen äußeren Gehörgang, sondern besteht aus zwei mit Flüssigkeit gefüllten Blasen mit den Gehörsteinen und drei Bogengängen. Dieses Labyrinth ist bei den meisten Fischen durch einige bewegliche Knochen mit der Schwimmblase verbunden. Fische haben also nur ein inneres Gehörorgan.

Drosseln sind größer als Amseln

Das kann nicht sein: Amseln sind eine Drosselart, und zwar, um genau zu sein, die größte aller Drosselarten.

Elstern stehlen Schmuck und Silberlöffel

Man sagt der Elster nach, sie würde stehlen: alles, was blinkt und blitzt, mit Vorliebe Schmuck und Silberlöffel. Doch genaue Untersuchungen unzähliger Elsternnester konnten das nicht bestätigen.

Zecken lassen sich von Bäumen fallen!

Nein, Zecken können nur bei direktem Kontakt auf ihren Wirt übergehen. Sie klettern also auf Gräser, Büsche und Bäume bis zu eineinhalb Meter hoch und krabbeln, wenn sie die Chance bekommen, direkt auf den sogenannten Wirt. Hier suchen sie sich dann einen geeigneten Platz zum Blutsaugen.

Blindschleichen sind Schlangen

Nein, Blindschleichen gehören zur Familie der Schleichen, die man wiederum zu den Echsen zählt und nicht zu den Schlangen. Der entscheidende Unterschied ist, dass Schleichen oder Echsen fragile Schwänze haben.

Blindschleichen sind völlig blind

Blindschleichen müssten eigentlich »Blendeschleichen« heißen, denn sie haben eine metallisch glänzende Haut, die in der Sonne blendet. Blind sind sie nicht! Sie sehen ebenso gut wie Echsen, zu deren Art sie zählen.

Eichhörnchen haben ihren Namen von den Eichen

Nein, der Name der Eichhörnchen geht auf das alte Wort »eig« zurück, was so viel bedeutet wie »schwingen« oder »sich heftig bewegen«. Passend für Eichhörnchen, die Bäume hochflitzen und von Ast zu Ast springen.

Alle Vögel können fliegen

Zu den charakteristischen Merkmalen der Vögel zählt neben dem Nestbau und dem Federkleid die Fähigkeit zu fliegen. Während tatsächlich alle Vögel Federn haben, gibt es Arten, die keine Nester bauen. Und es gibt Vögel, die nicht fliegen können. Das trifft beispielsweise auf Pinguine, den afrikanischen Strauß, Galapagoskormorane oder Kiwis zu. Auch einige bereits ausgestorbene Vögel wie der Riesenalk konnten nicht fliegen. Die Flugunfähigkeit führen Ornithologen (Vogelkundler) auf vier Gründe zurück: die Anpassung an ein Leben im Wasser, die Umstellung auf schnelles Laufen, die Behinderung durch ein zu hohes Gewicht und das Fehlen von Raubtieren, die am Boden leben. Flugunfähige Vögel sind in dieser Klasse der Tiere absolut in der Minderheit. Insgesamt sind knapp 10.000 Vogelarten bekannt.

Eintagsfliegen leben nur einen Tag lang

Tatsächlich ist es so, dass erwachsene Eintagsfliegen meist nur ein bis vier Tage leben, selten länger als eine Woche. Manche schaffen sogar nur ein paar Minuten. Diese kurze Lebenszeit dient ausschließlich der Begattung und Eiablage. Was allerdings oft nicht berücksichtigt wird: Diese letzte Lebensphase folgt auf ein Larvenstadium, das zwischen ein und vier Jahren andauert. Eintagsfliegen gehören zu den ältesten Tieren überhaupt und gelten als ursprünglichste Fluginsekten. Es gibt sie schon seit 200 Millionen Jahren. Man kennt etwa 2800 unterschiedliche Arten.

Glühwürmchen sind Würmer

Glühwürmchen sind keine Würmer, sondern zählen zur Gattung der Käfer.

Ratten übertragen die Pest

Nein, Ratten sind vielmehr selbst Opfer der Pest! Überträger ist der sogenannte Rattenfloh, der als Zwischenwirt den gefährlichen Erreger in sich trägt. Sein Wirt wiederum sind Ratten und andere Nagetiere. Erst wenn er keinen geeigneten Wirt mehr bei ihnen findet, greift er auch Menschen an.

Kamele speichern in ihren Höckern Wasser

Das stimmt nicht! Kamele speichern zwar Wasser, sogar große Mengen von 100 bis 150 Litern (das reicht für zwei Wochen!), aber sie speichern das Wasser im Magensystem. Auch in den Höckern wird Vorrat für schlechte Zeiten gespeichert, allerdings handelt es sich dabei um Fett. Und davon passt sogar so viel in die Höcker, dass es für einen ganzen Monat reicht!

Grasmücke kommt von Gras und Mücke

Der Name Grasmücke kommt aus dem Mittelhochdeutschen von »grasmiege«. Das bedeutet Grauschlüpfer, denn der Vogel ist grau und schlüpft begeistert durchs Gebüsch.

Nach dem Zertrennen eines Regenwurmes leben beide Teile weiter

Nein, nur die vordere Hälfte. Und nur dann, wenn sie groß genug ist, dass keine lebenswichtigen Organe bei dem Wurm zerstört wurden. Die hintere Hälfte wächst dann wesentlich dünner nach.

Das Vorderteil eines zerteilten Regenwurms lebt weiter.

Affen lausen sich gegenseitig

Das sieht auf jeden Fall so aus! Doch bei dieser intensiven gegenseitigen Fellpflege, der bei den Affen eine große Bedeutung innerhalb der Gruppe zukommt, werden nicht Läuse gesucht und entfernt, sondern Hautschüppchen und Salzkristalle. Und was im Fell des Kumpanen gefunden wird, wird auf der Stelle verzehrt.

Das Chamäleon passt sich farblich seiner Umgebung an

Das Chamäleon wechselt zwar seine Farbe, aber nicht aufgrund der Umgebung, sondern je nach Gemütszustand! Je nachdem, ob das Chamäleon also gestresst, durstig oder verfroren ist, ändert es entsprechend seine Farbe.

Schnaken stechen ganz schön zu

Nein, Schnaken sind nicht zu verwechseln mit Stechmücken! Auch wenn das in Süddeutschland, Österreich und der Schweiz umgangssprachlich oft so behauptet wird.

Motten fressen Löcher in Kleidungsstücke

Nicht die Motte selbst rückt unseren Kleidungsstücken zu Leibe, sondern die Larven. Motten legen ihre Eier einzeln auf Stoffen, Wolle und Polstern ab. Nach etwa zwei Wochen schlüpfen daraus kleine Raupen, die sogenannten Larven. Diese Larven brauchen zum Leben Keratin, ein Protein, das in Tierhaaren enthalten ist. Also knabbern sie Wolle, Seide, Felle und Pelze an.

Die meisten Schlangenarten sind giftig

Schlangen sind eine Unterordnung der Reptilien. Es gibt heute etwa 3000 Schlangenarten, die in 16 Familien zusammengefasst werden. Nur etwa 400 sind giftig. 50 von ihnen sind potenziell tödlich für den Menschen. Die giftigste Schlange der Welt ist der australische Inlandtaipan. Sein Gift ist 50-mal giftiger als das der indischen Kobra. Die bei einem Biss abgesonderte Menge reicht aus, um 100 erwachsene Menschen, 250.000 Mäuse oder 150.000 Ratten zu töten. Jährlich werden etwa fünf Millionen Menschen von Schlangen gebissen, rund 125.000 sterben daran.

Vögel können nicht auf Ästen oder Stromleitungen schlafen

Im Gegensatz zu Menschen, die beim Einschlafen die Muskeln entspannen, sind die Sehnen in den Füßen von Vögeln so angeordnet, dass sich die Krallen automatisch fest um den Ast schließen. So kann der Vogel während des Schlafens nicht herunterfallen. Erst wenn er sich wieder aufrichtet, lösen sich auch die Krallen.

»Keinen Bock mehr haben« kommt von Ziegenböcken

Wenn Jugendliche keine Lust mehr haben, haben sie »keinen Bock mehr« oder »null Bock«. Das hat aber nichts mit der Tierwelt im Allgemeinen oder den Ziegenböcken im Speziellen zu tun, sondern kommt aus der Zigeunersprache, wo »bokh« so viel bedeutet wie Hunger, übertragen auch Gier oder Lust.

Vögel fallen beim Schlafen nicht herunter.

Die Tränen von Krokodilen beim Fressen ihrer Opfer zeugen von Emotionen

Wenn Krokodile ihre Beute verschlingen, reißen sie ihr Maul so weit auf, dass Druck auf die Tränendrüsen ausgeübt wird. Deswegen kullert dem Krokodil in dem Moment schon mal eine dicke Träne herunter! Solche Krokodilstränen sind also ein rein körperliches Phänomen und rühren nicht von Freude oder Traurigkeit!

Ein Huhn legt jeden Tag ein Ei ins Nest

Das ist ein bisschen viel verlangt. Ein wildes Huhn legt nur etwa 30 Eier im Jahr. Ein normales frei laufendes Haushuhn bringt es schon auf ein Vielfaches davon, nämlich auf 150 bis 200 Stück pro Jahr. Den Rekord halten Hühner in Käfighaltung, bei denen die Häufigkeit des Eierlegens auf künstliche Weise gesteigert wird – sie kommen bis auf 300 Eier pro Jahr.

»Amtsschimmel« hat etwas mit Pferden zu tun

Nein, dieses Wort hat sich wohl über lange Zeiten vom lateinischen Wort »simile» entwickelt, weil sich Beamte in der Regel gar so korrekt an alle Mustervordrucke halten! Aus »simile« wurde Schimmel.

Bisamratten sind Ratten

Bisamratten gehören nicht zur Familie der Ratten, sondern zur Familie der Wühlmäuse. Den Namen tragen sie vermutlich, weil sie ähnlich wie Ratten lange Schwänze haben.

Pferde schlafen immer im Stehen

Nein, Pferde schlafen nur dann im Stehen, wenn sie fluchtbereit sein müssen. In freier Wildbahn zum Beispiel. Dann schlafen sie aber auch nicht richtig, sondern dösen eher vor sich hin. Nur wenn sich Pferde richtig sicher fühlen, in einer Box beispielsweise, legen sie sich zum Schlafen hin. Im Liegen sind auch bei Pferden echte Tiefschlafphasen möglich.

Alle Säugetiere bringen lebende Tiere zur Welt

Nicht alle! Es gibt einige wenige Ausnahmen, die Eier legen. Heute gibt es noch fünf Arten solcher sogenannter Ursäuger oder auch Kloakentiere, die alle in Australien und Neuseeland leben. Diese fünf Arten zählen zu den beiden Familien der Schnabeltiere und der Ameisenigel. Sie zählen zu den Säugetieren, bringen aber keine lebenden Jungen zur Welt, sondern bauen ein Nest und legen Eier hinein, die sie dann ausbrüten. Diese Säugetiere haben auch keine Milchdrüsen. Durch Poren gelangt die Milch auf den Bauch des Muttertiers, von dem es die Jungen dann ablecken.

Nur Säugetiere bringen lebende Junge zur Welt

Alle Säugetiere außer den Eier legenden Ursäugern oder Kloakentieren bringen lebende Junge zur Welt. Aber auch einige Tiere, die nicht zu den Säugetieren zählen, sind lebend gebärend (»viviparus»). Dazu zählen einige Reptilien, Amphibien wie der Alpensalamander, wenige Knochenfische, der Zahnkarpfen zum Beispiel, und manche Wirbellose.

Hunde und Katzen vertragen sich nicht

Das muss nicht so sein, es gibt zahlreiche Gegenbeispiele! Ganz unproblematisch ist es, wenn die beiden Tiere miteinander aufwachsen. Dann sind sie von vornherein aneinander gewöhnt. Kommt eine junge Katze zu einem älteren Hund dazu, ist das in der Regel auch unproblematisch. Schwieriger ist ein junger Hund, der zu einer älteren Katze kommt. Aber auch da ist eine Freundschaft nicht ausgeschlossen. Grundsätzlich ist es wie bei vielen anderen Tieren auch hier so, dass es eine Frage der Revierverteidigung und der Kommunikation sein könnte. Denn Hunde und Katzen verhalten sich einfach in vielen Fällen unterschiedlich, wenn nicht sogar gegensätzlich. Hebt zum Beispiel ein Hund seine Pfote, will er damit sagen, dass er spielen möchte. Hebt hingegen eine Katze die Pfote, ist das ein Zeichen von Aggression und eine Ankündigung, dass sie womöglich gleich ordentlich mit der Pfote zuschlagen wird.

Grasmücken sind Mücken

Nein! Grasmücken sind in Wirklichkeit Singvögel!

Der Leithengst führt die Herde an

Nein, der Leithengst ist in einer Herde in erster Linie für die Verteidigung vor Feinden zuständig und für die Weitergabe seiner Gene. Die Leitstute hingegen ist diejenige, die die Herde führt und organisiert.

Füchse stehlen mit Vorliebe Gänse

Ja, aber nur im Märchen! Im normalen Leben hingegen kann es ein Fuchs nicht so leicht mit einer Gans aufnehmen. Sie ist ein gutes Stück größer als er und könnte ihn mit ihren Flügeln leicht verletzen. Der Fuchs vergreift sich eher an kleineren Tieren wie Hühnern, Enten oder Hasen – was ihm gerade in die Quere kommt.

Pandas sind immer schwarz-weiß

Nicht unbedingt, es kommt ganz auf die Art an! Man unterscheidet zwischen Kleinem und Großem Panda. Der Große ist der schwarz-weiße, den jeder kennt. Der Kleine Panda hingegen hat ein rötliches bis braunes Fell.

Nilpferde leben am Nil

Nilpferde, auch Flusspferde genannt, wurden zwar am Nil entdeckt und haben daher ihren Namen, sie sind dort aber schon lange ausgerottet.

Nilpferde sind Pferde

Nein, Nilpferde sind eher mit Schweinen als mit Pferden verwandt! Die Ägyptern nennen sie daher korrekterweise auch Flussschweine.

Kleinkatzen sind sehr kleine Katzen

Von wegen: Zur Familie der Kleinkatzen gehören auch recht große Arten! Die größte Kleinkatze ist der Puma. Und ein ausgewachsener Puma misst bis zu 1,80 Meter.

Tausendfüßler haben tausend Füße

Forscher haben nachgezählt und herausgefunden, dass Tausendfüßler höchstens 680 Füße haben.

Nilpferde leben weder am Nil noch gehören sie zu den Pferden.

Hühner sind weiblich

Oft hört man, dass der Hahn der Herr über die Hühner sei. Das stimmt aber nicht! Der Hahn ist selbst ein Huhn! Denn Haushuhn, eine Unterart der Bankivahühner, ist der Oberbegriff, aus dem sich nicht klar erschließen lässt, ob es sich um ein Männchen oder ein Weibchen handelt. Das Weibchen heißt richtig Henne. Das sprachliche Gegensatzpaar hieße also korrekt nicht Hahn und Huhn, sondern Hahn und Henne.

Da schwillt einem ja der Kamm: Der Hahn ist selbst ein Huhn!

Panther sind schwarze Raubkatzen

Nein. Der Panther ist eine Gattung aus der Gruppe der Großkatzen. Zu ihr gehören auch die Arten Tiger, Löwe, Leopard und Jaguar. Eine spezielle Ausformung eines Leopardes oder Jaguars mit komplett schwarzem Fell nennt man Schwarzer Panther.

Gämsen haben einen Bart

Nicht wirklich. Gämsen haben zwar einen Gamsbart, das ist richtig, aber er wächst auf dem Rücken, nicht am Kinn. Eine einzige Gämse hat jedoch keinen so dicken Buschen Gamsbart, dass sie damit einen Hut ausstaffieren könnte. Ein solcher Hut wird aus dem »Barthaar« mehrerer Gämsen hergestellt.

Falter heißen so, weil sie ihre Flügel falten

Nein, Falter wie etwa der Zitronenfalter haben ihren Namen aus dem Mittelhochdeutschen. »Vivalter« heißt übersetzt »Flatterndes«. Daraus wurde schließlich der Falter.

Wölfe heulen den Mond an

Nein, nur weil Wölfe beim Heulen den Kopf so in die Luft strecken, heißt das nicht, dass sie dabei den Mond im Sinn hätten. Wölfe heulen zur Verständigung, um das eigene Rudel zusammenzuhalten oder das Revier gegen Fremde zu verteidigen.

Zugvögel ziehen nach Afrika

Das muss nicht sein. Zugvögel ziehen zwar gen Süden, aber das Reiseziel muss nicht gleich Afrika sein, auch wenn es das bevorzugte Winterquartier ist. Manche Arten fliegen nur so weit, bis es warm genug ist, um zu überwintern. Ein warmes Fleckchen in Südeuropa könnte schon genügen.

Ein Hundejahr entspricht sieben Menschenjahren

Eigentlich passt diese Formel nicht. So sind junge Hunde mit einem Jahr geschlechtsreif. Das entspräche einem siebenjährigen Kind. Ausgewachsen sind Hunde spätestens mit eineinhalb Jahren, also zehn Menschenjahren.

Mäuse fressen besonders gerne Käse

Um ehrlich zu sein, fressen Mäuse so ziemlich alles, was sie in die Pfoten bekommen können, sei es Obst oder Gemüse, Fleisch oder eben auch Käse. Besonders gerne mögen sie alles mit hohem Zuckergehalt. Man sollte also besser ein Stück Schokolade als ein Stück Käse in die Mausefalle legen!

Maulwürfe können gar nichts sehen

Maulwürfe haben eine Sehschwäche, das schon. Aber sie sind nicht völlig blind. Sie können sehr wohl Hell und Dunkel unterscheiden, sie merken also, wenn sie sich der Oberfläche nähern. Unter der Erde müssen sie ohnehin nichts sehen, da tasten sie sich mit ihrer Schnauze vorwärts.

Bonsai-Kitten sind nach Kundenwunsch geformte Katzen

Auf www.bonsaikitten.com wurde im Jahr 2000 behauptet, man würde kleine Katzen in Gläser sperren, sodass sie mit der Zeit die Form des Glases annehmen. Nicht nur zahlreiche Tierschützer gingen auf die Barrikaden, die Seite wurde auch vom FBI untersucht. Mit folgendem Ergebnis: Studenten der Universität von Massachusetts hatten sich einen üblen Scherz erlaubt und die Fotos mit Bildbearbeitungsprogrammen so verändert, dass es echt wirkte. Tatsächlich sind aber nie Tiere zu Schaden gekommen.

Der Hund ist das beliebteste Tier der Welt

Nein, knapp vorbei. Das beliebteste Tier der Welt ist – der Tiger! Er entschied eine Umfrage unter weltweit 52.000 Tierliebhabern für sich. Mit 10.902 Stimmen landete er aber nur 17 Stimmen vor dem Hund. Auf Platz 3 kam der Delfin. Zur Wahl standen Delfin, Elefant, Hund, Löwe, Orang-Utan, Pferd, Schimpanse, Schlange, Tiger und Wal. Bei den Deutschen war der Delfin das beliebteste Tier, vor dem Hund und dem Tiger.

Das Silberfischchen ist ein kleiner Fisch

Nein, das Silberfischchen ist kein Fisch, sondern ein lichtscheues flügelloses Insekt. Es gehört zur Ordnung der Fischchen, die wahrscheinlich seit 300 Millionen Jahren existiert.

Der Seelachs ist ein Lachs

Nein, der Seelachs gehört zur Familie der Dorschfische. Der bekannteste Dorschfisch ist der Kabeljau. Bei Anglern ist der Seelachs als »Köhler« bekannt.

Eisbären sind die größten Bären

Erwachsene Eisbären erreichen eine Kopf-Rumpf-Länge von 2,40 bis 2,60 Meter bei einem durchschnittlichen Gewicht von 420 bis 500 Kilogramm. Damit ist er fast, aber eben nur fast, so groß wie der Kodiakbär, der bis zu drei Meter lang und bis zu 800 Kilogramm schwer werden kann. Der Kodiakbär gilt nicht nur als größter Bär, sondern überdies auch als größtes Landraubtier der Welt.

Murmeltiere haben etwas mit Murmeln zu tun

Nein. Der Name dieser Tiere, die in Hochgebirgen leben und mit Eichhörnchen verwandt sind, geht auf das alte »murmenti« zurück. Der Name stammt von der lateinischen Zusammensetzung »mus montanus« (= Bergmaus). Einen wahren Kern hat dagegen die Redewendung »schlafen wie ein Murmeltier«, da sie bis zu acht Monaten Winterschlaf halten.

Fledermäuse heißen so, weil sie Mäuse sind

Nein. Ihr Name kommt daher, weil sie im Ruhezustand, mit angelegten Flügeln also, Mäusen ähneln. Fledermäuse gehören zur Gattung der Kleinfledertiere.

Marienkäfer haben eine knallrote Körperfarbe

So kennt man den Marienkäfer: mit roten Flügeldecken und schwarzen Punkten. Aber das muss nicht so sein. Die Körperfarbe eines Marienkäfers kann auch hellbeige, gelb, orange, braun, rosa oder sogar schwarz sein.

Die Anzahl der Punkte gibt das Alter eines Marienkäfers an

Ein Marienkäfer mit zwei Punkten ist zwei Jahre alt. Mit vier Punkten ist er vier Jahre alt und so fort. An die Vorstellung, dass die Anzahl der Punkte auf den Flügeln das Alter eines Marienkäfers angibt, glauben viele Menschen auch heute noch. Stimmt aber nicht. Die Zahl der Punkte ist charakteristisch für jede Marienkäferart und ändert sich nicht. Marienkäfer haben zwischen zwei und 24 Punkten.

Lemminge begehen Massenselbstmord

Lemminge haben zweifelhafte Berühmtheit erlangt, weil sie sich angeblich regelmäßig zu Tausenden Klippen hinunterstürzen und damit Massenselbstmord begehen. Dieses Verhalten der Lemminge wurde 1958 in dem Disney-Film »White Wilderness« (Weiße Wildnis) gezeigt. Inzwischen fanden Forscher und Journalisten allerdings heraus, dass es sich dabei um eine üble Täuschung handelt, indem die Tiere in dem Film in den Tod getrieben wurden. In der Realität gibt es keinen Beweis für ein solches Verhalten.

Anhand der Punkte kann man nicht auf das Alter von Marienkäfern schließen.

Alle Sonnenblumen gucken in die gleiche Richtung, aber sind sie erstmal aufgeblüht, ändert sich die Blickrichtung nicht mehr.

Pflanzen

Tomaten sind kein Gemüse, sondern Obst. Zuckermelonen sind kein Obst, sondern ein Gemüse. Mais ist kein Gemüse, sondern Getreide. Buchweizen hingegen ist kein Getreide, sondern ein Knöterichgewächs. Und zu allem Überfluss sind Walnüsse und Erdnüsse noch nicht mal Nüsse. Als ob das noch nicht genug wäre, können Pflanzen jetzt auch noch Fieber bekommen!

Sonnenblumen drehen ihre Blüten nach der Sonne

Nein, Sonnenblumen drehen sich nur nach der Sonne, solange die Knospen noch geschlossen sind. Sind sie erst einmal aufgeblüht, ändern sie ihre Blickrichtung nicht mehr, sondern blicken immer alle in die gleiche Richtung – nach Osten.

Sonnenblumen sind Blumen

Eigentlich nicht. Sie haben einen ganzen Kranz voller Blüten, die zusammen auf dem Blütenboden sitzen. Sieht man es streng botanisch und bezeichnet mit einer Blume eine Blüte, so ist die Sonnenblume keine.

Buchweizen gehört zu den Weizenarten

Auch wenn der Name es vermuten lässt, Buchweizen gehört biologisch gesehen nicht zu den Getreide-, geschweige denn den Weizenarten, sondern zu den Knöterichgewächsen. Mit ihm verwandt sind Sauerampfer und Rhabarber. Im alltäglichen Sprachgebrauch zählt man Buchweizen aber durchaus zum Getreide.

Zuckermelonen sind Obst

Die Zuckermelone gehört zu den Kürbisgewächsen, und damit ist sie ein Gemüse. Sie ist somit enger verwandt mit Gurken als mit Wassermelonen.

Tulpen stammen aus Holland

Die Niederlande sind der heute weltweit führende Produzent von Tulpen, doch sie sind nicht das Ursprungsland dieser Pflanze. Viel früher wurden Tulpen in der heutigen Türkei angebaut. Erst im 16. Jahrhundert wurde die Tulpe nach Holland importiert.

Erdbeeren sind Beeren

In der Botanik versteht man unter einer Beere eine Frucht mit zäher Außenhaut und saft- und zuckerreichen Innenschichten. Erdbeeren hingegen zählen zu den sogenannten Sammelnussfrüchten. Die uns bekannte Erdbeere ist eine Blütenachse, an der entlang kleine rote fleischige Nüsschen sitzen – die vielen kleinen braunen Samen, die man außen sieht.

Schattenmorellen brauchen Schatten

Ganz im Gegenteil! Der Baum dieser Sauerkirschenart braucht wie jeder andere Kirschbaum reichlich Sonne, damit die Kirschen rot werden.

Orangen und Zitronen haben das meiste Vitamin C

Nein, Orangen und Zitronen enthalten zwar mehr Vitamin C als Äpfel, Birnen oder Bananen, sind aber bei Weitem nicht die Früchte mit dem höchsten Vitamin-C-Gehalt. Früchte mit dem höchsten Vitamin-C-Gehalt (in mg pro 100 g Frucht) sind:

Hagebutten	1250
Sanddornbeeren	450
Schwarze Johannisbeeren	189
Kiwis	100
Ebereschenfrucht	98
Erdbeeren	61
Zitronen	53
Orangen	50
Heidelbeeren	22
Ananas	20
Avocados	13
Äpfel	12
Bananen	11
Pfirsiche	10
Aprikosen	10
Birnen	5

Erdnüsse sind Nüsse

Da Erdnüsse keine harte Schale, sondern eine ledrig-elastische Hülse haben, zählt man sie zu den Hülsenfrüchten, nicht zu den Nüssen.

Erdnüsse sind gar keine Nüsse!

Erbsen haben Schoten

Nein, Erbsen haben Hülsen, die nur immer wieder fälschlicherweise als Schoten bezeichnet werden! In der Botanik ist die Schote eine längliche Streufrucht aus zwei miteinander verwachsenen Fruchtblättern und einer häutigen Scheidewand.

Knoblauch hat einen unangenehmen Geruch

Wenn man nach einem kräftig mit Knoblauch gewürzten Essen riecht, ist es nicht der Knoblauch selbst, der riecht. Aber er fördert den Abbau bestimmter Stoffe. Und wenn der Körper nun schwefelhaltige Stoffe wie zum Beispiel Alliin abbaut, kommt es zu dem bekannten Geruch.

Der Pilz ist eine Pflanze

Pilze sind ein ganz eigener Bereich in der Botanik und nicht Teil der Pflanzen. Pilze pflanzen sich nicht über Samen, sondern über Sporen fort. Außerdem besitzen sie kein Blattgrün.

Pflanzen können nicht sprechen

Na ja, sprechen mag ein wenig übertrieben sein, aber Pflanzen können durchaus miteinander kommunizieren! Ein schönes Beispiel kommt aus Afrika: Werden Akazienbäume von Antilopen angeknabbert, versprühen sie Gase, die – mit dem Wind fortgetragen – andere Bäume vor den Vielfraßen warnen. Die gewarnten Bäume können binnen sehr kurzer Zeit giftige Stoffe produzieren und sich so vor den Tieren schützen.

Safran ist ein gelbes Gewürz

Nein, Safranfäden selbst sind orangerot! Aber sie können sehr intensiv gelb färben: Nur 0,01 Gramm Safran können ganze drei Liter Wasser gelb färben!

Safranfäden sind ein teures Gewürz.

Rosen haben immer Dornen

Rosen haben Stacheln, keine Dornen. Stacheln sind aus Rindengewebe geformte, leicht ablösbare Anhangsorgane. Sie dienen zum Festhalten an Rankhilfen und zum Schutz vor Tieren. Dornen dagegen sind stechende Pflanzenorgane, die aus Blättern, Sprossen oder Wurzeln gebildet werden.

Flechten sind Pflanzen

Auch wenn Flechten unter dem Mikroskop manchmal aussehen wie Pflanzen, sie sind Symbiosen aus Algen und Pilzen.

Bei der Algenblüte blühen die Algen

Nein, von Algenblüte spricht man, wenn es (meist aufgrund eines zu hohen Phosphatgehalts) zu einer plötzlichen, massenhaften Vermehrung von Algen kommt. Das Wasser wird trüb und verfärbt sich ganz grün oder auch rot oder blau. Mit blühenden Algen hat das nichts zu tun.

Walnüsse sind Nüsse

Nüsse sind Früchte, die aus einem einzigen Samen bestehen, der durch eine harte, geschlossene Schale geschützt wird. Bei der Walnuss öffnet sich die Schale von alleine. Deshalb zählen Botaniker Walnüsse zum Steinobst wie Pfirsiche oder Kirschen.

Seeanemonen sind Blumen, die am Meeresboden wachsen

Nein. Seeanemonen haben nichts mit den bunt blühenden Anemonen zu tun, sondern sie sind Tiere, genau genommen Korallentiere. Sie leben in wärmeren Meeren und können von wenigen Millimetern bis zu 1,5 Metern groß werden.

Die Kartoffel ist die Frucht der Kartoffelpflanze

Nein, die Früchte einer Kartoffelpflanze sind grün, kirschgroß und giftig. Die Kartoffeln selbst sind Sprossknollen, die unter der Erde an den Wurzeln wachsen. Sie dienen der Kartoffelpflanze als Speicher für die in den Blättern produzierte Stärke.

Vogelbeeren sind giftig

Nein, so schlimm ist es nicht. Vogelbeeren enthalten Parasorbinsäure. Deren Verzehr kann zu Magenproblemen führen. Kocht man die Beeren aber, wandelt sich die Parasorbinsäure in Sorbinsäure um und ist nicht mehr giftig. Im Gegenteil, Vogelbeeren sind dank ihres hohen Vitamingehaltes dann sogar sehr gesund und gut in größeren Mengen zu verzehren.

Mais ist ein Gemüse

Mais zählt in der Botanik nicht zum Gemüse, sondern zu den Getreidesorten, dort zur Familie der Gräser, genauer gesagt der Süßgräser. Mais kommt aus Zentralmexiko und ist mehr als 6000 Jahre alt. Heute gibt es rund 50.000 Maissorten. Mais ist das am meisten produzierte Grundnahrungsmittel der Welt (über 700 Millionen Tonnen im Jahr 2005) vor Weizen und Reis.

Mais ist kein Gemüse, sondern eine Getreideart.

Gewürznelken sind die getrockneten Blütenstände einer Nelkenart

Das Gewürz Nelke stammt vom Gewürznelkenbaum. Seine enorm duftenden und scharf schmeckenden Blütenknospen werden getrocknet und in der Küche zum Würzen verwendet. Die bunt blühenden Nelken wurden erst später wegen ihres Duftes nach dem Gewürznelkenbaum benannt!

In Äpfeln stecken oft Würmer drin

Das, was wir im Alltag als Wurm im Apfel bezeichnen, ist kein Wurm, sondern eine Raupe. Und zwar die des sogenannten Apfelwicklers. Apfel wickler legen ihre Eier auf oder in der Nähe von Äpfeln ab. Schlüpft die Raupe, bohrt sie sich in das Apfelfruchtfleisch ein. Ist die Zeit zum Verpuppen gekommen, verlässt sie den Apfel wieder.

Tomaten sind ein Gemüse

Nein, die Botaniker zählen Tomaten zum Obst.

Eine Pampelmuse ist das Gleiche wie eine Grapefruit

Nein, es ist eine andere Frucht. Die Pampelmuse ist sehr viel größer, wiegt bis zu sechs Kilogramm und ist nicht so saftig wie andere Zitrusfrüchte. Ihre Schale ist besonders dick. Die Grapefruit ist aber auch eine Zitrusfrucht und in jedem Fall mit der Pampelmuse verwandt. In Deutschland werden ausschließlich Grapefruits verkauft.

Nach der australischen Nationalfrucht Kiwi ist ein Vogel benannt

Der Vogel Kiwi hat sich seinen Namen quasi selbst gegeben. Seine Rufe klingen nämlich wie »ki-wi«. Mit der Kiwifrucht hat das nichts zu tun.

Magerrasen sieht ärmlich aus

Magerrasen wird so genannt, weil er auf stickstoffarmem Boden wächst. Er ist schwachwüchsig und oft reich an blühenden Kräutern. Verglichen mit unserem grünen (gedüngten) Rasen ist Magerrasen eher gräulich oder bräunlich.

Borke ist gleich Rinde

Nein, genau genommen ist Borke der äußere, abgestorbene Teil der Rinde. Wenn man einer Korkeiche Kork abschält, ist das Borke, da es sich um den abgestorbenen Teil handelt.

Ein Hochwald ist ein hochgewachsener Wald

Der Hochwald heißt nicht so, weil er aus hohen Bäumen besteht. Und auch nicht, weil er hoch gelegen ist. Er ist einfach nur das Gegenstück zum Niederwald, der von Beginn an kurz über der Erde abgeschnitten wird, um durch mehrere neue Triebe mehr Holz zu gewinnen. Die neuen Triebe eines Baumes im Niederwald wachsen tatsächlich nicht so hoch wie ein Stamm im Hochwald. Trotzdem muss nicht jeder Hochwald höhere Bäume haben als ein Niederwald.

Nadelbäume haben immer Zapfen

Bei uns gibt es einen einzigen Nadelbaum, der keine Zapfen hat, und das ist die Eibe. Männliche Eibenbäume haben Kätzchen, weibliche dagegen rötliche, beerenähnliche Früchte.

Eichenholz ist das härteste Holz

Nein, es gibt Holzsorten, die härter sind. Die folgende Übersicht zeigt Holzart, Brinellhärte (N/mm^2) und Härtegrad:

Jatoba	69	4 - sehr hart
Tigerwood	62	4 - sehr hart
Zebrano	56	4 - sehr hart
Kempas	52	4 - sehr hart
Merbau	49	4 - sehr hart
Ahorn	48	4 - sehr hart
Esche	41	4 - sehr hart
Bambus	40	4 - sehr hart
Doussie	40	4 - sehr hart
Panga Panga	38	4 - sehr hart
Teak	38	4 - sehr hart
Eiche	34	4 - sehr hart
Buche	34	3 - hart
Thermoeiche	32	3 - hart
Walnuss	31	4 - sehr hart
Birke	31	3 - hart
Kirsche	30	3 - hart
Bergahorn	27	2 - weich
Lärche	25	2 - weich
Thermofichte	11	1 - sehr weich

Mammutbäume sind die ältesten Bäume der Welt

Ohne Zweifel: Mammutbäume können sehr alt werden, bis über 3000 Jahre. Bis in die 50er-Jahre dachte man, älter könne kein Baum werden. Doch im Inyo National Forest zwischen Nevada und dem Death Valley wächst eine langlebige Kiefer oder auch Grannenkiefer, die über 4700 Jahre alt ist. Passenderweise heißt sie »Methusaleh«. 1964 wurde versehentlich eine Artgenossin Methusalehs geschlagen, deren Alter später mit 4950 Jahren angegeben wurde.

Im Herbst verfärbt sich das Laub der Bäume bunt

Schon das ganze Jahr über enthält jedes Blatt eines Baumes verschiedene Farbstoffe. Und grün ist nur einer davon. Wenn es draußen Herbst wird, es kälter wird und zunehmend weniger Licht einfällt, fahren die Pflanzen die Photosynthese zurück. Die weniger stabilen Chlorophylle, also grüne Farbstoffe, werden abgebaut, die Blätter enthalten also weniger Grün. Rot und Gelb bleibt aber zunächst noch bestehen, deswegen werden die Blätter bunt!

Die Blätter werden nicht bunt, sondern weniger grün.

Nur Menschen und Tiere können Fieber bekommen

Auch Pflanzen können Fieber bekommen! Amerikanische Forscher haben das bewiesen. Ein Beispiel ist die asiatische Voodoopflanze. Biochemisch gesehen ist Salicylsäure der Grund dafür. Einige Pflanzen bilden sie zur Abwehr von Bakterien oder Viren.

Reis wächst ausschließlich im Wasser

Nicht unbedingt. Es stimmt schon, dass Reis in erster Linie im Nassreisanbau angepflanzt wird, also im Wasser wächst. Aber es gibt auch den sogenannten Trockenreisanbau. Er ist sehr viel aufwendiger, da hier kein Wasser Unkraut verhindern kann. Trockenreis gilt aber als äußerst geschmackvoll und ist deshalb im Einkauf um einiges teurer.

Der Rhabarber gehört zum Obst

Nein, Rhabarber ist eine Kulturgemüsepflanze aus der Familie der Knöterichgewächse und je nach Art mild-süßlich bis sehr sauer.

Die Zucchini gehören zum Gemüse

In der Botanik werden die Zucchini dem Obst zugeordnet.

Die roten Blätter des Weihnachtssterns sind die Blüten

Die roten (oder gelben oder weißen) Blätter des Weihnachtssterns sind nicht die Blüten, sondern einfach nur farbige Blätter. Sie ersetzen auffällige Blüten, um die Bestäuber anzulocken. Die Blüten des Weihnachtssterns hingegen sind klein und gelblich und sitzen unscheinbar über den farbigen Blättern.

Organischer Dünger ist besser für Pflanzen

Kommt darauf an. Unseren Kübel- und Balkonpflanzen mangelt es an Bodenorganismen, die helfen, den organischen Dünger in die mineralischen Bestandteile umzusetzen, die der Pflanze wirklich nützen. Würde man nur mit organischem Dünger düngen, würden die Nährstoffe schneller verbraucht als neue umgesetzt.

Auch Zierkürbisse kann man essen!

Zierkürbisse kann man nicht essen

So kann man das nicht verallgemeinern. Einige Kürbisarten enthalten Bitterstoffe (Cucurbitacine), dann sollte man sie nicht essen. Das gilt jedoch nicht für alle Zierkürbisse. Man kann aber ohne Bedenken das rohe Fleisch probieren und auf seinen bitteren Geschmack hin testen. Das allein ist nicht gefährlich.

Ginseng hält uns Menschen jung

Das wäre ja zu schön! Aber ganz so einfach ist es leider nicht. Ginseng beugt zwar Altersdemenz vor und hilft bei Müdigkeit und Schwächegefühl, aber jung halten kann er trotzdem nicht.

Kautabak wird mit den Zähnen gekaut

Nein, Kautabak wird nicht wirklich gekaut. Man steckt ihn unter die Ober- oder Unterlippe und genießt den Saft. Lässt der Geschmack nach, kann man auch mit den Zähnen noch mal etwas Saft aus dem Tabak herausdrücken. Den Saft kann man bei leichtem Kautabak schlucken, bei starkem sollte er ausgespuckt werden, da er zu Übelkeit und Erbrechen führen kann.

In der Antarktis wachsen keine Blumen

Doch! Zwei Blütenpflanzenarten gibt es in der Antarktis. Die antarktische Schmiele und die antarktische Perlwurz.

Aasblumen gehören zu den fleischfressenden Pflanzen

Nein, Aasblumen imitieren Aas oder Kot, manche im Geruch, manche auch im Aussehen, sodass sie Aasfliegen anziehen. Beim Ablegen ihrer Eier bestäuben die Fliegen die Blüten. Sie werden aber nicht aufgefressen.

Kartoffeln machen dick

Nein, gekochte Kartoffeln machen nicht dick. Gefährlich für die Figur werden sie nur als Pommes frites, als Chips oder als Bratkartoffeln. Da sind sie zwar ziemlich lecker, aber mit Fett vollgesogen, und das macht dann tatsächlich dick.

Pflaume und Zwetschge sind dasselbe

Genau genommen ist die Zwetschge eine Unterart der Pflaume. Zwetschgen sind nicht ganz so rund, sondern ovaler als Pflaumen. Farblich sind sie dunkelblauer als die Pflaumen. Und vom Aussehen mal abgesehen, lassen sich Zwetschgen leichter vom Stein lösen als Pflaumen.

Eine Tollkirsche ist eine Kirsche

Achtung, dem ist ganz und gar nicht so! Während Kirschen beliebtes Obst sind, ist die Tollkirsche hochgiftig! Schon zwei bis fünf Stück können bei einem Kind tödlich sein! Obwohl sie auf den ersten Blick durch ihre Größe und die schwarz glänzenden Beeren ähnlich scheinen, kann man die Unterschiede glücklicherweise leicht erkennen: Während Kirschen an einem längeren Stil hängen, sitzen die Tollkirschen direkt in einem kleinen Blätterkelch. Kirschen haben einen einzelnen größeren Kern, Tollkirschen dagegen haben viele kleine Samen.

Traubenzucker entsteht aus Trauben

Nein, Traubenzucker entsteht nicht aus Trauben, sondern ist in Trauben enthalten. Der Zucker in Trauben ist zur einen Hälfte Fruchtzucker und zur anderen Hälfte Traubenzucker.

Sieht einer Kirsche gefährlich ähnlich, ist aber eine giftige Tollkirsche!

Lianen wachsen ausschließlich im Urwald

Nein, Lianen wachsen auch in Nord- und Mitteleuropa. Denn auch Efeu und Waldrebe sind Kletterpflanzen und haben einen verholzten Stamm wie Lianen.

Pflanzen produzieren nur nachts Sauerstoff

Nein, Pflanzen produzieren tagsüber Sauerstoff und nachts Kohlendioxid. Der Grund ist, dass Photosynthese nur mit Licht funktioniert.

Die Früchte der Paprika sind Schoten

Das ist nur umgangssprachlich so. Botanisch gesehen sind Paprikaschoten eigentlich Beeren.

Fleisch fressende Pflanzen können auch dem Menschen gefährlich werden

Nein. Fleisch fressende Pflanzen fressen nur gelegentlich Insekten oder Spinnen. So verbessern sie ihre Versorgung mit Stickstoff und anderen Nährstoffen.

Aus einem Apfelbaum können nur Äpfel wachsen

Normalerweise stimmt das natürlich. Aber es gibt den Ausnahmefall, dass an einem Apfelbaum auch Birnen wachsen! Durch eine bestimmte Technik kann man einen Pfropfen einer anderen Pflanze an den Stamm der Ursprungspflanze angliedern und einen sogenannten vegetativen Hybriden schaffen. Die beiden Pflanzen können unter guten Voraussetzungen miteinander verwachsen und dann beide Früchte tragen.

Gras ist immer grün

Bei den Gräsern unterscheidet man Süß- und Sauergräser. Unter den Sauergräsern gibt es besondere Ziergräser, und die können verschiedenste Farben haben! Da kann ein Gras also auch schon mal gelb, rot oder sogar blau sein!

Der Enzian blüht immer blau

Enzian ist zwar oft blau, aber nicht immer. Es gibt auch gelben Enzian!

Bananen wachsen am Bananenbaum

Die Pflanze, an der die Banane wächst, wird zwar bis zu neun Meter hoch, gehört aber zu den Stauden!

Yuccapalmen sind Palmen

Nein, Yuccapalmen sind keine Palmen, sondern Agavengewächse! Agaven gelten allgemein als sehr winterhart und halten es sogar bei uns in Mitteleuropa im Winter im Freien aus.

Orchideen sind prächtig und anspruchsvoll

Orchideen sehen vielleicht prächtig aus, es gibt aber viele verschiedene Arten, darunter auch welche, die ganz kleine, unscheinbare Blüten haben. Und auch das mit dem anspruchsvoll ist so eine Sache. Es gibt durchaus Orchideen, die nur im Gewächshaus und unter ganz außergewöhnlichen Bedingungen wachsen, andere wiederum wachsen auch bei Eiseskälte! Verallgemeinern kann man das also nicht.

Pilze wachsen im Herbst und im Wald

Wer das behauptet, vergisst, dass das, was wir essen und im Wald sammeln, keine Pilze, sondern nur die Früchte von Großpilzen sind. Und dass der Pilz selbst das Geflecht im Boden ist, für den sich kein Pilzsammler interessiert! In Wahrheit gibt es aber etwa 100.000 verschiedene Pilzarten, die überall und zu jeder Jahreszeit wachsen. Hefepilze und Schimmelarten sind nur wenige Beispiele.

Zitronen sind extrem sauer

Von wegen! Sie enthalten mehr Zucker als Erdbeeren! Und trotzdem zieht es uns bei Zitronen den Mund zusammen.

Seegurken sind ein Gemüse

Wenn man Seegurken am Meeresboden liegen sieht, erweckt das schnell diesen Eindruck. Aber Seegurken sind Tiere und können sich bewegen, auch wenn es oftmals nicht den Anschein macht.

Mandeln sind Nüsse

Auf Schokolade steht oft kleingedruckt: »Kann Spuren von Mandeln und Nüssen enthalten.« Richtig! Denn Mandeln sind gar keine Nüsse! Botanisch gesehen zählen sie zu den Steinfrüchten. Der Mandelbaum ist ein Rosengewächs.

Kiwis kommen ursprünglich aus Neuseeland

Es ist zwar richtig, dass heute die meisten Kiwifrüchte aus Neuseeland importiert werden, weil sie sich dort besonders gut anbauen lassen. Aber die ersten Kiwis der Art, wie sie in Europa bekannt sind, gab es Mitte des 19. Jahrhunderts in China.

Die meisten Nährstoffe der Kartoffel befinden sich in oder direkt unterhalb der Schale

Es heißt oft, dass man Kartoffeln besser ungeschält essen sollte, da die meisten Nährstoffe direkt unter der Schale sitzen und durch das Schälen verloren gehen würden. Das hat zwei Haken. Zum einen sitzen an der

Schale auch die Pestizide. Zum anderen ist erwiesen, dass sich besonders das Vitamin C nicht direkt unter der Schale konzentriert, sondern noch einige Millimeter darunter. Schälen schadet also nicht!

Blaualgen sind Algen

Blaualgen sind Bakterien. Mit Algen haben sie nichts gemeinsam, sie haben nämlich noch nicht einmal einen Zellkern.

Chemische Pflanzenschutzmittel sind grundsätzlich schädlich

Das darf man nicht verallgemeinern. Man benutzt Pflanzenschutzmittel ja nicht zum Spaß. Der Nutzen von chemischen Pflanzenschutzmitteln ist für den Menschen höher, als seine Nebenwirkungen schädlich sind.

Egerlinge sind braune Champignons

Egerlinge und Champignons sind das Gleiche!

Die Gurke ist ein Gemüse

Nein, in der Botanik gilt die Gurke aus der Familie der Kürbisgewächse als vielsamige Großbeere.

Tomaten sind immer rot

Nein, sind sie nicht. Und wir meinen nicht die grünen Tomaten, solange sie nicht reif sind. Tomaten gibt es in weiß, gelb, orange, rot, rosa, violett, grün, braun und schwarz. Und: Es sind auch gestreifte und marmorierte Tomaten bekannt. Eigentlich kein Wunder bei einem Nachtschattengewächs mit über 2500 Sorten, das bei uns darüber hinaus erst seit dem 19. Jahrhundert unter dem heute geläufigen Namen in Garten und Küche Verwendung findet. Zuvor nannte man die Tomate Liebesapfel oder auch Paradiesapfel, wovon sich auch heute noch die österreichische Bezeichnung »Paradeiser« ableitet. Der Name »Tomate« dagegen leitet sich von »xitomatl« ab, dem Wort für diese Frucht in der Aztekensprache Nahuatl. Die Tomate kommt aus Mittel- oder Südamerika. Ihren Weg nach Europa fand sie 1498 mit Christoph Kolumbus.

Wer in Menschenmengen oder engen überfüllten Räumen unter Angstzuständen leidet, hat keine Platzangst, sondern Klaustrophobie.

Medizin

Kommt bei Unfällen der Krankenwagen? Können Männer eigentlich keine Osteoporose bekommen? Erstickt man, wenn man den ganzen Körper mit Farbe bestreicht? Die Medizin wirft eine ganze Reihe solcher Fragen auf. Fragen, deren Antworten wir sicher zu wissen glauben. Oder vielleicht doch nicht?

Platzangst ist dasselbe wie Klaustrophobie

Das ist falsch. Man unterscheidet zwischen Agoraphobie, der Angst vor weiten Plätzen, der sogenannten Platzangst, und Klaustrophobie, der Angst vor engen, geschlossenen Räumen. In der Psychologie werden beide Phobien gleich therapiert, da die Mechanismen und Symptome stets dieselben sind.

Zucker raubt dem Körper Vitamine

Das stimmt nicht. Aber das Gerücht ist ganz einfach nachzuvollziehen. Zum Abbau von Zucker braucht der menschliche Körper das Vitamin B1. Also sollte man meinen, dass bei übermäßigem Zuckerkonsum auch viel Vitamin B1 gebraucht und verbraucht wird. Allerdings hat man inzwischen wissenschaftlich nachgewiesen, dass Vitamin B1 katalytisch ist. Das heißt, es wird beim Abbau von Zucker nicht verbraucht, sondern bleibt dem Körper erhalten.

Bandscheibenprobleme verursachen Rückenschmerzen

Nicht zwingend. Alle Wirbel sind durch jeweils eine Bandscheibe voneinander getrennt. Sind sie beschädigt, kann dies natürlich zu Schmerzen führen. Durch eine gut trainierte Muskulatur in diesem Bereich können aber Bandscheibenschäden so ausgeglichen werden, dass man beschwerdefrei leben kann.

Esse ich keine Süßigkeiten, bekomme ich auch keine Karies!

Süßigkeiten enthalten zwar viel Zucker und sind schlecht für die Zähne. Das heißt aber nicht, dass man ohne Süßes keine Karies bekommen kann! Auch Stärke im Essen wird zu Milchsäure und greift die Zähne an.

Orangenhaut nennt man Cellulitis

Die lateinische Endung »-itis« bezeichnet eine Entzündung. Aber Orangenhaut ist keine Entzündung oder Krankheit. Orangenhaut bedeutet lediglich, dass die Haut Fett einlagert. Das führt zu Dellen der Haut, da das Bindegewebe stellenweise ausbeult. Richtig heißt die Orangenhaut, wie man sie umgangssprachlich nennt, Cellulite.

Mundgeruch entsteht im Magen

Nein. Mundgeruch entsteht nicht im Magen, sondern auf der Zunge: Bakterien setzen sich hinten auf der Zunge oder im Rachen fest und verursachen so den üblen Geruch.

Cholesterin ist schädlich für den Körper

So generell stimmt das nicht. Cholesterin ist auch wichtig für den Körper. So kann der menschliche Körper beispielsweise keine Sexualhormone produzieren, wenn er kein Cholesterin bekommt. Natürlich kommt es auf die Art und Menge der Cholesterine an. Es ist aber bewiesen, dass Menschen mit höherem Ei-, Milch- und Butterverbrauch einem geringeren Herzinfarktrisiko ausgesetzt sind als diejenigen, die Cholesterine grundsätzlich meiden.

Schlafwandler darf man nicht ansprechen

Ansprechen darf man Schlafwandler schon, man darf nur nicht zu viel von einem solchen Gespräch erwarten. Die Antworten werden oftmals nicht zu den Fragen passen. Schlafwandler reagieren häufig ziemlich unwirsch auf jemanden, der sie anspricht, da sie nicht verstehen, was um sie herum vorgeht. Erstaunlicherweise findet ein Schlafwandler nachts wieder zurück in sein Bett. Doch kann er sich nach dem Aufwachen an nichts erinnern – geschweige denn an ein Gespräch in dieser Zeit.

Morgens hat man Sand in den Augen

Wenn man morgens Sand in den Augen hat, ist das natürlich kein normaler Sand, sondern verkrustetes, kristallisiertes Augenöl. Dieses Augenöl wird von den Drüsen an den Wimpern produziert und tagsüber durch den Wimpernschlag gut über das Auge verteilt. Erst nachts, wenn dieser Wimpernschlag nicht mehr stattfindet, verklebt das Augenöl zu diesen Klümpchen, die sich manchmal wie Sand anfühlen.

Gibt es bei einem Unfall Verletzte, dann kommt ein Krankenwagen

Meistens kommt ein Rettungswagen, bemannt mit einem Rettungsassistenten und einem Rettungssanitäter. Dieser Rettungswagen ist ausgerüstet wie eine kleine Intensivstation. Der Notarzt kommt zusätzlich in einem Notarzteinsatzfahrzeug. Ist der Notarzt an Bord des Rettungswagens, nennt man das Fahrzeug Notarztwagen. Ein Krankenwagen wiederum ist für den Krankentransport gedacht. Er ist kleiner und bei Weitem nicht so umfangreich medizinisch ausgestattet wie ein Rettungswagen.

Blinddarmentzündung ist die Entzündung des Blinddarms

Bei einer Blinddarmentzündung entzündet sich nicht der ganze Blinddarm, sondern nur sein wurmförmiges Ende.

Schwer verletzte Patienten mit Organspendeausweis werden nicht so lange reanimiert

Eher das Gegenteil ist der Fall! Nach dem deutschen Transplantationsgesetz dürfen Organe erst entnommen werden, wenn der Patient hirntot ist. Ein Mensch ist hirntot, wenn keine Hirnströme mehr messbar sind. Die Hirnfunktionen sind mit dem Hirntod unwiederbringlich verloren. Das heißt, es besteht keine Möglichkeit der Wiederbelebung. Da mit dem Hirntod die Fähigkeit der selbstständigen Atmung erlischt, folgt ohne intensivmedizinische Hilfe der Herzstillstand. Durch intensivmedizinische Maßnahmen können Herz und Kreislauf aber am Leben gehalten werden. Das ist notwendig, da das Organ bis zur Entnahme mit Blut versorgt sein muss. Der Hirntod muss zuvor von zwei an der Organspende unbeteiligten Ärzten unabhängig voneinander festgestellt werden.

Nicht gezogene Splitter können bis ins Herz wandern

Wer einen Holzsplitter nicht sofort aus dem Finger entfernt, muss keine Angst haben, dass dieser kurze Zeit später bis zum Herzen wandert und er daran stirbt. Fremdkörper werden vom menschlichen Körper in der Regel eingekapselt und bleiben an Ort und Stelle. Es kann passieren, dass sie mal einige Zentimeter wandern, aber nicht durch den halben Körper! Gefährlicher ist es, wenn Fremdkörper in die Bauchhöhle eindringen, denn von hier aus besteht doch eine große Gefahr, dass innere Organe verletzt werden.

Wer im Dunkeln liest, schadet seinen Augen

Schädlich ist Lesen im Dunkeln nicht. Zwar mag es anstrengender sein, aber die Augen werden auf diese Weise trainiert. Beim Lesen in der Dämmerung wird überdurchschnittlich viel sogenanntes Sehpurpur verbraucht. Dieses Sehpurpur wird aber jede Nacht bei geschlossenen Augen reproduziert. Voraussetzung dafür ist lediglich ein gesunder Haushalt an Provitamin A, auch als Betacarotin bekannt, das zum Beispiel in Karotten, Kresse und Spinat enthalten ist.

Hustensaft legt sich über die gereizten Schleimhäute im Hals

Das stimmt nur bedingt. Hustensaft kann sich nur bis zur Höhe des Kehlkopfes auf Schleimhäute legen, da er ab da über die Speiseröhre geschluckt wird und nicht in die Luftröhre geht. Dass Hustensäfte trotzdem helfen, liegt am in der Regel enthaltenen Wirkstoff Ambroxol, der bewirkt, dass sich Wasser im zähen Schleim der Lunge ablagert und der Schleim so dünner wird und leichter abgehustet werden kann.

Sonnenbänke bräunen gesünder als die Sonne

Sonnenstrahlen bestehen aus UV-A- und UV-B-Strahlen. Die UV-B-Strahlen gelten als gefährlich und krebserregend. Da Sonnenbänke diese UV-B-Strahlen herausfiltern, wird oft angenommen, dass Bräunen unter der künstlichen Sonne harmlos ist. Doch das stimmt nicht! Sonnenbänke setzen dafür umso mehr UV-A-Strahlen frei, die nach neuen Erkenntnissen ebenfalls krebserregend sind. Bräunen im Sonnenstudio ist also nicht nur sehr viel teurer, sondern auch keineswegs gesünder als Braunwerden in der natürlichen Sonne!

Wenn man den ganzen Körper mit Farbe bestreicht, erstickt man

Nein! Denn im Gegensatz zu Pflanzen, die hauptsächlich über ihre Blattfläche atmen, macht die Hautatmung beim Menschen nur etwa ein Prozent aus. Das heißt, eine Verstopfung der Poren wäre atemtechnisch kaum von Belang, solange man noch durch Mund und Nase atmen kann. Trotzdem sollte man mit derartigen Aktionen vorsichtig sein, da die enthaltenen Giftstoffe dem Körper natürlich durchaus schaden. Zudem kann es durch die Versiegelung zu einer Überhitzung des Körpers kommen. Aber als Mordmethode wie im James-Bond-Film »Goldfinger« kommt das Bestreichen des ganzen Körpers mit Farbe nicht infrage.

Bei Hitze benötigt der Körper weniger Nahrung

Wenn es heiß ist, braucht der Körper zum Abkühlen durch Schwitzen genauso viel Energie wie bei Kälte zum Aufwärmen durch Zittern. Zwar hat man vielleicht bei sommerlicher Hitze weniger Lust auf Essen, man sollte aber aus Vernunft trotzdem gut essen und vor allem viel trinken, um den Körper ausreichend mit Nähr- und Mineralstoffen zu versorgen.

Aufregung kann einen Herzinfarkt verursachen

So schnell geht es Gott sei Dank nicht! Ein Herzinfarkt entsteht durch eine Verstopfung der Herzkranzarterie, die die weitere Blutversorgung verhindert. Eine solche Verstopfung wird durch das Lösen eines sogenannten Trombus verursacht. Tromben entstehen, wenn der Organismus jahrelang negativen Faktoren wie Nikotin, Bluthochdruck oder hohen Cholesterin-Werten ausgesetzt ist.

Wer sich im Solarium bräunt, setzt seinen Körper krebserregenden UV-A-Strahlen aus.

Harte Matratzen sind gut für den Rücken

Nein, zu harte Matratzen sind nicht gesund. Dieses Gerücht ist wohl entstanden, um die Liegebedingungen in Krankenhäusern zu rechtfertigen. Damit eine Matratze gesund für den Rücken ist, darf sie weder zu weich noch zu hart sein. Ist sie zu weich, wird die Wirbelsäule nicht gestützt. Das ist schlecht für die Bandscheiben. Ist sie zu hart, übt sie zu großen Druck an den Stellen aus, wo man aufliegt, sodass auch so die Wirbelsäule nicht in ihrer natürlichen, geschwungenen S-Form gestützt wird. Das heißt, bestimmte Druckgrenzen, die bei jedem Menschen anders sind, dürfen nicht über-, aber auch nicht unterschritten werden. Hersteller von Wasserbetten werben damit, dass ihre Betten genau den richtigen Druck auf den Körper finden.

Frauen haben mehr Fettgewebe als Männer

Grundsätzlich haben Männer und Frauen gleich viel Fettgewebe. Nur verteilt es sich anders! Was bei Frauen an Po und Oberschenkeln sitzt, lagert sich bei Männern eher am Bauch ab.

Junge Menschen begehen häufiger Selbstmord als ältere

Stimmt nicht. Zwar ist der Anteil von Selbstmord an allen Todesursachen bei jüngeren Menschen deutlich höher als bei älteren: 25 Prozent der verstorbenen Jugendlichen begingen Selbstmord. Bei älteren Menschen ist Suizid nur zu fünf Prozent die Todesursache. In absoluten Zahlen betrachtet gibt es dagegen sehr viel mehr Selbstmorde unter älteren Menschen als unter Jugendlichen.

Weißmacher-Zahnpasta entfernt Zahnverfärbungen am besten

Am besten sicher nicht. Denn putzt man seine Zähne mit Zahnpasta, die »Weißmacher« enthält, schmirgelt man damit die oberste Schicht des Zahnschmelzes ab und verletzt ihn dadurch. So fehlt den Zähnen der natürliche Schutz gegen Karies.

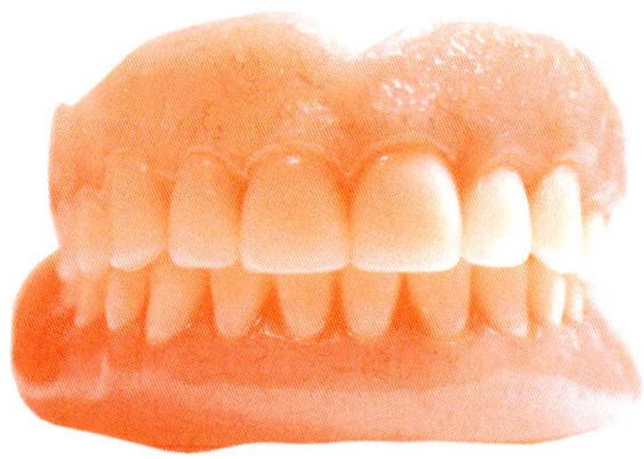

Weißmacher-Zahnpasta schadet den Zähnen.

Kaffee gegen Kater?
Hilft leider nicht …

Schielen kann beim Grimassenschneiden entstehen

Es ist bis heute kein Fall bekannt, bei dem das Schielen darauf zurückgeht. Niemand, der jemals eine Grimasse schnitt und dabei schielte, hatte derartige nachhaltige Schäden. Ursache für neu auftretendes Schielen im Erwachsenenalter sind Nerven- oder Augenmuskelschäden.

Durch Barfußlaufen erkältet man sich!

Gewebe ist grundsätzlich wenig wärmeleitend. Wenn die Beine also durch Bewegung und Muskelarbeit warm sind, verhindert diese Wärme, dass die Kälte vom Boden über die Beine in den Oberkörper vordringt. Blasen- und Nierenverkühlungen entstehen durch direkten Kontakt – beispielsweise mit nasser Badekleidung – und nicht über die Füße. Husten und Schnupfen gehen auf ausgetrocknete Schleimhäute und sich einnistende Viren zurück. Deswegen ist zwar Barfußstehen auf eiskaltem Boden noch lange nicht zu empfehlen, aber vor dem Hintergrund des Kneipp-Effekts auch nicht völlig abzutun, denn ein kurzer Kältereiz der Füße regt die Erwärmung des Körpers an.

Koffein baut Blutalkohol schneller ab

Dass ein Kaffee ausnüchtert, scheint vielleicht so. Koffein gibt einem ein vorübergehendes Gefühl, wacher zu sein, ändert aber überhaupt nichts am Alkoholpegel.

Ein Schock ist ein psychischer Ausnahmezustand

Unter Schock verstehen Mediziner ein akut einsetzendes Kreislaufversagen, das entsteht, wenn das Herz plötzlich zu pumpen aufhört und den Körper nicht mehr mit genügend Sauerstoff versorgt. Medizinisch gesehen gibt es keinen Schock, der durch einen psychischen Zustand verursacht wird. Kurze Ohnmachtszustände aufgrund einer psychischen Belastung gelten nicht als Schock.

Zähne wachsen bei Flaschenkindern schneller als bei Stillkindern

Um an Muttermilch zu gelangen, müssen Babys die gesamte Kiefermuskulatur anstrengen. Das fördert die Muskeln, das Kauen und auch das Zahnwachstum. Milch aus einer Flasche ist leichter zu bekommen, da reicht nämlich Saugen. Damit aber auch hier gleich schnell die Zähne wachsen, gibt es für jedes Alter die passenden Flaschensauger, die dem Baby das Saugen nicht zu einfach machen. Alles in allem kommen die Zähnchen bei allen Kindern in etwa gleich schnell – unabhängig von der Art der Ernährung.

Wer Rückenschmerzen hat, sollte sich schonen

Bei vielen Krankheiten heißt es, man solle sich schonen und möglichst wenig bewegen. Aber bei Rückenschmerzen stimmt das so nicht. Denn Bandscheiben sind wie kleine Schwämme. Damit keine Schmerzen entstehen, müssen sie sich ständig durch kleine Pumpbewegungen mit Flüssigkeit vollsaugen. Man sollte also rückenfreundlichen Sport treiben und so den Rückenschmerzen entgegenwirken.

Stehen belastet und Sitzen entlastet den Rücken

Nein, ganz im Gegenteil! Im Stehen werden die Bandscheiben regelmäßig belastet. Im Sitzen wird der Druck auf die Bandscheibe erhöht, bei schlechter Sitzhaltung sogar auf 200 Prozent! Selbst »gute Sitzer« belasten die Wirbelsäule mit 140 Prozent.

Osteoporose ist eine Frauenkrankheit

Viele Frauen leiden an Osteoporose. Doch auch Männer können Knochenschwund bekommen! In Deutschland leidet sogar jeder fünfte Mann über 50 daran. Denn auch bei Männern sinkt mit dem Alter der Hormonspiegel, und das kann sich negativ auf die Knochenstruktur auswirken.

Osteoporose ist eine Erbkrankheit

Die genetischen Bedingungen sind zwar auch ein Faktor, der diese Krankheit bestimmt, aber nur einer von vielen! Starke Raucher oder übermäßige Kaffeetrinker leiden an einem höheren Osteoporose-Risiko.

Menschen sind morgens genauso groß wie abends

Nein, man ist tatsächlich abends kleiner als morgens. Die Bandscheiben geben tagsüber etwas nach und dehnen sich nachts im Liegen wieder aus.

Wer Creme mit hohem Lichtschutzfaktor benutzt, wird nicht braun

Nein, Sonnencreme mit hohem Lichtschutzfaktor schützt nur vor Sonnenbrand, man wird trotzdem braun. Die Bräune hält sogar länger!

Pathologen untersuchen immer tote Menschen

»Die Leiche ist schon in der Pathologie« – das kennen wir aus Krimis! Stimmt aber nicht, denn Mordopfer liegen in der Gerichtsmedizin, nicht in der Pathologie. Unter Pathologie versteht man in der Medizin die Erforschung von Ursachen, Entstehungsmechanismen, Veränderungen und Verläufen von Krankheiten. Pathologen arbeiten in 99 Prozent der Fälle an lebenden Patienten und nur in Ausnahmefällen an Verstorbenen, wenn es um die Todesursache im Zusammenhang mit der vorangegangenen Krankheit geht. Das dient der Weiterentwicklung der Diagnostik.

Nach dem Essen darf man nicht schwimmen

Es hält sich das hartnäckige Gerücht, dass man nicht direkt nach dem Essen schwimmen gehen soll, da die Gefahr von Magenkrämpfen besteht und damit die Gefahr zu ertrinken steigt. Das ist Unsinn. Man kann schließlich nach dem Essen auch joggen gehen. Es konnte bis heute kein Zusammenhang zwischen einem Tod durch Ertrinken und dem Essen kurz davor nachgewiesen werden. Allerdings ist man nach dem Essen häufig weniger leistungsfähig, da der Körper die Energie zur Verdauung benötigt. Gerade ältere Menschen sollten deshalb vorsichtig sein!

Sich immer wieder mit Sonnenmilch eincremen verlängert die Schutzzeit

Wenn man sich im Laufe des Tages noch einmal mit Sonnenmilch eincremt, erneuert das zwar den Sonnenschutz, verlängert ihn aber nicht.

Unfruchtbar heißt impotent

Nein. Ist ein Mann unfruchtbar, liegt das an der Spermienqualität, der Spermiendichte oder daran, dass gar keine Spermien vorhanden sind. Das hat aber nichts damit zu tun, ob er potent oder impotent ist!

Übelkeit in der Frühschwangerschaft? Dann wird's ein Mädchen

Wenn einer werdenden Mutter in der Frühschwangerschaft oft übel ist, besagt das gar nichts. Die kleinen Gegenbeweise namens Niklas, Paul oder Gabriel sind zahllos ...

In der Schwangerschaft kann die Mutter für zwei essen

Um ihren Heißhunger zu rechtfertigen, behaupten viele Schwangere, sie müssten jetzt für zwei essen. Aber das kann man so nicht sagen. Natürlich wird der heranwachsende Embryo über die Nabelschnur und somit über den Körper der Mutter miternährt, aber von einem doppelten Bedarf kann nicht die Rede sein. Das Baby braucht ab dem vierten Monat nur etwa 300 Kilokalorien pro Tag. Das sind gerade zwei Schokoküsse.

Sex in der Schwangerschaft beschleunigt die Wehen

Studien belegen, dass Geschlechtsverkehr in den letzten Tagen vor dem Geburtstermin nicht zu einem schnelleren Einsetzen der Wehen und somit auch nicht zu einer früheren Entbindung führt.

In der Schwangerschaft darf die Mutter essen, was sie will

Nein. Es gibt eine Reihe von Lebensmitteln, auf die eine Frau während der Schwangerschaft verzichten sollte. Dazu gehören rohes Fleisch und auch Rohmilchprodukte. Also sollte sie kein Carpaccio und keinen Emmentaler essen! Darin könnten Bakterien enthalten sein, die dem Embryo schaden. Außerdem soll natürlich auf Alkohol und Nikotin verzichtet werden.

Wird eine Frau nicht schwanger, dann liegt das an der Frau

Nein! Wenn eine Schwangerschaft nicht klappt, kann das gleichermaßen an der Frau wie an dem Mann liegen. Bei Frauen können mehrere Gründe die Ursache sein, zum Beispiel ein Eileiterverschluss oder Zyklusstörungen, bei Männern eine schlechte Spermienqualität.

In den ersten Schwangerschaftswochen ist der Embryo für Missbildungen am anfälligsten

Das hat die Natur Gott sei Dank verhindert! Denn in den ersten Wochen der Schwangerschaft weiß die angehende Mutter meist noch gar nichts von ihrem Glück. Sie kann also schlechte Einflüsse wie beispielsweise Alkohol, Nikotin oder Strahlen noch nicht von dem Säugling fernhalten. In den ersten Wochen gilt: Entweder ist die Schädigung so groß, dass der Embryo abstirbt, oder aber der Keim überlebt ungeschädigt. Erst ab der siebten Schwangerschaftswoche beginnen sich die Organe des Kindes auszubilden. Dann reagieren Embryos äußerst empfindlich auf negative Umwelteinflüsse.

Nach einer Abtreibung kann man nicht mehr so leicht schwanger werden

Das ist falsch, sofern die Abtreibung ohne Komplikationen verläuft. Der körperliche Vorgang einer Abtreibung entspricht dem einer Geburt. Und genau wie nach einer Geburt kann man auch nach einer Abtreibung wieder schwanger werden.

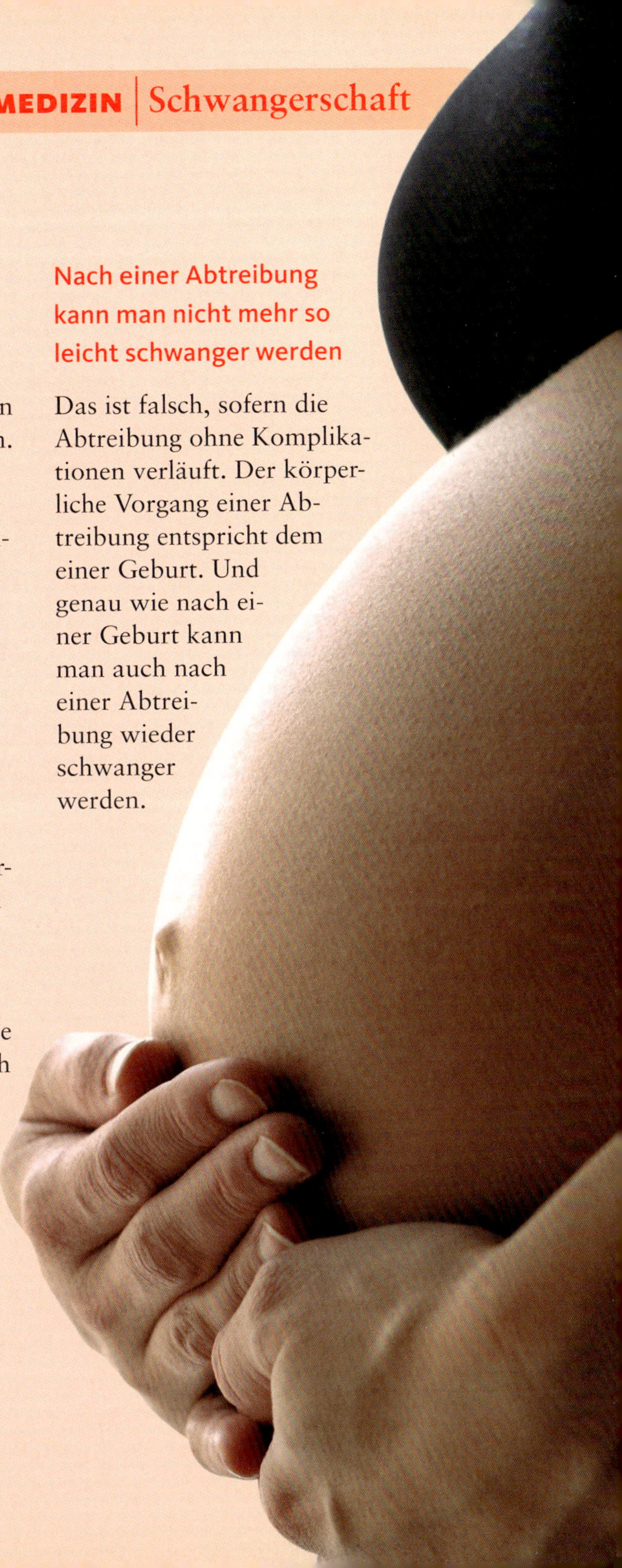

Saunen am Morgen nach einem Alkoholgelage entgiftet den Körper

Das hilft leider nichts! Alkohol kann nicht ausgeschwitzt werden. Saunen hat eher einen gegenteiligen Effekt: Schwitzen verstärkt nur noch den ohnehin schon vorhandenen Flüssigkeits- und Mineralstoffmangel. Der Rat kann also nur lauten: trinken, nicht schwitzen!

Haare und Fingernägel wachsen nach dem Tode noch weiter

Prinzipiell kommen mit dem Tod Lebensprozesse jeder Art zum Stillstand. Es wächst also nichts mehr. Allerdings stirbt das Gehirn zuerst, erst danach sterben nach und nach alle Organe. Es kann also durchaus vorkommen, dass noch einige Stunden lang Haare oder Fingernägel produziert werden, also wachsen.

Leberflecken werden von der Leber erzeugt

Die Entstehung eines Leberflecks hat nichts mit der Leber zu tun. Der Fleck hat seinen Namen nur wegen seiner leberähnlichen Farbe.

Bakterien schädigen den Menschen

Nein! Menschen leben in einer ständigen Symbiose mit Bakterien! Viele Bakterien sind sogar äußerst notwendig für den menschlichen Körper, zum Beispiel für die Schleimhäute, den Darm und auch die Haut. So dienen sie unter anderem der Verdauung und schützen vor den wenigen wirklich schädlichen Bakterien.

Der beste Schlaf ist der vor Mitternacht

Um morgens gut erholt aufzuwachen, kommt es vor allem auf die erste Hälfte der Nachtruhe an. Ob diese Stunden aber vor oder nach Mitternacht liegen, ist egal. Hauptsache schlafen!

Auch im Schatten bekommt man Sonnenbrand!

Puder verstopft die Hautporen

Das mag früher mal so gewesen sein, heute aber nicht mehr. Heutzutage besteht Puder aus Talkum und natürlichen Silikaten. Diese Stoffe werden je nach Produkt mit Feuchtigkeitsstabilisatoren, Ölen und fein gemahlener Seide vermischt. Da keine quellenden Stoffe dabei sind, verstopft Puder auch nicht die Poren.

Menschlicher Schweiß riecht unangenehm

Schweiß ist geruchlos. Erst wenn er auf der Haut mit Bakterien zusammentrifft und zersetzt wird, beginnt er übel zu riechen.

Ob man viel oder wenig schwitzt, ist angeboren

Der Körper kann sich im Laufe des Lebens verändern, was die Schweißproduktion angeht. Nach einem Umzug in ein heißes Land gewöhnt sich der Körper nach einigen Wochen an die Schwüle und bildet weniger Schweiß. Man kann ihm aber auch beibringen zu schwitzen! Sportler schwitzen meist mehr und gezielter als Nichtsportler, da Schwitzen den Körper vor Überhitzung schützt.

Im Schatten bekommt man keinen Sonnenbrand

Sonnenbrand kann man nicht nur in der Sonne, sondern auch im Schatten bekommen! Denn bis zu 85 Prozent der Strahlung kommt nicht direkt von der Sonne, sondern wird von der Umgebung reflektiert.

Die Galle ist ein Körperorgan

Nein. Galle ist eine Körperflüssigkeit. Sie wird von der Leber produziert und in der Gallenblase gelagert.

Wer hätte gedacht,
dass das Eiweiß
nicht im Weißen,
sondern im Gelben
vom Ei steckt?

Ernährung

Spinat enthält viel Eisen, und Schokolade macht süchtig. Alkoholfreies Bier ist alkoholfrei, und wenn man aufisst, gibt es am nächsten Tag schönes Wetter. Wir schauen für Sie in die Gerüchteküche und räumen mit zahlreichen Ernährungsirrtümern auf. Guten Appetit – auch wenn manches nicht ganz leicht zu verdauen ist.

Im Eiweiß ist mehr Eiweiß enthalten als im Eigelb

Das liegt daran, dass das Weiße im Ei überwiegend Eiweiß genannt wird statt richtigerweise Eiklar. Eiweiße – auch Proteine genannt – sind Grundelemente unserer Nahrung. Neben vielen Proteinen liefern Eier auch Vitamine und Mineralstoffe. Diese wertvollen Nährstoffe sind aber nicht zu gleichen Teilen auf Eiklar und Eidotter verteilt: Eiklar besteht zu sieben Achtel aus Wasser. Es enthält Mineralstoffe und nur wenig Proteine. Eigelb hingegen ist sehr reich an Eiweiß sowie an Vitaminen und Mineralstoffen.

Kaffee ist ein gemeiner Flüssigkeitsräuber

Das kann man so nicht sagen. Sicher ist es nicht sinnvoll, nur koffeinhaltige Getränke zu sich zu nehmen. Andererseits wird auch niemand verdursten, wenn er nur Kaffee oder Tee trinkt. Kaffee ist bekannt für seine harntreibende Wirkung. Doch wie viel Flüssigkeit man verliert, hängt von verschiedenen Faktoren ab. Es ist erstens von Mensch zu Mensch verschieden. Zweitens geht diese Wirkung bei regelmäßigem Kaffeeverzehr oft verloren. Und drittens hängt der Effekt vom Flüssigkeitskonsum ab. Trinkt man zum Kaffee ein Glas Wasser, erhöht das den Harndrang noch, sodass es dem Flüssigkeitshaushalt also wenig hilft.

Berliner werden auch in Berlin Berliner genannt

Hefeteigbällchen, die mit Marmelade gefüllt und in heißem Fett ausgebacken werden, heißen überall Berliner. Sogar in Portugal nennt man sie »bolas do Berlim« (Bällchen aus Berlin). Nur in Berlin nicht! Dort redet man von Pfannkuchen.

Leberkäse enthält tierische Leber

Das stimmt nicht! Der echte bayerische Leberkäse enthält überhaupt keine Leber. Eher geht der Name auf »Laib« zurück, was die Form bezeichnet, in der der Leberkäse gebacken wird. Käse hat man ihn nur deshalb getauft, da er dem Aussehen nach einigen Käsesorten ähnelt.

»Es zieht wie Hechtsuppe« hat etwas mit Fischsuppe zu tun

Einen starken Luftzug kommentieren wir gerne mit: »Es zieht wie Hechtsuppe!« Was ein Luftzug mit Fischen zu tun hat? Nichts! Der Begriff kommt aus dem Jüdischen von »hech supha«. Das bedeutet »wie Sturm«.

Beim Altbier handelt es sich um altes Bier

Altbier hat zwar was mit dem Begriff »alt« zu tun, aber in anderem Sinne. Altbier heißt Bier, wenn es auf die sogenannte alte obergärige Brauweise gebraut ist und damit nicht wie heutzutage während der Gärung gekühlt wird. Ohne Kühlung steigt die Hefe während des Gärens nach oben, mit Kühlung fällt sie auf den Boden des Bottichs ab. Nach alter Weise werden heute zum Beispiel noch Kölsch und Weizenbier gebraut.

Der Amerikaner kommt aus Amerika

Der kleine runde Amerikaner, den man aus einem Teig aus Mehl, Zitronensaft, Backpulver, Zucker und Butter formt und etwa 12 Minuten bei 180 Grad bäckt, kommt weder aus Amerika, noch hat sein Name etwas damit zu tun. Früher hat man zum Backen statt Backpulver Hirschhornsalz verwendet. Das komplizierte lateinische Wort dafür lautet »Ammoniumhydrogencarbonat«. Deshalb bekamen die Gebäckstücke erst den Namen Ammoniakaner. Um diesen Zungenbrecher zu vermeiden, nannte man sie einfach Amerikaner.

Die Redewendung »Das ist nicht mein Bier« hat etwas mit Bier zu tun

»Das ist nicht mein Bier« sagt man, um klarzustellen, dass einen etwas nicht betrifft, nichts angeht. Dieser Spruch hat aber nichts mit dem alkoholischen Getränk zu tun, sondern kommt ursprünglich von Birnen! Denn die Redewendung ist aus der Kölner Mundart heraus entstanden, wo man gesagt hat: »Dat sönd ding Beäre net«, was so viel heißt wie »Das sind nicht deine Birnen« oder eben »Das geht dich nichts an«.

Alkoholfreies Bier ist alkoholfrei

Eine wichtige Voraussetzung dafür, dass man Bier Bier nennen darf, ist, dass es Alkohol enthält. Wenn ein Malzbier zum Beispiel gar keinen Alkohol enthält, muss es sich Malztrunk nennen. Die Vorschrift besagt, dass ein Bier dann als alkoholfrei gilt, wenn es weniger als 0,5 Prozent Alkoholgehalt hat. In Deutschland hat alkoholfreies Bier meist 0,35 bis 0,45 Prozent. Wenn jemand also nur wenig verträgt, kann er auch von viel alkoholfreiem Bier betrunken werden. So dürfen Alkoholiker auch kein alkoholfreies Bier trinken.

Blümchenkaffee ist ein Kaffee-Ersatz aus gerösteten Blumen

Blümchenkaffee wird wie der normale Kaffee auch aus gerösteten Kaffeebohnen gemacht. Aber er ist so dünn aufgebrüht, dass man das Blumenmuster auf dem Tassenboden erkennen kann. Der Begriff kommt aus dem Sächsischen, weil die sparsamen Sachsen angeblich so schwachen Kaffee kochten, dass man den Boden der geblümten Meißener Porzellantassen sehen konnte.

Honig ist ein bewährtes Heilmittel

Dass ein Löffel Honig im Tee oder in heißer Milch aufgelöst bei Erkältung guttut und den Hustenreiz lindert, streitet niemand ab. Bei Entzündungen dagegen ist Honig nur mit Vorsicht zu genießen. Honig enthält zwar leicht entzündungshemmende Stoffe. Allerdings muss man bei hiesigem Honig vorsichtig sein, da dieser zu viele Bakterien enthält, als dass er einer Wunde guttun könnte. Die Gefahr einer Entzündung durch eben diese Bakterien ist zu groß.

Das Eisbein hat seinen Namen von Eis

Nein! Eisbein hat nichts mit Eis oder Frost zu tun. Das deutsche Gericht Eisbein heißt so, weil die Hüftknochen der Schweine früher »Isbeinen« genannt wurden. Heute nennt man alle gepökelten oder gekochten Schweinefüße und -beine Eisbein.

»Einen Kater haben« hat etwas mit dem Tier zu tun

Der Begriff Kater war im 19. Jahrhundert ein flapsiger Ausdruck für Katarrh und wurde von den Studenten in Leipzig ins Leben gerufen für die Kopfschmerzen nach übermäßigem Alkoholgenuss in Auerbachs Keller.

Späte Nahrungsaufnahme setzt besonders an!

Immer wieder hört man, dass spätes Abendessen Gift für die schlanke Linie sei. Aber das konnte bis heute nicht wissenschaftlich belegt werden! Die Kalorien, die man spät zu sich nimmt, werden dann verbraucht, wenn der Körper sie benötigt.

Margarine ist gesünder als Butter

Margarine ist weder kalorienärmer noch gesünder als Butter. Sie enthält exakt genauso viel Fett und Kalorien. Es gibt sogar eine Studie, die belegt, dass der Verzehr von Margarine anstelle von Butter das Herzinfarktrisiko um zwei Drittel erhöht.

Kohldampf kommt von Kohl und Dampf

Der Begriff Kohldampf stammt aus der Gaunersprache, in der sowohl Kohler als auch Dampf für Hunger stehen. Übersetzt heißt Kohldampf also Hunger-Hunger und steht gemeinhin für großen Appetit.

Spanferkel heißen so wegen der Späne, über denen sie braten

Der Begriff Span im Spanferkel hat nichts mit Holzspänen zu tun, sondern meint die Zitze der Muttersau (mittelhochdeutsch: »spen« = Zitze, Brust). Spänen bedeutet Säugen. Ferkel, die nicht älter sind als drei Monate, nennt man Spanferkel. Oft heißen sie auch Milchferkel.

Kalbsleberwurst enthält Kalbsleber

Kalbsleber muss tatsächlich keine Kalbsleber enthalten, so steht es in den deutschen »Leitsätzen für Fleisch und Fleischerzeugnisse« geschrieben. Kalbsleber muss lediglich aus grob entsehntem Kalb- oder Jungrindfleisch bestehen. Dass die enthaltene Leber vom Kalb sein muss, ist nicht vorgeschrieben. Meistens enthält Kalbsleber Schweineleber und anderes Kalbfleisch.

Weiße Hennen legen weiße Eier, braune Hennen legen braune

Die Farbe der Eier, die ein Huhn legt, hängt nicht von der Farbe seiner Federn ab, sondern von der Farbe der sogenannten »Ohrscheiben«. Das sind die Hautläppchen unterhalb der Ohren. Sind diese Lappen rot, so legt das Huhn braune Eier, sind sie weiß, legt es weiße Eier. Die Farbe der Eierschale, ob braun oder weiß, sagt im Übrigen auch nichts über die Qualität der Eier aus!

Die Farbe des Federkleides sagt nichts über die Farbe der Eier aus.

Die Bezeichnung »Hamburger« kommt von »ham« (Schinken) und »burger« (belegtes Brötchen)

Cheeseburger kommt von »cheese«, Fishburger von »fish«. Der Name Hamburger ist hingegen tatsächlich von Hamburg herzuleiten! Gemeint war damit ursprünglich nur gehacktes Fleisch, das in Deutschland im 14. Jahrhundert von russischen Tartaren bekannt gemacht wurde. (Gehackt, weil erst so das zähe Fleisch der russischen Steppenrinder genießbar wurde.) Durch die deutschen Auswanderer kam dieses Hackfleisch nach Amerika. Dort schichtete man dann das Hack zwischen zwei Brötchenhälften. Dieses Hackfleischbrötchen heißt seitdem Hamburger.

Bockbier hat etwas mit Ziegenböcken zu tun

Der Begriff Bockbier, oft auch Bock oder sogar Doppelbock genannt, kommt aus der Stadt Einbeck, wo das »Ainpöckhisch Bier« erfunden wurde. Als es 1614 nach München gebracht wurde, sprach man hier vom »Oibockbier«. Die ursprüngliche Herkunft geriet schnell in Vergessenheit, übrig blieben der Bock und der Doppelbock. Lustigerweise wird auf Etiketten von Bockbier oft ein Ziegenbock abgebildet, was natürlich zusätzlich in die Irre führt. Übrigens heißt die Bockwurst nur so, weil man sie gerne zu Bockbier aß!

Butterkäse ist echter Käse

In Deutschland gibt es bekanntlich für alles Gesetze und Verordnungen. Also für wirklich alles! Selbstverständlich gibt es auch eine Käseverordnung. Darin steht geschrieben, dass halbfester Schnittkäse keine Löcher haben darf. Die Löcher im Butterkäse sind zwar klein, aber sie sind da. Deshalb darf Butterkäse nicht als Käse verkauft werden! So hat das Landgericht Rosenheim entschieden.

Fürst Pückler hat die Fürst-Pückler-Bombe erfunden

Fürst-Pückler-Bombe ist Eis aus drei Schichten in den Geschmacksrichtungen Schokolade, Erdbeer und Vanille. Der Erfinder heißt aber nicht Fürst Pückler, sondern Herr Schulz. Er war um 1800 Konditor. Da ihm der Name Schulz-Bombe zu unspektakulär war, erkundigte er sich bei dem Fürsten Pückler, ob er dessen Namen verwenden dürfe. Der Fürst stimmte zu, da er ohnehin bekannt dafür war, sich kulinarisch zu verewigen. Seinerzeit waren auch Torten oder Schinken nach ihm benannt.

Nikotin ist der einzige gefährliche Inhaltsstoff einer Zigarette

Auf jeder Packung Zigaretten steht, wie viel Milligramm Nikotin und Teer enthalten sind. Aber Nikotin und Teer sind bei Weitem nicht die einzigen schädlichen Inhaltsstoffe von Zigaretten. Bis heute wurden schon über 4000 Stoffe in einer Zigarette nachgewiesen, von denen viele krebserregend oder giftig sind. Krebserregend sind in einer Zigarette beispielsweise Benzol, Nitrosamine, Teer, Arsenverbindungen und Zinkoxid.

Erdapfel kommt von Apfel

Jeder weiß, dass Erdäpfel keine Äpfel, sondern Kartoffeln sind. Aber wer ahnt schon, dass das Wort rein gar nichts mit Erde und Apfel zu tun hat? Das Wort Erdapfel ist über lange Jahre aus dem Wort Kartoffel abgewandelt worden. Aus Kartoffel wurde zunächst Artoffel, dann Ertoffel, um schließlich als Erdapfel bekannt zu werden.

Bier auf Wein, das lass sein – Wein auf Bier, das rat ich dir!

Da dieser Satz in anderen Ländern nicht bekannt ist, kann nicht viel dran sein. Zu Aussagen über Alkohol und seine Wirkung gibt es die unterschiedlichsten Meinungen. Eine Sichtweise ist zum Beispiel, dass Bier weniger Alkohol enthält und sich der Magen so langsam daran gewöhnt, Wein sei daraufhin leichter verträglich. Das heißt aber nicht im Umkehrschluss, dass von Bier auf Wein abgeraten werden muss. Noch kein erfahrener Weinkenner hat sich über die Wirkung des kühlen Biers beschwert, das er sich im Anschluss an eine Weinprobe gegen den Durst gegönnt hat …

Spinat enthält besonders viel Eisen

Wer an Eisenmangel leidet, dem wird nahegelegt, viel Spinat zu essen. Aber es ist ein Gerücht, dass Spinat besonders viel Eisen enthält! In Spinat ist genauso viel oder wenig Eisen wie in Schokolade oder gekochten Bohnen. Der Irrtum geht auf einen Tippfehler zurück. Man hatte sich vor etwa 100 Jahren bei der Eisenangabe von Spinat in der Kommastelle vertan. 100 Gramm Spinat würden 3,0 Milligramm Eisen enthalten, notierte ein Forscher. Versehentlich wurden aber 30 Milligramm abgetippt und gingen vorerst falsch in die Geschichte ein, bis der Fehler in den 30er-Jahren aufgedeckt wurde.

Der beliebte englische Plumpudding ist ein Puddingdessert

Der englische Plumpudding hat nichts mit dem deutschen Nachtisch Pudding zu tun. »Black pudding« ist eine Blutwurst, ein »Yorkshire Pudding« heißer Pastetenteig, der als Beilage zu Fleischgerichten serviert wird, Plumpudding ähnelt unserem Christstollen und ist ein süßes Weihnachtsdessert. Alle drei nicht mit unserem Pudding zu vergleichen!

Das Essen von zu vielen Eiern erhöht den Cholesterinspiegel

Ein zu hoher Cholesterinspiegel erhöht das Herzinfarktrisiko. Das ist bekannt. Aber sowohl die Forschung als auch Langzeitstudien haben mittlerweile widerlegt, dass der Verzehr von cholesterinhaltigen Lebensmitteln dieses Risiko erhöht. Überschüssige Cholesterine werden vom Körper wieder ausgeschieden.

Enteisent auf dem Mineralwasseretikett bedeutet eisfrei

Im Gegensatz zum Begriff »enteisend«, wenn sich etwa die Natur vom winterlichen Eis befreit, kommt »enteisent« von enteisenen (= vom Eisengehalt befreien). Also ist das Wasser nicht eisfrei, sondern eisenfrei.

Kasseler Rippenspeer kommt aus Kassel

Das Kasseler Rippenspeer ist nicht in Kassel erfunden worden, sondern in Berlin. Und zwar von einem Herrn namens Cassel! Er hat als Erster gepökelten Schweinerippenspeer auch geräuchert verkauft.

Curry ist ein (indisches) Gewürz

Curry ist kein Gewürz, sondern eine Gewürzmischung. Es besteht aus vielen verschiedenen Gewürzen wie Pfeffer, Muskat, Zimt, Bockshornkleesaat, Piment, Nelken, Chili, Kardamom, Koriandersamen, Ingwer und Kreuzkümmel.

Miesmuscheln sind mies

Miesmuscheln sind nicht schlecht gelaunt und schmecken auch nicht schlecht. Der Begriff leitet sich von Mies (Moos) her, da sich die Miesmuschel mit moosartigen grünen Fäden zum Beispiel an Steinen festhält.

Schnaps fördert die Verdauung

Nach dem Essen ein Schnäpschen, das fördert die Verdauung. Leider stimmt das so nicht! Das wohlige Gefühl und die Erleichterung, die man durch einen Schnaps nach dem Essen verspürt, kommen eher von der erhöhten Durchblutung im Magen. Alkohol bewirkt hingegen eher das Gegenteil von Verdauung. Gelangt nämlich Alkohol über die Mundschleimhäute in den Blutkreislauf, so erhält dieser im Körper »Vorfahrt«. Das heißt, es wird zuerst der Alkohol abgebaut und in Energie umgesetzt, und dann erst die Fette und Kalorien aus dem Essen. Was wiederum bedeutet, dass die Fette aus dem Essen dann erst recht ansetzen!

Ihre moosartigen grünen Fäden machen aus dieser Muschel eine Miesmuschel.

Cola enthält mehr Zucker und Kalorien als Saft

Es ist richtig, dass Cola zu elf Prozent aus Zucker besteht und dass das umgerechnet 32 Stück Würfelzucker pro Liter Cola sind. Aber Säfte halten mit diesem Wert gut mit, viele Säfte enthalten sogar noch mehr Zucker und Kalorien! Es ist also nicht immer eine gute Idee, auf Cola zu verzichten und stattdessen Saft zu trinken.

Kaffeebohnen sind Bohnen

Die Früchte der Kaffeepflanze sind kirschenähnliche Steinfrüchte. Unter einer Schale kommen flache Samen mit einer Furche zum Vorschein. Diese Samen bezeichnen wir als Kaffeebohne, obwohl Kaffeebeere der korrektere Ausdruck wäre. Bohne kommt in diesem Fall von »bunn«, dem arabischen Wort für die Frucht der Kaffeepflanze.

Sekt hilft gegen Kreislaufbeschwerden

Kreislaufbeschwerden kommen von niedrigem Blutdruck. Das kann verschiedene Ursachen haben, sei es Wetterfühligkeit oder ein grippaler Infekt. Kreislaufbeschwerden können aber auch von zu viel Alkohol am Vorabend kommen. Die Gefäße sind weit, und das Blut sackt in die Beine, sodass das Gehirn so lange nicht ordentlich mit Sauerstoff versorgt wird, bis sich der Kreislauf erholt hat und wieder genug Blut und Sauerstoff ins Gehirn pumpt. Ein Glas Sekt öffnet die Gefäße noch weiter – keine gute Idee bei Kreislaufbeschwerden.

Wiener Würstchen stammen aus Wien

Nein! Diese Würstchenart gab es im 18. Jahrhundert zum ersten Mal in Frankfurt. Erfunden hat sie ein junger Metzgerlehrling namens Johann Georg Lahner. Lahner zog später nach Wien und bot auch den Wienern diese Wurst an. Er selbst bezeichnete sie als Wiener-Frankfurter, doch schon bald war sie nur noch als Wiener bekannt. Heute kann man in Wien keine Wiener kaufen, sondern muss nach Frankfurtern fragen.

Täglicher Genuss von Alkohol ist ungesund

So kann man das nicht sagen. Es gibt Studien, die belegen, dass der regelmäßige, aber mäßige Genuss von Alkohol das Gedächtnis verbessert! Denn Alkohol regt den Stoffwechsel an und fördert die Durchblutung. Außerdem soll Alkohol, sofern er nicht übermäßig konsumiert wird, das Risiko von Osteoporose und Herzbeschwerden mindern. Aber zur Regeneration braucht die Leber möglichst viel Zeit ganz ohne Alkohol.

Joints sind ungefährlicher als Zigaretten

Das ist falsch! Marihuana und Tabak haben etwa gleich viele Schadstoffe. Am schädlichsten sind Joints aus Gras-Tabak-Gemischen, da sie sowohl die Schadstoffe des Cannabis als auch die des Tabaks enthalten.

Rote Gummibärchen schmecken nach Erdbeer

Nein! Die grünen Gummibärchen schmecken nach Erdbeer, die roten nach Himbeer.

Wer zu viel Alkohol trinkt, sieht weiße Mäuse

Das stimmt nur bedingt. So muss nicht jeder, der gerne mal ein oder zwei Bier trinkt, Angst vor Mäusen haben. Aber ein Fünkchen Wahrheit ist in der Tat dran. Schwere Alkoholiker leiden im Entzug oftmals unter Halluzinationen. Auch das heißt noch nicht, dass jeder weiße Mäuse sieht, aber Neurologen schätzen, dass jeder dritte Alkoholiker Tiere sieht, und fünf Prozent sogar weiße Mäuse.

Vegetarier leben länger, weil sie kein Fleisch essen

Laut Studien des Deutschen Krebsforschungsinstitutes ist es richtig, dass Vegetarier länger leben. Nur ist der Grund nicht der fehlende Fleischkonsum. Denn sogenannte moderate Vegetarier, die ab und zu Fleisch essen, leben noch länger als Vegetarier. Grund ist vielmehr der insgesamt gesündere Lebenswandel, den Vegetarier an den Tag legen, indem sie sehr oft auf Laster wie Alkohol und Nikotin verzichten! Insofern kann man den Satz, dass Vegetarier länger leben als Fleischesser, nicht verallgemeinern und auf den geringeren Fleischkonsum zurückführen.

Schokolade macht glücklich!

Na ja. Zumindest enthält Schokolade alle notwendigen Stoffe, um das Glückshormon Serotonin herzustellen, nämlich Zucker und die Aminosäure Tryptophan. Aber die enthaltene Menge an beidem reicht noch nicht für eine antidepressive Wirkung.

Von Schokolade wird man süchtig

Immer das Gleiche: Man nimmt sich vor, nur ein paar Stückchen Schokolade zu essen, und dann wird es eine ganze Tafel. Man könnte meinen, dass Schokolade süchtig macht. Prof. Dr. Volker Pudel, Ernährungswissenschaftler an der Universität Göttingen, gibt Entwarnung: »Wenn Schokolade süchtig machen würde, dann müsste es, wenn man sie absetzt, Entzugserscheinungen geben. Die gibt es aber nicht. Bei abnehmendem Lustgewinn müsste außerdem die Dosis immer weiter gesteigert werden. Auch das passiert bei Schokolade nicht.« Natürlich seien süchtig machende Stoffe in der Schokolade. Um diese allerdings zur Geltung zu bringen, müsste man 20 Kilogramm auf einmal essen.

Jede Schokolade ist gleichermaßen ungesund

Vollmilchschokolade enthält zwar Milch und klingt deshalb sehr gesund, ist aber aufgrund der Kombination mit gesättigten Fetten und zusätzlichen Süßstoffen sehr viel ungesünder als Halbbitterschokolade. Jene enthält zwar auch gesättigte Fette, aber sehr viel weniger. Dafür ist der Kakaogehalt höher. Halbbitterschokolade macht deshalb nicht so dick wie Vollmilchschokolade.

Schokolade verursacht Pickel

Das kann man so nicht sagen. Es ist richtig, dass Schokolade sehr viel Zucker enthält und dass viel Zucker Akne verursachen kann. Aber das heißt noch lange nicht, dass jeder von Schokolade Pickel bekommt. Es gibt Menschen, die sich sehr gesund ernähren und Pickel haben, andere wiederum essen viel Schokolade und bekommen keine Pickel. Dass Schokolade Pickel verursacht, wird allenfalls von Eltern erzählt, die ihren pubertierenden Kindern den Verzehr von Schokolade ausreden wollen.

Schokolade und Nugatcreme enthalten Tierblut

Das hört man doch immer wieder! Zu einem nicht geringfügigen Anteil soll Schokolade aus Schweineblut bestehen. Aber das ist ein Gerücht. Es darf auch gar nicht sein. Die lebensmittelrechtlichen Vorschriften der Europäischen Union schreiben genau vor, aus welchen Zutaten Schokoladen und Nugatcremes bestehen dürfen. Und Blut gehört definitiv nicht zu den erlaubten Bestandteilen. Es gibt aber zwei Ecken, aus denen das Gerücht stammen könnte. Zum einen wird über ein Forschungsprojekt bei der Firma Lindt & Sprüngli spekuliert, bei dem es darum ging, der Schokolade durch die Zugabe von getrocknetem Blut eine kräftigere Farbe zu verleihen. Es ist unklar, ob das je so war. Zum anderen soll einmal ein Patentantrag eingereicht worden sein, demnach man durch das Zufügen von Blut den Eiweißgehalt in Lebensmitteln erhöhen könnte. Mehr ist aber auch nie daraus geworden.

Schokolade verursacht Karies

Natürlich kann auch Schokolade Karies verursachen. Aber prinzipiell gilt, dass vor allem reiner Zucker (in Bonbons!) und gekochte Stärke (in Chips!) schlecht für die Zähne sind. Vor allem Zartbitterschokolade ist schon sehr viel besser für die Zähne!

Das Schlimmste an Pralinen ist die Schokolade

Herkömmliche Milchschokolade hat etwa 550 Kalorien pro 100 Gramm. Mandeln oder Kokosraspeln hingegen haben ungefähr 650 Kalorien pro 100 Gramm!

Der Irish Coffee kommt ursprünglich aus Irland

Irish Coffee kannte bis ins letzte Jahrhundert in Irland niemand. Das heiße Getränk aus Kaffee, Whiskey, Sahne und Zucker wurde in einem Flugzeug kreiert! Bei den ersten Transatlantikflügen gab es noch keine beheizten Kabinen. Da die Maschinen damals auch noch zwischenlanden mussten, wurde den Passagieren zum Wärmen dieses Gemisch angeboten. Die Zwischenladung war zufällig in Irland. Daher der Name Irish Coffee.

Cola hilft wunderbar gegen Durchfall

Kinder werden gerne hören, dass Cola als Medizin gut ist! Leider stimmt es nicht. Durch den Durchfall verliert der Körper viel Flüssigkeit und leidet an einem Mangel an Elektrolyten, vor allem Kalium. Cola enthält viel Koffein und führt zu einer weiteren Entwässerung des Körpers. Cola enthält auch kein Kalium. Damit sie gegen Durchfall hilft, müsste man Cola ordentlich salzen. Dann leuchten die Kinderaugen bestimmt nicht mehr, und jedem kleinen Patienten wird ein Becher Tee oder eine dünne Gemüsebrühe lieber sein.

Lungenbraten wird aus gebratener Lunge zubereitet

Lungenbraten ist der österreichische Begriff für Lende oder Filet. So kann es zwischen Deutschen und Österreichern zu amüsanten Missverständnissen kommen.

Meerrettich hat seinen Namen vom Meer

Meerrettich wächst sicher nicht im Meer. Aber die Meinungen über seine Herkunft gehen weit auseinander. So meinen einige, er sei »übers Meer gekommen«. Andere behaupten, er hätte seinen Namen von der Mähre und sollte Pferderettich heißen. Das ist die wahrscheinlichste Bedeutung. Denn im Französischen heißt Meerrettich »radis de cheval« (»cheval« = Pferd) und auf Englisch »horse radish« (»horse« = Pferd).

Gemüse und Obst aus biologischem Anbau enthalten mehr Vitamine

Wenn Obst oder Gemüse biologisch angebaut wird, mag es zwar weniger Schadstoffe haben, deshalb sind aber nicht mehr Vitamine drin!

Das Glas namens »Römer« kommt aus Rom

»Römer« sind grüne Weingläser. Sie haben aber nichts mit der Stadt Rom zu tun. Denn der Name kommt aus dem Niederländischen »roemen«, was so viel wie loben und preisen bedeutet. Römer sind also die Gläser für Trinksprüche.

Wenn man seinen Teller leer isst, gibt es schönes Wetter

Das ist ein klassisches Missverständnis! Wenn Landkinder früher Heimweh hatten und nicht aufessen wollten, sagte man ihnen, dass es morgen »schönes wedder« gäbe, nämlich wieder etwas Schönes zu erleben. Das haben manche Stadtkinder wohl falsch verstanden ...

Weißbrot hat seinen Namen wegen seiner weißen Farbe

Der Name kommt von der Getreideart, mit der es gebacken wird, nämlich Weizen. Weißbrot hat sich also letztendlich aus »Wizbrot« (»Weizenbrot«) entwickelt.

»Klar wie Kloßbrühe« hat etwas mit Klößen zu tun

Die Kloßbrühe in diesem Spruch hat nichts zu tun mit einer Brühe, in der Klöße gekocht werden, sondern geht auf die »Klosterbrühe« zurück. Die war besonders dünn und klar, um der Völlerei vorzubeugen.

Der Verzehr von Fliegenpilz ist für Menschen tödlich

Es ist sicher nicht so, dass jeder sofort tot umfällt, der einen Fliegenpilz isst. Fliegenpilze sind in der Tat giftig, aber der Giftgehalt schwankt von Pilz zu Pilz und ist nicht so hoch, dass der Verzehr in jedem Fall tödlich wäre. Es spielt auch die Konstitution und das Gewicht des Betroffenen eine große Rolle. Für Kinder ist der zweifelhafte Genuss also tatsächlich sehr gefährlich. Fliegenpilze sind nur die Ursache von ein bis zwei Prozent aller Pilzvergiftungen. Und nur fünf Prozent aller Vergifteten sterben.

Käse schließt den Magen? So ein Käse!

Käse nach dem Essen schließt den Magen

Dieser Satz geht auf den römischen Schriftsteller Plinius zurück! Früher dachte man, dass Käse aufgrund seines hohen Eiweißgehalts die Magensäure abpuffern kann. Dass man also nach einem Essen kein Sodbrennen bekommt, wenn man zum Schluss noch Käse isst. Mittlerweile hat man aber herausgefunden, dass eher das Gegenteil der Fall ist, nämlich dass das Eiweiß im Käse die Säureproduktion noch zusätzlich anregt! Andererseits bewirkt der hohe Fettanteil im Käse, dass das Sättigungsgefühl länger anhält. Demnach könnte man schon von »den Magen schließen« sprechen.

Schnupfen bekommt man, wenn man draußen viel friert

Eigentlich ist eher das Gegenteil richtig! Eine Erkältung holt sich derjenige schneller, der sich viel drinnen aufhält. Denn dann sind die Nasenschleimhäute ausgetrocknet und rissig, sodass sie ansteckende Viren leichter und schneller aufnehmen können. Und nur solche Viren übertragen Erkältungen!

Wer destilliertes Wasser trinkt, muss sterben

Destilliertes Wasser enthält zwar keine Salze, aber daran stirbt man nicht gleich. Eine Legende sagt, dass der Körper den Konzentrationsunterschied auszugleichen versucht, sich die Zellen vollpumpen und durch diese Belastung platzen, sodass der Betroffene daran stirbt. Aber so empfindlich ist der menschliche Körper Gott sei Dank nicht! Die meisten Salze und Mineralien nimmt der Mensch ohnehin durch feste Nahrung auf, und schon im Magen werden diese ja mit der Flüssigkeit vermischt.

Heinz hat den Ketchup erfunden

Nein, in China ist schon seit dem 17. Jahrhundert eine pikante Fleischsauce namens »ke-tsiap« bekannt. Das Rezept für Ketchup aus Tomaten kam nach Amerika. Dort wurde es im Jahre 1869 von Henry John Heinz abgeändert, der die Idee mit großem Erfolg vermarktet hat.

Weintrauben machen dick

Nein, das kann man so nicht sagen. Weintrauben enthalten vor allem Wasser, viel Vitamin C, Mineralstoffe und Ballaststoffe. Eine Portion Weintrauben hat weit weniger Kalorien als ein Riegel Schokolade, hat dafür Ballaststoffe und macht satt. Sogar Diabetiker können Weintrauben essen, da sie nur Fruchtzucker enthalten, der unabhängig vom Insulin abgebaut wird und nicht direkt in Blutzucker umgewandelt wird.

Lightprodukte sind Schlankmacher

Wenn ein Produkt den Zusatz »Light« im Namen trägt, heißt das nicht, dass es fettarm, sondern lediglich, dass es fettreduziert ist. Das heißt, ein Käse ist schon dann ein Lightkäse, wenn er nicht mehr 50, sondern nur noch 40 Prozent Fettgehalt hat. Was aber immer noch viel Fett ist und nicht gerade schlank macht!

Alkohol heizt dem Körper kräftig ein

»Einen Schnaps zum Aufwärmen ...« Wenn man Alkohol trinkt, mag sich das im ersten Moment so anfühlen, als würde er den Körper wärmen. Das liegt an dem zunächst schnell ansteigenden Puls. Prinzipiell öffnet Alkohol aber die Gefäße und sorgt dafür, dass das Blut im Körper nach unten in die Beine absackt. Dadurch wird einem eher kalt!

Konserviertes oder tiefgekühltes Obst und Gemüse enthält weniger Vitamin C als frisches

Das kommt ganz darauf an! Frisches Obst und Gemüse verliert kurz nach der Ernte sehr schnell an Vitamin C. Auf dem Weg von der Ernte in der Sonne über den Händler bis zum Konsumenten auf den Teller kann Obst oder Gemüse schon den Großteil seiner Vitamine verlieren, auch wenn man beispielsweise den Salat noch am Tag des Einkaufs sofort zubereitet. Wird hingegen Gemüse oder Obst direkt nach der Ernte schockgefrostet und wird die Kühlkette von diesem Zeitpunkt an nicht mehr unterbrochen, kann dieses Gemüse oder Obst durchaus noch sehr viele Vitamine enthalten. Ähnlich ist das auch bei Konservenfrüchten oder Konservengemüse. Sie müssen zwar erhitzt werden, bevor sie in die Dose kommen, verlieren dabei aber nur etwa 30 Prozent ihrer Vitamine. Deshalb kann man nicht verallgemeinern, dass tiefgekühltes oder konserviertes Obst und Gemüse weitaus weniger Vitamine enthält als frisches Obst und Gemüse.

Weißwein besteht aus weißen Trauben

Auch, aber nicht nur! Während Rotwein ausschließlich aus roten Trauben besteht, können im Weißwein weiße und rote Trauben verarbeitet werden. Für die Farbe des Weins spielt das keine Rolle, da die Schalen als sogenannter Trester vor dem Gären ausgeschieden werden.

Kirschen essen und anschließend Wasser trinken führt zu Bauchschmerzen

Heute stimmt das nicht mehr! Es kann allerdings sein, dass früher, als Wasser noch nicht so rein war wie heutzutage, die Keime im Trinkwasser den Gärprozess der Kirschen im Magen angeregt haben und man so Bauchschmerzen bekam.

Sortenreine Weine sind qualitativ besser als Sortenverschnitte

Dass das nicht richtig ist, belegen zahlreiche Gegenbeispiele. Unter den besten Weinen der Welt, seien es französischer Bordeaux oder italienischer Soave, sind sehr oft Weine aus drei oder sogar noch mehr verschiedenen Rebsorten!

Zu Käse schmeckt am besten Rotwein

Man müsste wohl eher sagen: Zu manchen Käsesorten schmeckt Rotwein am besten. Aber es gibt viele Käsesorten, zu denen auch würziger Weißwein hervorragend passt!

Hochwertige Rotweine sollte man einige Stunden vor dem Genuss öffnen

Eine Faustregel sagt, dass Rotwein so viele Stunden vor dem Genuss geöffnet werden soll, wie er Jahre alt ist. Aber Öffnen alleine bringt nicht viel. Sinnvoller ist es, den Wein vor dem Trinken zu dekantieren, da er dadurch in sehr kurzer Zeit sehr viel Sauerstoff aufnimmt.

Auf Weinflaschenetiketten steht immer das Wort »Wein«

Nach deutschem Weingesetz darf auf den Etiketten von Weinflaschen nicht das Wort »Wein« stehen. Erlaubt sind nur Angaben wie Erzeuger, Rebsorte, Jahrgang oder Lage, aber nicht das Wörtchen »Wein«! Die Sektkellerei Deinhard musste aufgrund eines Gerichtsbeschlusses sogar die Etiketten ändern und das Wort »Wein« entfernen.

Weine werden durch Lagerung besser

Das kann man nicht verallgemeinern. Natürlich gibt es Weine, deren Qualität durch eine lange Lagerung noch besser wird. Aber das gilt nicht für alle. In erster Linie kommt es beim Weinkauf darauf an, dass es sich um eine alterungsfähige Rebsorte handelt. Das heißt, dass der Wein Reifepotenzial hat. Nur dann wird seine Qualität im Laufe der Zeit bei richtiger Lagerung in dunklen Räumen bei gleich bleibender Temperatur steigen. Aber schlechter Wein wird auch durch Lagerung nicht besser! Heute werden oftmals Weine ver- und gekauft, die für den schnellen Konsum gedacht sind.

Schlechter Wein wird auch durch Lagerung nicht besser.

Guter Wein muss mit Korken verschlossen sein

Das stimmt nicht. Das Problem sind eher die Assoziationen der Weintrinker, die einfach viele alternative Weinflaschenverschlüsse für billig und nicht wertig halten. Das heißt aber nicht, dass sie dem Wein schaden! Korkverschlüsse sind nicht nur in der Herstellung für die Weinproduzenten recht teuer, sondern haben auch noch weitere Nachteile. Kork ist ein sehr kostbarer und seltener Rohstoff. Außerdem kommt es bei Weinen mit Korken immer wieder zu Korkschmeckern. So werden die Weine genannt, die nach Kork schmecken. Also haben sich Experten nach alternativen Weinverschlüssen umgesehen. Der Kunststoffstopfen ist zwar praktisch und günstig in der Herstellung, ist aber nicht zur längeren Lagerung von Weinen geeignet. In den 70er-Jahren hat man den Schraubverschluss entwickelt, der auch für Weine geeignet ist, die noch liegen und lagern müssen. Aber besonders einen solchen Schraubverschluss tut der Kenner als billig und unangemessen ab. Eine noch neuere Erfindung ist der Glaskorken. Er wird seit 2004 in Serie produziert. Die Herstellungskosten dieser Glaskorken sind zwar ähnlich hoch wie die der Naturkorken, aber Glaskorken eignen sich für die lange Lagerung von Weinen und haben keine Nachteile wie Korkschmecker. Müssen wir uns also nur noch daran gewöhnen!

Backfisch kommt von Backen

Ein Backfisch wird zurück ins Wasser geworfen, weil er noch zu klein und mager ist. Das Wort kommt vom englischen Wort »back« (= zurück). Früher wurden junge Mädchen, die noch nicht im heiratsfähigen Alter waren, Backfische genannt. Heute hört man den Begriff in diesem Zusammenhang nur noch selten. Höchstens für einen in der Pfanne gebratenen, also gebackenen, panierten Fisch.

Redbull enthält Bestandteile aus Stierhoden

Nein! Redbull enthält Taurin, das ist richtig. Aber Taurin ist eine rein synthetische Substanz und wird nicht aus Tieren gewonnen. Taurin kommt auch im menschlichen Körper vor und wird als bedingt essenzieller Stoff bezeichnet, weil er nur in bestimmten Situationen wie zum Beispiel bei großem Stress ausgeschüttet wird.

Wodka wird aus Kartoffeln hergestellt

Kann sein, muss aber nicht. In der Europäischen Union wird Wodka überwiegend nicht aus Getreide oder Kartoffeln hergestellt, sondern aus Weintraubenschalen, Melasse oder ähnlichen Rohstoffen. Prinzipiell ist der Rohstoff nicht festgelegt und variiert deshalb von Marke zu Marke.

Der Kaugummi kommt aus Amerika

Schon die alten Römer kauten Kaugummi! Um ihre Zähne zu reinigen kauten sie Baumharz, Gräser, Blätter oder Körner. Zu Zeit, als die ersten Siedler nach Amerika kamen, trafen sie auf Indianer, die ebenfalls auf Harz kauten. Von diesen stammt auch der Name. Auf Nahuatl nannte man den Kaugummi »chictli«, daher heißt er auch heute noch auf Spanisch »chicle«.

Karotten sind gut für die Augen

In Karotten ist Karotin enthalten, der Rohstoff für Vitamin A. Ohne Vitamin A sehen Menschen im Halbdunkel schlecht. Doch das bedeutet natürlich nicht, dass man generell umso besser sieht, je mehr Karotten man isst.

Mehltau hängt mit Mehl zusammen

Wenn Pflanzen von einer schimmelartigen, weißlichen Schicht überzogen sind, spricht man von Mehltau. Aber der Begriff hat nichts mit Mehl zu tun! Das Wort kommt aus dem Mittelhochdeutschen, von »miltou«, und das bedeutet »Honig«.

Brauner Naturreis enthält alle Nährstoffe, die der Mensch braucht

Das ist leider nur ein Gerücht. Brauner Naturreis als einziges Nahrungsmittel zu sich genommen, stellt für den Körper eine Gefahr da. Denn perfekt ist der braune Naturreis nicht, er enthält erwiesenermaßen nicht alle Nährstoffe, die der menschliche Körper benötigt. So fehlen ihm zum Beispiel die Vitamine A, B12 und C völlig! Hinzu kommt, dass auch der Eisen- und Calciumgehalt niedrig sind.

136, 137, 138 ... und dann sind Sie wach. Schäfchen zählen hilft nämlich nicht.

Alltag

Unsere Zahlen kommen von den Arabern, Toiletten sind wahre Bakterienherde, in Hamburg regnet es mehr als in München – unser Alltag strotzt vor Irrtümern. Nach der Lektüre der nun folgenden Seiten werden Sie manches in Ihrem Leben neu überdenken und sofort Ihren Kühlschrank sauber machen.

Schäfchenzählen hilft beim Einschlafen

Forscher haben herausgefunden, dass Schäfchenzählen für das Einschlafen kontraproduktiv ist und eher wach statt müde macht. Besser eignen sich beruhigende Vorstellungen wie etwa von einer Blumenwiese oder von einem ruhig dahinfließenden Bach.

Lampen und Leuchten sind das Gleiche

Wenn man es genau nimmt, nein. Lampen sind die Glühkörper, also Glühbirnen oder auch Neonröhren. Diese Lampen werden dann in die Leuchten eingesetzt. Leuchten sind eigentlich nur die Hüllen wie Schirm und Ständer.

Hefe soll nicht mit Salz in Berührung kommen

Woher der Irrtum kommt, ist schnell erklärt. Streut man auf einen bereits aufgegangenen Hefeteig Salz, fällt er wieder in sich zusammen. Aber: Bestreut man ihn mit Zucker, passiert genau dasselbe! Das liegt daran, dass sowohl Salz als auch Zucker dem gegangenen Hefeteig Wasser entziehen und er so seine Konsistenz verliert. Es wäre aber falsch, deshalb verallgemeinernd zu sagen, Hefe und Salz dürften nicht miteinander in Berührung kommen. Denn in vielen Rezepten mit Hefe spielt auch Salz eine recht große Rolle. Oft heißt es zum Beispiel, dass man Hefe und Salz direkt zu Beginn zusammen auflösen solle. Entscheidend ist nämlich der Zeitpunkt, wann das Salz zur Hefe dazukommt.

Sechs Würfel würfeln statistisch mit Sicherheit eine Sechs

Das ist so eine Sache mit der Stochastik, also der Wahrscheinlichkeitsrechnung. Da gibt es nämlich keine Sicherheit. Der Fehler liegt wahrscheinlich hier: Ein Würfel hat sechs Seiten, also würfelt man mit $^1/_6$-Wahrscheinlichkeit mit einem Wurf eine Sechs. Da sechs mal $^1/_6$ eins ergibt, erscheint es sicher, mit sechs Würfeln auch eine Sechs zu würfeln. Nur: Die Rechnung stimmt nicht. Die Stochastik bezieht die Möglichkeit mit ein, dass kein Würfel eine Sechs würfelt. Die Wahrscheinlichkeit, mit sechs Würfeln eine Sechs zu würfeln, ist daher: eins minus die Wahrscheinlichkeit, dass kein Würfel eine Sechs wird, $= 1 - (^5/_6)^6 = 1 - 0{,}335 = 0{,}665$. Also entschieden weniger als eins.

Feuerzeuge sind moderner als Streichhölzer

Nein, zuerst wurde das Feuerzeug erfunden, dann das Streichholz! Während das Feuerzeug in seiner ursprünglichsten Form schon im Jahr 1812 von Johann Wolfgang Döbereiner in Deutschland erfunden wurde, gab es erst ab 1826 Streichhölzer, als der englische Apotheker John Walker entdeckte, dass man eine Mischung aus Stärke, Gummi, Antimonsulfit und Kaliumchlorat an einer rauen Oberfläche entzünden kann.

Bleistiftminen werden aus Blei hergestellt

Nein. Heute bestehen Bleistifte nicht aus Blei, sondern aus einer Mischung aus Grafit, Ton und Wasser, die je nach Härtegrad variiert. Als der Bleistift aber vor langer Zeit im Mittelalter erfunden wurde, handelte es sich tatsächlich um einen Stift oder eine Scheibe aus Blei. Damit konnte man aber nicht gut auf Papier schreiben, da das harte Blei das Papier leicht beschädigte. In England wurde im 17. Jahrhundert Grafit als Ersatz entdeckt. Die Stifte heißen allerdings bis heute Bleistifte, auch wenn längst kein Blei mehr enthalten ist.

Bauchredner können mit dem Bauch reden

Wenn jemand fast ohne den Mund zu bewegen spricht, nennt man ihn Bauchredner. Aber gesprochen wird deshalb noch lange nicht mit dem Bauch! Während der Mund kaum geöffnet oder gar bewegt wird, zieht ein Bauchredner beim Sprechen das Zwerchfell nach unten, drückt den Kehlkopf weit hoch und die Zunge zurück. So schließt das Gaumensegel den Nasenraum ab, es wird kaum Luft ausgeatmet, sodass die entstehenden Töne klingen, als würden sie von weither kommen.

Toiletten sind besondere Bakterienherde

Auf Klobrillen gibt es viel weniger Keime und Bakterien als bei vielen anderen Dingen im Haushalt, weil Klobrillen häufig gereinigt werden und auch relativ problemlos sauber zu halten sind. Besonders schlimm: Computertastaturen, die nur so vor Keimen wimmeln, und der Kühlschrank, an dessen Rückwand sich jede Menge Keime tummeln. Unglaublich, aber wahr: Im Kühlschrank ist die Bakterienlage sogar schlimmer als im Spüllappen.

Messer aus Edelstahl schneiden am besten

Unter den verschiedenen Stahlsorten ist Edelstahl ein besonders reiner Stahl. Deshalb ist er auch nahezu rostfrei. Doch aufgrund seiner Reinheit ist er weicher als Normalstahl und wird dadurch schneller stumpf. Messer aus Normalstahl bleiben zwar länger scharf, sind aber anfälliger gegen Rost und Säuren.

Molotow hat den Molotowcocktail erfunden

Die Finnen haben dem Molotowcocktail seinen Namen gegeben, als sie sich in den Jahren 1939/40 gegen die sowjetischen Truppen zur Wehr setzten. Sie füllten Glasflaschen mit benzingetränktem Material und benannten ihre Erfindung nach dem damaligen sowjetischen Außenminister.

Recyclingpapier ist immer grau

Früher war das tatsächlich so. Aber durch verbesserte Herstellungsverfahren gibt es inzwischen Recyclingpapier, das strahlend weiß ist.

Männer haben ein größeres Gehirn und sind deshalb intelligenter

Das ist kompletter Unsinn! Männer haben zwar tatsächlich in der Regel zehn Prozent mehr Gehirnmasse, also ein größeres Gehirn als Frauen. Aber der IQ, die Intelligenz eines Menschen also, und die Gehirnmasse stehen nicht in direktem Verhältnis zueinander.

Kaschmir ist die teuerste Schafswolle, die es gibt

Das ist falsch, denn Kaschmirwolle stammt nicht von Schafen, sondern von Ziegen. Anders als bei Schafen kann dieses feine Unterhaar nicht einfach geschoren, sondern muss ausgekämmt werden. Das ist aufwendig und macht Kaschmirwolle so teuer.

Friedhof leitet sich ab vom Begriff »Frieden«

Das Wort »Friedhof« hat sich aus »Frithof« entwickelt. So nannte man früher einen geschützten Platz. Da der Vorplatz rund um die Kirche als letzte Ruhestätte diente, wurde der Name Friedhof übernommen.

Hängematte kommt von Hängen und Matte

Die Indianer in Südamerika haben die Hängematte erfunden und sie in der Sprache der Aruak »hamáka« genannt. Die europäischen Seefahrer übernahmen diese pfiffige Idee, wandelten den Namen in »hangmat« und später in Hängematte um.

Straßen werden in Deutschland geteert

Nein, unsere Straßen werden asphaltiert. Teer gilt als krebserregend und gibt bei Nässe giftige Stoffe ab, die ins Grundwasser gelangen können. Asphalt ist eine Mischung aus Mineralstoffen und Bitumen.

Unter Zunder versteht man trockenes Holz

Zunder kommt vom Zunderschwamm, der an kranken Laubbäumen wächst. Er hat ein faseriges Inneres, das sich gut zum Anfeuern eignet. Heutzutage bezeichnet man allgemein alles leicht entflammbare Material als Zunder. Auch feines, leicht entzündbares Holz.

Täglich hundert Bürstenstriche sind gut für die Haare

Bürsten regt die Talgdrüsen auf der Kopfhaut an und verteilt die Fette auf das ganze Haar. Das macht sie glänzend und geschmeidig. Bei Haar, das von Natur aus trocken ist, mag das ratsam sein. Aber wer ohnehin schon fettiges Haar hat, sollte zu häufiges Bürsten besser bleiben lassen. Intensives Bürsten empfiehlt sich auch nicht bei nassem Haar, denn dann kann die Oberfläche der einzelnen Haare leicht verletzt werden.

Teflonpfannen mit Kratzern darf man nicht mehr benutzen

Die Beschichtung von Teflonpfannen heißt »Polytetrafluorethylen« und setzt ab etwa 260 Grad Celsius giftige Dämpfe frei. So heiß wird eine Pfanne aber beim normalen Kochen nicht. Das kann nur passieren, wenn man zum Beispiel eine leere Pfanne lange auf dem Herd stehen lässt. Das heißt, eine Gefahr durch Teflondämpfe besteht beim Kochen nicht. Ebenso wenig bedenklich sind Teflonbestandteile, die aufgrund einer zerkratzten Pfannenoberfläche ins Essen geraten und geschluckt werden. Sie werden wieder ausgeschieden.

Mit einem Silberlöffel in der Flasche verliert Sekt weniger Kohlensäure

Mehrere wissenschaftliche Untersuchungen haben ergeben, dass dem nicht so ist. Das Gerücht rührt daher, dass geglaubt wurde, ein Silberlöffel würde im Flaschenhals die Wärme binden, sodass die Luft schneller abkühlt und die Kohlensäure deshalb nicht so schnell entweicht. Stimmt aber leider nicht!

Araber haben die arabischen Ziffern erfunden

Arabische Ziffern haben bei uns im 13. Jahrhundert die römischen Zahlen abgelöst. Schon seit dem 9. Jahrhundert nutzten die Araber diese Ziffern. Ursprünglich kamen diese Ziffern aber aus Indien. Bei uns heißen sie arabische Ziffern, weil die Europäer sie von den Arabern übernahmen.

12345
67890

Unsere Zahlen kommen eigentlich aus Indien.

Oft Haare schneiden und rasieren fördert den Haarwuchs

Nein, das mag allenfalls so wirken. Weder schneiden noch rasieren ändert etwas an der Haarwurzel und damit am Haarwuchs. Die Lebensdauer eines Barthaares zum Beispiel beträgt sechs Jahre. Daran ändert sich nichts, egal wie oft es in dieser Zeit geschnitten wird. Dass frisch rasierte Haare trotzdem den Eindruck machen, dass sie besonders schnell und besonders kräftig nachwachsen, liegt nur daran, dass sie an der dicksten Stelle gekappt werden.

Lebensmittel in geöffneten Konserven verderben rasch

Lange ging das Gerücht um, man solle Lebensmittel aus Konservendosen in Plastikbehälter umfüllen, damit sie nicht so schnell verderben. Tatsächlich aber verderben Lebensmittel unabhängig von der Verpackung gleich schnell. Entscheidend ist die Kühlung. Einzige Ausnahme: Ist die Innenbeschichtung der Konservendose nicht mehr intakt, also zerkratzt zum Beispiel, können auf diese Weise leicht Schadstoffe ans Essen abgegeben werden.

Heißes Wasser löscht Feuer schlechter als kaltes

Jeder weiß, dass man mit Wasser Feuer löschen kann. Aber warum genau, weiß kaum jemand. Das Wasser löscht nämlich nur auf Umwegen. Genau genommen löscht der Wasserdampf das Feuer, da er die Flammen einhüllt und ihnen die Sauerstoffzufuhr abschneidet. Je heißer Wasser beim Löschen bereits ist, desto schneller entsteht dieser Wasserdampf! Heißes Wasser eignet sich also besser zum Löschen als kaltes. Die moderne Feuerwehr spritzt unter besonders hohem Druck Wasserdampf auf die Feuerstelle.

Würfel sind viereckig

Einmal nachzählen bitte! Ein Würfel hat definitiv acht Ecken.

Wie viele Ecken hat ein Würfel?

Duckmäuser kommt von »ducken«

Nein, Duckmäuser kommt nicht von ducken. Das Wort hat sich von »Dokkelmuser« entwickelt. Das kommt von »tocken«, was so viel heißt wie verbergen, und von »musen«, was Mäuse fangen oder listig sein bedeutet. Ein Duckmäuser ist jemand, der allzu demütig und unterwürfig ist.

»Vatermörder« heißen wegen der mörderischen Kragenecken so

Dieser Kragen kam aus Frankreich und hieß »parasite« (Schmarotzer), weil er sich auf andere Hemden aufsetzen ließ. Statt »parasite« haben die Deutschen aber »parricide« (Vatermörder) verstanden. Dieser falsche Name blieb dem Kragen erhalten.

Eltern haften in jedem Fall für ihre Kinder

Das kommt drauf an. Eltern haften dann für ihre Kinder, wenn sie ihre Aufsichtspflicht verletzt haben. Klettert also ein Kind auf eine gut gesicherte Baustelle und richtet dort Schaden an, so haften die Eltern, weil sie besser auf das Kind hätten aufpassen müssen. Ist eine solche Baustelle allerdings unzureichend gesichert, haften die Bauherren.

Bewegungsmelder melden Bewegungen

Es gibt solche und solche. Die meisten Bewegungsmelder reagieren auf Wärme anstatt auf Bewegung. Gleichbleibende Wärme wird nicht angezeigt, sondern nur Veränderungen im Wärmebild. Damit nicht jede Fliege einen Alarm auslöst, kann man meist einstellen, von welcher Größenordnung an das Gerät reagieren soll.

Die deutschen Autobahnen gehen auf Adolf Hitler zurück

Nein. Schon 1921 wurde die AVUS in Berlin eingeweiht, sie war die erste Autobahn der Welt. 1926 wurde die Autobahn Köln-Düsseldorf geplant, im selben Jahr begannen die Überlegungen für eine Autostraße zwischen den Hansestädten via Frankfurt nach Basel. Dass im Nazi-Deutschland viele Autobahnen fertiggestellt wurden, ist nicht Hitlers Verdienst.

Viel Regen in Hamburg

Es heißt oft, in Hamburg würde es mehr regnen als in München. Aber das stimmt nicht. Während in München im Jahresdurchschnitt 970 Liter Regen pro Quadratmeter fallen, sind es in Hamburg nur 770 Liter! München ist also nasser.

Abendrot kündigt schönes Wetter an

Dass Abendrot schönes Wetter ankündigt, kann sein, muss aber nicht. Der Himmel färbt sich nur dann abends rötlich, wenn im Westen keine Wolken sind. Das kann ein gutes Omen sein, wenn das Wetter aus Westen heranzieht. Das ist in unseren Breitengraden oft so, aber nicht immer! Kommt das Wetter gerade aus Osten, hilft auch kein Abendrot im Westen!

Bei heißem Wetter kann man den Raum durch Lüften abkühlen

Durch geöffnete Fenster und Türen kommt die heiße Luft von draußen erst in den Raum hinein! Durch das Lüften entsteht vielleicht ein Luftzug, aber die Temperatur im Raum kühlt dadurch nicht ab, sondern steigt an.

Im Sommer ist es mittags am heißesten

Im Sommer steht die Sonne zwar mittags am höchsten und ist dann auch am gefährlichsten, aber die Sonne scheint ja in den folgenden Stunden weiter und erhitzt die Luft noch mehr, sodass die höchsten Tagestemperaturen in der Regel zwischen 16 und 18 Uhr gemessen werden.

Föhn gibt es ausschließlich an den Alpen

Föhn gibt es, wenn feuchter und kühler Wind über die Berge weht, sich an diesen abregnet und die trockene Luft auf der anderen Seite des Gebirges ins Tal fällt und sich dabei erwärmt. Das gibt es aber keineswegs nur an den Alpen. Dieses Wetterereignis gibt es an vielen großen Gebirgszügen wie den Anden oder dem Himalaya.

Wetterleuchten kommt von leuchten

Nein, das Wort »Leuchten« in Wetterleuchten kommt von »leichen«, einem alten Wort für tanzen und hüpfen. Das heißt, das Wetterleuchten ist eigentlich ein Wettertanzen.

Im April ist das Wetter stets wechselhaft

Eben schien noch die Sonne, schon gibt es einen kurzen Regenschauer, und kurz darauf scheint wieder die Sonne. Solches Wetter kennen wir nur zu gut von einem typischen April. Doch das ist nur im Norden Europas so. Denn nur hier geraten im April warme Luftmassen vom Atlantik mit kalten vom eurasischen Kontinent zusammen und führen zu wechselhaftem Wetter.

Wird es abends kühler, fällt Tau vom Himmel

Nein, Tau fällt nicht vom Himmel. Wenn es nachts um einiges kühler ist als tagsüber, kondensiert der Dampf an kühlen Oberflächen. So bildet sich Tau.

Das Wetter im April ist typischerweise wechselhaft – außer im April 2007.

Der Autor und sein Team

Der Journalist André Lorenz und der Kommunikationsdesigner Klaus Springer sind Gründer und Geschäftsführer der Redaktionsagentur lorenzspringer medien, die u.a. auch Zeitschriften entwickelt und betreut. Für die Bildredaktion zeichnet Christian Hutter verantwortlich.

Bildnachweis

Archiv für Kunst und Geschichte: 58, Autumn de Wilde: 167, Buena Vista: 81, Cinetext: 124, 134, 141, 163, 168, 172, 177, 178, 180, 183, 188, Civilwarphotos: 79, Daniel Biskup: 27, 36, 89, Deutsche Bahn: 219, Hans Grunert: 138, Interfoto: 96, iStockphoto: 6, 20/21, 33, 45, 61, 62, 71, 109, 113, 114, 195, 198, 203, 214, Mirabell: 164, Pixelio: 24, 28, 31, 137, 211, 231, 238, 242, 244, 247, 248, 251, 252, 257, 259, 261, 262, 278/279, 301, 304, 310, Panthermedia: 11, 13, 17, 224, Picture Alliance: 40, 46, 55, 68, 74, 76, 83, 84, 87, 90, 92, 104, 110, 123, 133, 142, 156, 160, 185, 208, 212, Public Domain: 101, Stadt Hameln: 129, Stockxchange: 18, 35, 51, 57, 67, 120, 146, 149, 155, 159, 205, 221, 227, 232, 241, 254, 266, 268, 271, 272, 273, 277, 280, 281, 282, 283, 285, 286, 289, 290, 292, 293, 295, 296, 297, 298, 299, 306, 313 (4), Stockxpert: 151, 216, 222, 228, 236, Sven Simon: 192, The Yorck Project: 118

Haftungsausschluss

Die Inhalte dieses Buches sind sorgfältig recherchiert und erarbeitet worden. Dennoch können weder der Autor noch der Verlag für die Angaben in diesem Buch eine Haftung übernehmen.

Weltbild Buchverlag
– Originalausgaben –

Projektleitung: Bettina Spangler
Redaktion: Dr. Thomas Rosky
Umschlagabbildungen: Stockxchange (Kolosseum), Cinetext (Marilyn Monroe), AKG (O. Lilienthal, Flugübung)
Umschlaggestaltung: x-Design, München
Innenlayout: Klaus Springer
Satz: lorenzspringer medien GmbH, München
Reproduktion: Point of Media GmbH, Augsburg
Druck und Bindung: Offizin Andersen Nexö Leipzig GmbH, Zwenkau

Gedruckt auf chlorfrei gebleichtem Papier

Printed in the EU

ISBN 978-3-89897-706-7